의미가 인생을 바꾼다면

Sinn finden: Warum es gut ist, das Leben zu hinterfragen
by Tatjana Schnell und Kilian Trotier

의미가 인생을 바꾼다면

1판 1쇄 인쇄 2026. 1. 15.
1판 1쇄 발행 2026. 1. 22.

지은이 타트야나 슈넬 · 킬리안 트로티어
옮긴이 장혜경

발행인 박강휘
편집 이종연 디자인 유상현 마케팅 고은미 홍보 강원모
발행처 김영사
등록 1979년 5월 17일(제406-2003-036호)
주소 경기도 파주시 문발로 197(문발동) 우편번호 10881
전화 마케팅부 031)955-3100, 편집부 031)955-3200 | 팩스 031)955-3111

값은 뒤표지에 있습니다.
ISBN 979-11-7332-458-1 03180

홈페이지 www.gimmyoung.com 블로그 blog.naver.com/gybook
인스타그램 instagram.com/gimmyoung 이메일 bestbook@gimmyoung.com

좋은 독자가 좋은 책을 만듭니다.
김영사는 독자 여러분의 의견에 항상 귀 기울이고 있습니다.

충만한 \ 삶으로 \ 나아가는 \ 13가지 \ 질문

의미가 인생을 바꾼다면

Sinn finden

타트야나 슈넬 · 킬리안 트로티어
장혜경 옮김

Warum es gut ist, das Leben zu hinterfragen

김영사

삶의 의미를 찾는다니, 처음에는 의심스러운 눈으로 책을 들여다봤다. 하지만 들어가는 글에서 한 차례 마음이 풀렸고, 다 읽고 나서는 실질적인 유용성을 지닌 책이라는 점을 인정할 수밖에 없었다. 이 책은 삶 자체의 의미를 찾지 않는다. 삶 속에서 내가 가질 수 있는 의미를 찾는다. 어떻게 찾을까? 자신에게 물어봐야 할 질문들을 알려준다. 어디서 찾을까? 질적, 양적 연구를 거친 스물여섯 가지의 원천을 알려준다. 너무 많다고? 상위 열 개도 따로 뽑아준다. 그게 무슨 쓸모가 있는가. 삶 속의 의미가 우리를 행복하고 건강하게 만들어준다는 연구 결과도 들고 온다. 화룡점정, 마지막에는 그 의미가 윤리적이어야 한다는 점까지 놓치지 않는다. 의지할 곳 없이 고독하고 허무한 현대인을 위한 의미 찾기 매뉴얼이라고 할 만하다.

김겨울 작가

현대인은 심각한 의미의 위기 속에 살고 있다. 종교와 전통, 사회가 주던 명확한 '해답'은 사라졌고, 삶의 의미는 이제 각자가 스스로 '발견해야 하는 것'이 되었다. 그 무게는 버겁고, 그 여정은 결코 단순하지 않기에, 우리는 의미를 묻는 것조차 두려워한다. 이 책은 그 막막하고 두려운 여정을 함께 해줄 지침서이다. 의미를 묻는 것은 때론 고통스럽지만, 그 질문이야말로 더 나은 삶의 시작점이 될 수 있다. 저자들은 25년에 걸친 연구를 바탕으로, 의미의 다양한 원천을 탐색하고 인생 목적의 재설정을 위한 실질적인 도구와 깊은 통찰을 제시한다. 실존적 의미를 진지하게 탐구하는 모든 이에게 꼭 권하고 싶다.

김진형 서강대 심리학과 교수

무기력한 삶에서 벗어나서 삶의 의미를 발견하고 싶지만, 방법을 몰라 답답하다는 사람들을 상담실에서 매일 만난다. 의미의 원천을 26가지로 나누고, 지금 바로 적용할 수 있는 방법을 제안하는 책이 있다면? 바로 이 책《의미가 인생을 바꾼다면》이다. 실존심리학자 타트야나 슈넬은 쉽고 친절하고 명쾌하게 내 삶의 의미를 발견하고 원하는 삶을 창조할 수 있도록 안내한다. 이 책을 읽기 전과 읽은 후, 삶을 바라보는 독자들의 눈은 확연히 달라져 있을 것이다. 나의 가능성을 발견하고 싶은 당신이 반드시 읽어야 할 책!

박상미 한국 의미치료학회 부회장, 심리상담가

차례

들어가는 글

삶이 달라진 그날, 그는 여자친구와 함께 직장에 갔다. 여자친구에게 같이 가달라고 그가 부탁했다. 왠지 그녀의 도움이 필요할 것 같았다. 그는 한 대학교 연구실로 들어갔고 여자친구는 같은 층 조용한 구석에 자리를 잡고 앉았다. 점심시간이 되기 직전 그는 연구실에서 나왔다. 그리고 말했다. "집에 갈래, 못 참겠어." 그들은 그 건물에서 나왔고, 그는 두 번 다시 그곳에 발을 들이지 않았다. 일터에서 뛰쳐나와 돌아가지 않기로 한 것이다.

과감한 결정이었다. 모두가 속으로는 동경하는 결정이기도 했다. 벌떡 일어나 그대로 다 놔두고 무작정 떠나는 것! 대학원에서 공부하던 그가 익명을 원했으므로 우리는 그를 루푸스 바이벨이라 부르기로 한다. 그는 더는 할 수 없었다. 24시간 대기하라고 요구하는 교수의 압박을 더는 견딜 수 없었다. 아니, 더는 견디고 싶지 않았다.

유명 대학교의 박사과정 자리. 애타게 찾던 자리였으므로 합격했을 때 그는 무척 기뻤다. 완전히 새로운 연구를 시작할 수 있었고 팀의 일원이 될 수 있었다. 그는 의욕에 불탔다. 자신의 명석한 두뇌로 선구적 학문에 이바지할 수 있기를 바랐다. 얼마 전까지만 해도 그의 인생은 만사형통이었다. 우수한 성적으로 대학을 졸업했고 원하던 박사과정에 합격했다. 그러나 지금 그는 이명에 시달리고 있고 마음 깊은 곳에서 이렇게 느낀다. 무가치하다. 할 필요가 없다. 의미가 없다.

의미 없다. 다들 이 말을 생각 없이 아무렇게나 내뱉는다. 그러나 루푸스 바이벨은 그렇지 않았다. 그의 말은 진심이었다. 얼마 전까지만 해도 기대에 부풀어 기쁜 마음으로 달려들었던 그 일이 공허하고 부담스러워졌다. 의심이 그의 마음을 갉아먹을수록 너무나도 당연하다 여겨 흔들림이라고는 없던 의미에 구멍이 숭숭 뚫렸다. 그는 길을 잃었고 방향을 못 찾겠다고 생각했으며 결국 과감한 결정을 내렸다.

연구 결과를 보면, 삶의 의미를 아는 사람은 몸도 마음도 더 건강하다. 위기가 닥쳐도 잘 대처할 수 있고 의욕도 넘친다. 심지어 의미를 아는 사람이 더 오래 산다는 연구 결과도 있다. 하지만 그 의미를 대체 어떻게 찾는단 말인가?

대답은 쉽지 않다. 루푸스 바이벨도, 이 세상 수많은 다른 사람들도 모두 마찬가지이다. 의미는 어려운 것이기 때문이다. 아무리 절실히 원해도 전화로 주문할 수 없고 남의 의미를 뺏을 수도 없으며 돈을 주고 사는 것은 더더욱 불가능하다. 의미는 행복 같은 감정이 아니다. 행복처럼 한순간 느끼며, '그래, 이런 느낌이야'라고 확신할 수 있는 게 아니다. 의미를 깨닫고 싶다면 의미에 대해 고민해야 한다. 의미를 찾으려 한다면 때로 내가 설정한 목표에 이르기 위해 먼 길을 걸어야 한다. 물론 그 목표 또한 찾기가 어렵지만 말이다.

'의미Sinn'라는 말은 인도·게르만어 'sent'에서 왔다. 이 말은 '방향을 잡다', '여정을 찾다'와 뜻이 같다. 따라서 의미는 그 자체로 길이다. 달리 표현해 의미는 길에서 찾는 것이다. 의미는 정적이지 않고 변할 수 있으며 쉽게 잡을 수 없다.

의미는 자연을 거니는 것과 매우 비슷하다. 어떤 때는 길 찾기가 쉽고 땅은 걷기 좋은 상태이며 내가 걸어갈 방향이 분명하다. 그러나 또 어떤 때는 비가 많이 내려 땅이 질척이는 바람에 걷기가 무척 힘들다. 길 양옆으로 수풀이 우거지고 풀이 키만큼 빽빽이 자라 '이 길로 갈 수나 있으려나?' 싶을 때도 있다.

모두의 산책은 다르다. 모두가 한 사람의 길을 걸을 수 없고 모두가 한쪽 길만 걸을 수도 없다. 비슷비슷하기는 해도 특정한 지형이 있고 특정한 요구와 이정표가 있다. 무작정 직장에서 뛰쳐나와 돌아가지 않은 그 남자처럼 자신의 일 속에서 비틀대며 새로운 의미를 찾아 나서는 사람들이 있다.

인간관계에 좌절하여 떠나는 사람들, 더는 이렇게 살 수 없다고 느끼는 사람들도 있다. 삶에 의문부호가 찍히는 순간 혹은 무척이나 아프게 다가오는 어떤 순간에 의미를 찾는 질문이 떠오른다. 그러나 별 사건이나 단절 없이 조용하게 넌지시 탐색을 시작하는 사람들도 있다. 그런 경우에도 그 질문은 결코 사라지지 않는다.

우리는 이 책에서 이 모든 사람과 함께 길을 떠날 것이다. 그리고 한 걸음 한 걸음 의미에 다가가고 의미를 평가하면서 더욱 깊이 의미를 이해하려 한다. 타트야나 슈넬과 다른 학자들이 《삶의 의미에 대한 심리학》에 집약해놓은 25년간의 연구 결과도 많이 참조했다. 또 킬리안 트로티어가 〈차이트〉의 기자 및 편집자 자격으로 루푸스 바이벨과 같은 사람들을 만나 성취와 행복, 전환점과 인생의 위기를 주제로 나눈 개인적 대화도 적극 활용했다.

우리는 의미에 대해 생각하는 것이 의미 있다고 확신한다. 우리만 그런 것이 아니다. 타트야나 슈넬의 연구 결과가 이를 입증한다. 독일인의 70퍼센트는 의미 있는 삶이 중요하다고 생각한다. 성인 7,000만 명 중 4,900만 명이 그렇게 생각하는 것이다. 삶의 의미가 필요하지 않다고 보는 이는 8퍼센트에 불과하다. 나머지 약 5분의 1은 그 문제를 별로 생각하지 않는다고 대답했다. 그러나 20년 전만 해도 그 비율이 3분의 1이었으니, 이 땅에서 의미를 깨달은 사람과 의미를 추구하는 사람이 날로 늘고 있다는 증거이다.

이 사람들을 위해 미리 몇 가지 일러둘 말이 있다. 우리와 함께 길을 가려 한다면 실망해서는 안 되고, 상처를 받아서는 더더욱 안 된다. 의미란 지극히 개인적이기 때문이다. 우리는 의미에 경솔하게 접근하지 않을 것이다. 따라서 아래의 열 가지 준비물을 챙겨 길을 나설 것이다.

첫째, 우리는 사람들이 각자의 삶에서 찾는 의미를 다룰 것이다. 그러니까 삶 속의 의미이지 삶 자체의 의미가 아니다. 삶이 의미가 있는지 없는지, 우리는 잘 모른다. 많은 이들은 삶의 의미가 삶의 일부라고 생각하지만, 의미가 없어도 잘 사는 사람은 많다. 두 접근법 모두 흥미진진하지만 여기서 어느 것이 옳은지를 고민하지는 않을 것이다.

둘째, 우리는 개별 사건 속 의미가 아니라 삶 속 의미를 찾아 나설 것이다. 질병이나 가족의 죽음, 이혼이나 실직에서 의미를 찾으려 들면 절망하기 쉽다. 따라서 더 넓게 바라보면서 우리 스스로가 어떻게 하면 힘든 경험에 잘 대처할 수 있을지 알아볼 것이다.

셋째, 오늘날 이토록 많은 사람이 의미를 찾고 있는 것은 우연이 아니다. 수백 년 동안 세계 일부에서 의미 생산의 독점권을 거머쥐었던 교회가, 적어도 독일에서는 수많은 의미 공급원 중 하나로 쪼그라들었다. 이 사실은 전복적 결과를 가져왔다. 교회가 지배하는 사회에서는 삶 속 의미가 삶의 의미와 떼려야 뗄 수 없는 관계였다. 즉, 전지전능한 신을 섬기는 것이 곧 삶의 의미였다. 하지만 이제는 모두가 스스로 삶 속 의미를 찾아 나설 수 있다. 이는 자유를 선사한다. 지금은 무엇을 생각하며 살지 정해진 바가 없다. 하지만 삶의 의미를 어디에서 찾을지 스스로 고민해야 하므로, 이는 버거운 요구이기도 하다. 선택지가 많을수록 결정이 힘든 법이니 말이다.

넷째, 의미는 주관적이다. 내가 의미 있다고 생각하는 것은 내 개인의 경험, 입장, 세계관에서, 또 그것들과 더불어 형성된다. 타트야나 슈넬은 이런 기본 인식을 바탕으로 연구 방법을 선택하고 평가했다. 우리는 의미를 둘러싼 모든 질문에서 늘 경험이 말하는 바를 알고자 한다. 다시 말해 사람들이 어떤 경험을 이야기하는지 알고자 한다. 그리고 그 이야기에서 우리의 결론을 끌어낸다. 의미의 근간이 되는 특징 같은 것을 요약 정리할 때에도 사람들이 들려준 경험을 바탕으로 삼는다.

다섯째, 결론으로 하나의 의미를 골라 제시하는 일은 하지 않을 것이다. 그건 말도 안 되는 짓이다. 어떻게 감히 모든 개인에게 의미를 정해줄 수 있겠는가? 우리는 연구와 생각으로 얻은 깨달음을 제공하고자 한다. 그것으로 모두가 삶 속 의미를 찾을 수 있도록 도움을 주고자 한다. 우리는 제안을 할 것이며, 때로 연구 결과를 바탕으로 조언을 던지기도 할 테지만 지침을 전달하지는 않을 것이다.

여섯째, 의미는 모호한 개념이다. 따라서 다른 모호한 개념과 연결 지어 사용될 때가 많다. 마음 챙김이 대표적이지만 의미는 마음 챙김과 다르다. 마음 챙김이 순간에 머무르며 이 순간을 위해 마음을 비우라고 요구한다면, 의미는 고민하라고, 채우라고, 순간을 넘어 나아가라고 요구한다. 의미는 행복과 같은 말도 아니다. 두 개념의 관계는 이렇게 요약할 수 있겠다. 행복에 초점을 맞추면 많은 경우 불행해진다. 의미를 추구하면 행복해질 기회가 많다. 왜 그런지 뒤에서 설명하겠다.

일곱째, 의미는 사치품이 아니다. 오트밀크 카푸치노를 한 잔 마시며 인생을 성찰하는 상류층의 전유물이 아니다. 의미는 우리 인생의 토양이다. 우리가 발 딛고 선 땅과 같고, 아침에 일어나야 하는 이유이다. 따라서 인류는 수천 년 전부터 의미를 고민해왔다. 의미는 유행이 아니다. 실존적이다.

여덟째, 의미는 자기 과시Ego-Show가 아니다. 물론 자기 삶 속 의미에 접근하려면 먼저 자신에 대해 곰곰이 생각해야 하고 자신을 잘 알아야 한다. 누구도 그 과정을 건너뛸 수는 없다. 그러나 이런 내면의 과정이 내면에만 머물러서 입만 열었다 하면 "나는, 나는, 나는"을 외치는 사람이 되어서는 안 된다. 이 책을 끝까지 다 읽고 나면 아마 모두가 자신을 제대로 파악할 수 있을 것이다. 자신의 강점과 약점, 바람과 가치, 동경을 제대로 잘 알아야 남들을 위해서 존재할 수도 있다.

아홉째, 의미는 그 자체로 좋은 것이 아니다. 수많은 독재자가 그랬듯 아돌프 히틀러 역시 자신의 행위를 의미 있다고 생각했다. 따라서 이 책에서는 맹목적으로 의미를 좇을 것이 아니라 의미를 도덕적 무결점으로 만들 조건을 알아볼 것이다.

열째, 의미를 묻는 것은 위험을 수반한다. 의미를 물으면 자신과 마주하게 된다. 자신에게 가까이 다가가게 된다. 그러다 보니 무방비 상태에서 충격을 받을 수 있다. 자신을 잘 안다고 믿었는데, 많은 점에서 자신이 지금까지 생각했던 사람이 아니라고 느낄 수도 있다. 그렇게 되면 실존적 의문이 솟구친다. 이것이 나의 삶에 무슨 의미인가? 나를 바꾸어야 할까? 그냥 다 팽개치고 살던 대로 계속 살자고 생각할 수도 있다. 매력적인 생각 같지만 사실 꼭 그렇지만은 않다. 타트야나 슈넬의 연구 결과를 보면 이런 질문들이 촉발하는 과정은 고통스러울 수 있다. 하지만 더 고통스러운 것은, 자신과 전혀 동일시할 수 없거나 동일시하고 싶지 않은 사람이 되어버렸다는 것을 너무 늦게 깨닫는 것이다. 무엇보다 남들의 기준에 맞추어 살아왔고, 남들의 기대에 좌우되었다는 깨달음, 심지어 남들의 인생관을 실천하며 살아왔다는 깨달음은 참으로 뼈아프다.

우리는 이 책의 저자로서, 의미와 동행하는 길, 그리고 의미를 향해 가는 우리의 길이 쉬울 거라고 약속하지 않는다. 하지만 이 여행이 우리 모두를 지극히 각자의 방식으로 바꾸어 놓으리라 확신한다.

여행에 동참하는 이들은 이 여정에서 어쩌면 더 유약해질지도 모르겠다. 그러나 동시에 분명 지금보다 더 주체적으로 바뀔 것이다. 삶이 얼마나 부서지기 쉬운지 깨달을 것이고, 아끼던 환상을 과감하게 떠나보낼 수 있을 것이다. 가령 자신이 평균보다 뛰어나다거나 삶을 자기 마음대로 할 수 있다는 환상 말이다. 나 자신이 얼마나 다치기 쉬운 존재인지 깨달을 테지만, 동시에 바로 그 연약함에서 어떤 힘이 나올 수 있는지도 알게 될 것이다. 영감과 삶의 기쁨을 선사할 의미의 샘을 찾게 될 것이다. 의미에 초점을 맞춘 삶은 가족이나 친구 같은 폭 좁은 주변만 쳐다보지 않는다는 사실을, 의미 위기가 지극히 자연스러운 것이라는 사실을 이해할 것이고, 그런 위기가 고통스러울지라도 삶을 바람직한 쪽으로 바꿀 수 있다는 사실도 깨달을 것이다. 또 어떻게 하면 새롭게 시작할 수 있을지, 어떻게 하면 의미 가득한 삶을 살 수 있을지도 탐구하게 될 것이다.

이 말들은 구체적으로 무슨 뜻일까? 직장을 그만둔 루푸스 바이벨 같은 사람은 그 결정이 올바르고 필요했다는 것을 어떻게 깨달았을까? 우리는 단절 후에 어떻게 다시 시작할 수 있을까? 어떻게 다시 즐겁고 가벼우면서도 충만한 삶을 살 수 있을까? 유일한 정답은 없다. 하지만 그런 상황에서 어떻게 행동할 수 있는지를 알려주는 전략들은 있다. 그렇다. 반응이 아니라 행동이다. 이 차이부터가 중요하다.

1

어떤 사람이 되고 싶은가?

자기 인식이 중요한 이유

독일 여배우 지벨 케킬리는 따스한 가을날 오후, 일부러 짬을 냈다. 함부르크 율페른슈티크에서 커피 한잔 마시며 인터뷰 준비를 마쳤다. 잠시 후 시작될 인터뷰는 그녀에게 실존적 의미가 있었다. 의미와 좌절, 죽음과 사후생… 고통과 슬픔이 솟구쳐 꺼내기가 쉽지는 않겠지만, 그래도 그녀는 기꺼이 그런 이야기들을 하기로 마음먹었다.

어느덧 그녀도 마흔을 넘겼다. 20대 초반, 350 대 1의 경쟁률을 뚫고 파티 아킨 감독의 영화 〈미치고 싶을 때〉의 주연 자리를 따낸 그녀는 시건방지고 제멋대로인 지벨 구너의 역할을 숨 막힐 정도로 멋지게 연기하여 2004년 독일영화상에서 여우주연상을 거머쥐었다.

그녀는 독일로 이민 온 보수적인 튀르키예 가정에서 뛰쳐나가는 젊은 여성을 연기했다. 훗날 인터뷰에서 자기 이야기는 아니었다고 말했지만, 그녀는 그 인물과 너무도 닮았기에 온전히 그 인물 속으로 들어갈 수 있었고, 그 인물의 가장 깊은 속내를 샅샅이 파헤쳐 드러낼 수 있었다. 그녀는 말했다. "연기의 최대 장점은 일단 캐릭터 안으로 들어가면 마음껏 놀 수 있다는 거예요."

그녀는 열과 성을 다해 다른 자아를 펼친다. 그것은 그녀의 직업이다. 그녀는 다른 자아 속으로 들어갔다가 나올 수 있다. 하지만 연기와는 달리 자신의 삶에서는 그렇지 않다. 그러니 함부르크 도심 한복판 풀밭에서 진행된 이 인터뷰의 분위기는 진지할 수밖에 없었다.[1] 다른 사람을 연기할 수 있게 되기까지 그녀의 삶은 실로 전쟁이었기 때문이다.

케킬리는 하일브론(독일 바덴뷔르템베르크주에 있는 도시—옮긴이)에서 자랐고, 부모님은 튀르키예에서 그곳으로 이주했다. 어린 시절을 그녀는 이렇게 회상한다. "옴짝달싹 못 하는 상자에 억지로 구겨 넣어진 기분이었죠." 나이가 들수록 남자아이들보다 할 수 있는 것이 적어졌다. 장시간 외출도 못했다. 친구 집에 놀러 가도 20분만 지나면 오빠가 데리러 왔다. 청소년기에도 식구들에게 사랑의 고민을 털어놓지 못했다. 그 말은 곧 그녀가 사랑에 빠졌다는 뜻인데, 그녀의 가정에선 젊은 여자는 절대 그러면 안 되기 때문이었다.

기회가 오자 그녀는 집을 나왔다. 탈출이자 출발이었고, 지금까지 이어진 단절이었다. 가족과의 단절, 성장 환경과의 단절이었다. 그녀는 가장 가까운 사람들과도 두 번 다시 만나지 못했다. 그 상처가 얼마나 마음 깊이 새겨져 있는지는, 사람을 앞에 두고 말을 하면서도 바닥에서 눈을 떼지 못하는 그녀를 보면 짐작이 간다. 집을 뛰쳐나오기 위해 어마어마한 힘이 필요했다는 그녀의 말에서도 짙은 상처의 메아리가 들린다. "자기 가족을, 자기 문화권을 뛰쳐나와야 합니다. 두 번 다시 가족 행사에 참석하지 못하고 두 번 다시 가족을 보지도 못하지요." 그리고 덧붙인다. "남은 평생 혼자랍니다."

지벨 케킬리는 일찍부터 주변 사람들과 다르다고 느꼈다. 그래서 자신을 돌아보며 주변과 비교했다. 그러면서 남들과 거리를 두었고, 소외감을 느끼며 저항했다. 그렇게 저항하며 자기 성격을 형성했다. 나이가 들수록 자신에 대해 깊이 생각하지 않을 수 없었다. 세상이 정해준 길과 다른 길을 걷고 싶었기 때문이다.

그리하여 그녀는 성찰하는 여성이 되었다. 나아가 의미 있는 삶으로 가려면 피할 수 없는 일, 즉 자신의 정체성을 고민했다. 고민은 헛되지 않았다. 물론 지벨 케킬리는 남들보다 훨씬 혹독한 고민을 강요당했지만 말이다. 그래도 정체성을 고민해야만 자신의 자아를 낱낱이 파헤칠 수 있고 자신을 진정으로 알 수 있다. 나 자신을 잘 알고 좋아하고 받아들여야만 안정된 자리에서 밖을 내다볼 수 있고 행동할 수 있으며 남들을 위해 베풀 수도 있다. 그러므로 자신에 대해 깊이 생각하는 것은 이기적인 행위가 아니다. 자신을 고민하는 것은 공동체에서 잘 살기 위한 기초이다.

나를 찾아 떠나는 여행

나는 누구일까? 나만큼 나를 잘 아는 사람은 없다는 생각에 이 질문은 바로 무시당하기 쉽다. 내 삶이 시작된 후로부터 나는 나를 알고 있다. 그러나 이 말은 맞기도 하고 틀리기도 하다. 나는 내가 하는 수많은 일을 인지한다. 하지만 의식적으로 관심을 돌려야만 인지할 수 있는 일들도 많다. 즉, 내가 그것을 표현하려 애쓸 때 비로소 인지하는 것이다. 따라서 내가 누구인지, 나는 무엇으로 이루어지는지, 나의 목표는 무엇이며, 나는 어떤 인간이 되고 싶은지를 고민하는 일은 언제나 득이 된다.

이런 고민의 목표는 내 안의 진짜 핵심을 찾자는 것이 아니다. 미국, 중국, 인도, 싱가포르, 한국의 공동 연구팀이 입증했듯,[2] 인간에게 변치 않는 본성이 있다는 믿음은 동서양을 막론하고 여러 문화권에 널리 퍼져 있다. 그러나 외부와 독립된 변치 않는 진짜 자아의 존재는 과학적으로 연구하기가 쉽지 않다. 심리학에서도 대체로 그런 본성은 존재하지 않는다고 가정한다. 그렇더라도 이런 질문의 답을 찾아 나설 수는 있을 것이다. 나를 지금의 나로 만든 것은 무엇이며 변화는 가능한가? 나의 출신과 과거는 내게 어떤 의미가 있으며, 그것을 앞으로의 삶과는 어떻게 연결 지을 것인가?

이런 질문들을 얕보면 안 된다. 내가 살면서 겪은 변화의 흔적들이 여기에 담겨 있을 수 있기 때문이다. 물론 이런 질문을 던지고 진지하게 대답을 찾다 보면, 지금껏 확실하다고 믿었던 몇 가지가 흔들릴 수 있고, 그로 인해 마음이 불안해질 수 있다. 그러나 불안을 긍정적으로 해석할 수 있다. 나의 기반이 흔들리면 나의 약점을 깨달을 수 있고, 그것을 고쳐나갈 수 있다. 나아가 생각보다 구멍이 많은 내 삶의 기반을 더 단단히 다질 수도 있다.

그러니 나는 누구란 말인가? 나는 세상에 내던져졌다. 태어날지 말지, 태어난다면 언제 어디서 태어날지, 아무도 내게 묻지 않았다. 철학자 마르틴 하이데거는 이것이 인간의 현존재, 인간 조건conditio humana의 중요한 특징이라고 말한다. 인도인 래피얼 새뮤얼은 바로 이 사실을 받아들이려 하지 않았다. 2019년 그는 자신의 동의 없이 자신을 세상에 낳았다는 이유로 부모를 고소하겠다고 선언했다. 물론 실제로 고소하지는 않았고 부모와 관계도 원만했다. 그의 의도는 이런 행동으로 인구폭발이 환경에 미치는 위험성을 일반인들에게 알리려는 것이었다.

래피얼 새뮤얼과 수많은 실존주의 철학자들은 우리 인간

이 미리 정해진 계획을 품고 세상에 오는 것이 아니라고 주장했다. 또 자신이 경험한바 삶의 의미는 파악하거나 인식할 수 있는 것이 아니라고 주장한 사람들도 많다. 그렇다고 해서 삶이 무의미하다는 결론을 내릴 필요는 없다. 피투Geworfenheit, 彼投는 기투Entwurf, 企投로 맞설 수 있다(피투는 존재가 세상에 내던져졌음을, 기투는 존재를 미래를 향해 내던짐을 의미한다—옮긴이). 철학자 한나 아렌트는 이를 두고 '탄생성Geburtlichkeit'이라고 불렀다. 우리의 탄생은 새로운 시작이며 시작의 시작이다. 나는 태어났기에 행동할 수 있다. 행동하면서 나의 탄생Geborensein을 지원하고 내 인생의 책임을 떠안는다.[3]

행동과 대응

나는 얼마만큼이나 피투성을, 내게 닥친 일들을 끌어안고 살아야 할까? 나는 무엇을 할 수 있고, 얼마나 기투할 수 있을까? 심리학은 이 양극의 긴장을 다루는 학문이다. 현대 심리학은 우리 인간이 일부는 유전자와 환경으로, 나머지 일부는 자신의 결정과 경험으로 규정된다고 전제한다. 당연히 환경은 내 마음대로 바꿀 수 없다.

그리고 의식하건 안 하건 나는 그 환경과 끊임없이 교류한다. 외부 조건의 도전과 자극을 받고 남들에게 채근당하며 온갖 문제를 맞닥뜨린다. 이 모든 것에 나는 대응하려 하거나 대응해야만 한다. 동시에 내게는 나만의 계획과 목표를 이루고픈 욕망이 있다. 나는 이를 실현하기 위해 행동한다.

성격심리학에서는 인간과 환경의 상호작용을 네 가지 종류로 구분한다. 반응적, 소환적, 주도적, 조작적 상호작용이 그것이다. 이 구분은 인간의 경험과 행동을 이해하는 데 매우 유익하다. 인간으로서의 나만 중요하거나 상황만 중요한 것이 아니라, 그 둘이 다른 방식으로 서로에게 영향을 미친다는 사실을 분명히 알려주니까 말이다.

반응적 상호행동

사람들은 같은 상황이더라도 전혀 다르게 반응한다. 한 친구가 자전거 사고를 당한 친구의 이야기를 들려준다. 이야기를 들은 어떤 친구는 '저런, 딱해라'라고 생각한 후 곧바로 잊어버린다. 다른 친구는 사고를 당한 친구에게 빨리 낫기를 바란다는 메시지를 보내고 이튿날 병원에 문병을 간다. 기후 변화는 멸종과 극단적인 날씨를 불러오고, 식수와 식품 같은 자원을 고갈시킨다. 어떤 사람은 그런 말을 들어도 무시하거나 연관 관계를 부정한다. 다른 쪽은 무서워 어찌할 바를 모르고 또 다른 쪽은 당장 자신의 생활 방식을 바꾸고 이직을 하거나 활동가가 된다. 모두가 똑같이 반응하는 상황이란 거의 없다. 개인의 특징, 기대, 가치관이 항상 함께 반응을 결정한다.

소환적 상호행동

내가 존재하고 행동하는 방식을 통해 나는 나의 환경에서 무언가를 불러낸다. 그것이 다시금 상황을 만들고 그 상황이 내게 영향을 미친다. 아기의 울음은 부모의 행동을 유발하여, 부모는 심하게 아기를 통제하거나 짜증을 낼 수 있고, 이 행동은 다시 아기에게 영향을 미친다. 어른도 마찬가지이다. 내가 자주 밝게 웃으면 주변 사람들도 기분이 좋아진다. 그 덕분에 같이 있는 시간이 즐겁고 신이 난다. 즉, 다른 사람들이 나에게 하는 행동은 그들이 어떤 사람이냐에만 좌우되지 않는다. 내가 그들에게서 무엇을 불러내느냐에도 달려 있다.

주도적 상호행동

나의 성격과 선호에 따라 나는 특정한 상황을 찾거나 회피한다. 이 역시 대부분은 무의식적으로 일어난다. 사람들은 비슷한 친구를 찾으려는 성향이 크고, 그로 인해 자신의 특성을 더욱 강화한다.

조작적 상호행동

조작이라는 말은 부정적 뉘앙스를 풍긴다. 하지만 실제로 부정적인 경우는 단 하나, 내가 내 욕망과 관심사를 위해 환경을 의도적으로 만들고 고칠 때뿐이다. 이런 상황을 생각해보자. 내가 사람들을 관리하는 재능이 있고 운동하고 싶은 마음이 있어서 운동단체를 만든다. 혹은 내가 사교성이 있고 동료들이 기뻐하는 모습이 보기 좋아서 과자를 구워서 직장에 들고 간다. 조작적 상호행동은 소환적 상호행동처럼 내가 직접 상황을 찾거나 만들고, 이 상황이 다시 나에게 영향을 미치는 것을 말한다.

나의 삶은 이 네 가지 유형의 온갖 상호행동을 통해 결정된다. 이 행동들은 영구적 영향을 끼치고 자주 발생하지만 대부분은 의식하지 못한다. 따라서 이 사실을 의식하면 자신의 경험을 좀 더 잘 이해할 수 있을 것이고, 어쩌면 자기 성격을 바꾸고 싶을 때도 큰 도움을 받을 수 있을 것이다. 가령 나와 배경이 다른 친구를 찾거나 새로운 취미에 도전하여 처음부터 쉽지 않을 환경으로 발을 내디뎌보는 것이다.

이런 깨달음을 통해 우리는 살면서 만나는 일들에는 수없이 많은 대처법이 있다는 사실을 알게 된다. 일방적으로 당하기만 하는 일은 없다. 나도 행동하여 무언가를 불러낸다. 나는 나에게 동기를 부여하고 나에게 유익하며 때로 나를 안전지대에서 끌어내거나 질문을 던지는 사람과 상황을 의도적으로 찾아 나설 수 있다. 누구와 함께할지 말지를 내가 의식적으로 결정할 수 있는 것이다.

변화는 이렇게 일어난다. 친구가 술집에 가자고 하는데 그럴 마음이 없어서 거절했을 때 그래도 세상은 무너지지 않는다는 사실을 깨닫는다. 혹은 오래전부터 하고 싶었던 일을 시작한다. 그것은 자원봉사일 수도 있고 배우자와 더 많은 시간을 보내는 것일 수도 있다. 때로 그것은 내가 속수무책으로 이 삶에 내던져진 것이 아니라고 깨닫고 나서 내딛는 큰 걸음일 수도 있다. 나는 나의 길을 찾을 수 있다. 내 인생 이야기를 내 손으로 쓸 수 있다.

내 인생 이야기

사람들은 이야기를 좋아한다. 이야기는 감정을 불러일으키고 극본을 제공하며 긴장감을 선사하고 논리적 일관성을 띤다. 우리는 우리 인생을 소재로도 그런 이야기를 늘어놓는다. 그런 서사가 어떤 패턴을 따르는지 이해하려면 북미의 심리학자 댄 매캐덤스의 연구 결과를 잠시 들여다볼 필요가 있겠다. 매캐덤스는 수백 명을 인터뷰하여 과거의 핵심 경험과 미래의 비전을 물었다. 그리고 그들의 이야기에서 반복되는 서사 패턴을 발견했다. 그 패턴을 자세히 연구했더니, 우리가 신화라 부르는 것과 구조가 매우 유사했다.

신화는 개인을 넘어서는 인간과 신들의 이야기이다. 선과 악, 여행과 귀환, 영웅과 성인의 이야기로, 특정 장소, 특정 시간을 넘어서는 보편타당성을 요구한다.

그러나 현대 서구 사회에서는 이런 거대 신화와 이야기들이 더는 큰 역할을 하지 못한다. 프랑스 철학자 장프랑수아 리오타르는 1979년 이런 변화를 '거대 서사의 종말'이라는 말로 표현했다.[4] 종교적, 철학적, 정치적 서사를 더는 보편타당하고 절대적이라고 인식하지 않게 된 것이다. 기독교의 매력은 빛을 잃었고, 공산주의와 계몽주의는 물론이고 민주주의마저 그 정당성이 흔들리고 있다. 그 대신 수많은 작은 담론들이 등장하여, 과거와 현재를 다르게 해석하고 다른 미래 비전을 제시하며 다른 인간상을 대변한다. 따라서 개인이 보기에는 거대한 전체가 잘게 조각조각 나 있는 것만 같다. 그러다 보니 그 안에서 자리 잡기가 쉽지 않다. 그런 환경에서는 적어도 자기 삶이나마 논리정연하고 일관되다고 인식할 필요가 있다. 즉 개인에게 일어나는 사건들의 연관성을 찾고 변화를 이해하며 발전을 경험할 필요가 있는 것이다. 바로 그것을 가능하게 해주는 것이 삶의 이야기이다. 이야기는 일관되게 연속적인 자아 이미지를 창조한다.

댄 매캐덤스는 다양한 에피소드 뒤편에 대부분 하나의 중심 이야기가 존재한다는 사실을 확인했다. 즉 시간이 흐르는 동안 형성되어서 삶에 통일성과 의미를 부여하는 심리적 구조가 존재한다는 것이다. 개인의 신화는 전래 신화가 사회적 차원에서 하던 일을 개인에게 해줄 수 있다. 그의 말을 그대로 옮겨보면 이렇다. "당신이 나를 알고 싶다면 내 이야기를 알아야 한다. 내 이야기는 내가 누구인지를 그리기 때문이다. 내 삶의 의미를 깨닫고 싶어서 나 자신을 알고 싶을 때도 나는 나의 이야기를 아주 세밀하게 알아야 한다. 세월이 흐르는 동안 내가 암묵적으로, 심지어 무의식적으로 적어온 그 개인의 신화를 말이다."[5]

매캐덤스는 이런 개인의 신화에는 특징이 있다고 주장한다. 모든 신화가 하나의 발전 방향을 가리킨다는 것이다. 그런 점에서 그는 다음에서 보듯이 개인의 신화가 문학 및 영화 장르와 관련이 있다고 본다.[6]

희극의 특징은 가벼움이다. 출발부터가 좋았던 삶은 계속해서 술술 잘 풀리고, 주인공에게도 호의적이다. 반면 아이러니와 풍자는 괴로움의 연속이다. 주인공은 평생 기회를 잡은 적이 없고, 삶은 가혹했으며 지금도 가혹하고, 이렇다 할 결실도 없다. 로맨스는 그 흐름이 꾸준히 상승한다. 출발은 좋지 않았지만 주인공은 열심히 노력하여 장애를 극복하고 결국 승리한다. 비극은 정반대이다. 과거가 훨씬 좋았다. 삶은 상실이자 몰락이고, 슬픔으로 막을 내린다.

역할은 명확히 구분되는 것 같다. 아이러니와 비극은 염세적인 눈으로 삶을 바라보지만, 희극과 로맨스는 낙관적이다. 그러나 댄 매캐덤스 팀의 최근 연구 결과를 보면 심리 건강, 행복, 성숙과 동행하는 쪽은 가볍고 유쾌한 이야기들이 아니다. 오히려 고통과 역경을 겪고 이를 의미 있게 삶의 이야기로 엮을 수 있는 사람이 더 발전하는 것 같다. 연구에 참여한

한 여성은 말했다. "그해에 심리적으로 바닥을 찍었어요. (…) 그래도 더 안정적이고 독립적인 사람이 되려고 다시 열심히 삶을 쌓아나가기 시작했죠. (…) 고통의 시간이었습니다. 실험과 성장의 시간이었어요. 하지만 돌이켜 보면 지금의 내가 되기 위해서는 꼭 필요한 시간이었습니다."[7]

이 여성은 자신의 삶에서 논리정연하게 이야기할 수 있는 발전을 보았다. 그렇다면 그런 이야기는 어떻게 하는 걸까? 어떤 상황을 선택하며, 그 상황에 대해 정확히 어떻게 보고 하는 걸까? 댄 매캐덤스는 연구를 통해 반복되는 요인들을 찾아냈다.

이야기는 이미지로 장식된다. 나는 말을 이용하여 이미지, 소리, 맛, 냄새를 창조한다. 상징과 비유로 내 개인의 신화에 성격을 부여한다. 가령 나는 삶을 경쟁이나 게임이라고 생각한다. 따라서 속도와 강인함이 중요하므로 시간에 늦지 않으려 열심히 액셀을 밟는다. 혹은 나는 삶을 조용히 흐르는 강물이라고 생각하고, 나를 강인한 참나무라고 생각하여 내가 잘 자랄 수 있는 비옥한 땅을 찾는다.

테마는 나의 동기, 즉 내가 추구하는 것과 내가 회피하는 것을 알려준다. 하나 혹은 두 개의 주요 테마가 평생에 걸쳐 계속 등장하고, 의식하건 의식하지 않건 나는 그것을 열심히 활용한다. 우정, 즐거움, 성공 같은 테마도 있지만, 상처, 실패, 상실 같은 테마도 있다. 테마는 내가 과거의 어떤 경험을 중요하게 생각하는지를 비춰줄 때가 많다.

이념적 환경 역시 나의 서사에 영향을 미친다. 무엇이 옳고 그른지에 대한 기본 생각, 종교적·정치적 확신이 이런 환경에 포함된다. 다음으로 핵심적 순간이 있다. 즉 나의 이야기를 입에 올릴 때 즉시 눈앞에 떠오르는 특정 장면이다. 이런 장면은 '내가 나'임을 입증하는 증거로 받아들여질 때가 많다.

물론 내 이야기의 주인공은 나다. 하지만 매캐덤스에 따르면 '나'는 수많은 형태로 등장할 수 있다. 전형적인 유형으로는 '얌전한 여자아이', '쿨한 타입', '성공한 여성', '의리 있는 친구', '코스모폴리탄', '예의 바른 지성인', '평화주의자', '광대' 등이 있다. 요즘은 드라마, 영화, 책, 소셜 미디어의 등장인물을 개인의 신화에 이용하는 경우도 많다.

개인의 신화는 나의 세계관에도 영향을 미친다. 그것은 창틀과도 같아서 나는 그 틀으로 내 삶을 바라본다. 그러나 이 틀은 오래되어 삐걱거리는 나무틀이 아니다. 한번 달면 절대 떼지 못하는 틀이 아니다. 내가 그것을 깨달으면 그 안에 등장하는 그 사람이 정말로 내가 되고 싶은 사람인지를 고민할 수 있다. 그 사람이 내가 되고 싶은 사람이 아니라면 나는 내 이야기를 고쳐 쓸 수 있다.

타트야나 슈넬의 한 제자는 개인의 신화를 연구한 후 그 사실을 깨달았다. "나는 내가 늘 실패만 하는 인간이라고 확신했다. 나는 태어날 때부터 패자였고 운이라고는 없으며 무엇을 하건 서툴고 늘 물건을 잃어버린다. 하지만 그렇게 생각한다면 어떻게 내 인생이 달라지겠는가? 그건 그저 하나의 이야기에 불과하다. 절대불변의 진리가 아니다."

내 삶의 이야기를 바꾸고 싶다면 좋은 친구나 심리치료사 같은 상대를 찾는 것이 좋다. 대화를 통해 상대가 내 마음 깊숙이 들어올 수 있고, 이를 통해 나와 지금까지의 내 신화에 도전장을 던질 수 있다. 부모님이 세운 기업이 진정 예정된 나의 길이었을까? 결정적 상황에서 나는 정말로 실패했던가? 이혼했다고 해서 나는 버림받은 여자인가? 내가 선택할 수 있는 다른 역할은 없을까? 이 과정을 '리프레이밍Reframing'이라 부른다. 내 삶을 새 프레임(틀)에 끼우는 것이다.

앞서 살펴본 배우 지벨 케킬리의 이야기는 이미 정해진 것 같았다. 그녀는 가족의 전통을 지켜야 했고 가족의 규칙에 순응해야 했으며 다른 사람을 만나서도 안 되었고 집 밖으로 나가서도 안 되었다. 그러나 가족의 기대대로 행동할 때면 그녀의 마음은 늘 괴로웠다. 그녀는 자기 마음과는 다른 삶을 살았다. 댄 매캐덤스의 말을 빌리자면 그녀는 자신의 삶을 아이러니로 느꼈고 원망에 차서 이야기를 털어놓았다. 자신에게는 기회라고는 없었고 삶은 잔혹했다고 말이다.

그 삶이 달라졌다. 그녀가 집을 박차고 나와 자신의 바람과 이상대로 삶을 꾸려갔기 때문이다. 함부르크의 풀밭에서 나눈 인터뷰에서 그녀는 자기 이야기를 순수한 로맨스로, 상승곡선밖에 없는 이야기로 그리지 않았다. 영웅의 이야기도 아니었다. 그녀가 보기에 그런 이야기들은 너무 단순하고 섬세하지 못해서 그녀가 감수해야 했던 그 큰 고통을 제대로 담아내지 못한다.

"지금은 전혀 다른 삶을 살고 계시는데요, 독일 최고 여배우가 되어 자랑스러우신가요?" 킬리안 트로티어가 그녀에게 묻는다. 그녀는 솔직하게 대답할 수 있었을 것이다. 그렇다고, 자신이 이룬 성공이 자랑스럽다고. 그러나 그녀는 이렇게 대답했다. "다른 삶을 살되 더 많은 도움과 지지를 받고 싶었어요. 그래도 '나는 개방적이고 관용적이며 만인이 평등하다고 생각한다'고 말하는 지금의 나 자신은 자랑스럽습니다. 나는 그런 교육을 받지 못하고 자랐거든요."

지벨 케킬리의 이야기는 매캐덤스가 주장한 네 가지 발전 방향을 순수한 형태로 따르지는 않는다. 그녀의 발전 노선은 가파른 상승곡선이 아니었다. 그녀는 역경에 맞서 싸웠고, 그 싸움을 원망했다. 그 시절을 되돌아보는 지금도 마찬가지이다. 성장과 성숙을 입증하는 삶의 이야기는 종종 그런 모양새를 띤다. 학계에서 부르는 이름처럼 '불완전한 영웅들'의 이야기이다. 그들은 쉼 없이 좌충우돌하고 끝없이 변화한다.

그럼 나는 어떨까? 이 질문을 던지는 순간 성찰이 시작된다. 이러한 성찰만으로도 무언가를 이룰 수 있다. 내가 진지하게 성찰에 임하고 나의 삶을 이야기로, 지극히 개인적인 나의 신화로 이야기하고 적으려 노력한다면 말이다. 그렇게 하는 것이 소중한 이유는 그 이야기가 내 삶에서 일어나는 많은 일에 영향을 주기 때문이다. 비유적으로 표현해본다면 내 경험과 행동의 다양한 차원은 쇠 화살처럼 개인의 신화라는 자기장을 향한다.

그것이 어떤 차원일까? 이제부터 그 문제를 파고들 것이다. 변치 않거나 변치 않는 듯한 자아의 차원들부터 시작하여 더 쉽게 변할 수 있는 차원으로 차근차근 나아갈 것이다.

출신과 외모

모든 인간은 구체적인 상황에서 태어난다. 그 상황은 내가 선택하지 않았고, 마음에 안 든다고 해서 옷처럼 바꿔 입을 수도 없다. 마르틴 하이데거의 말을 빌리자면 "우리는 세상에 내던져졌다". 어떤 가정에서 태어났는지, 어떤 나라에서, 어떤 시대에 태어났는지가 내게 큰 영향을 미친다. 우리 가족은 화목한가? 우리 집 분위기는 엄한가? 가난한가 부유한가? 내 나라는 가난한가 부유한가? 폭력과 전쟁이 난무하는 시대인가? 평화로운 시대인가? 나는 학교에 가고 대학을 갈 수 있었던가? 더 추상적으로 말하면 어떤 외부 조건이 나의 발전을 방해했고, 어떤 조건이 나의 발전을 도왔는가?

생물학적 성별과 피부색, 키, 기타 신체적 특징도 나의 선택이 아니다. 이런 특징들이 내 인생에 미칠 영향력을 어느 정도까지는 내가 조절할 수 있다. 그러나 그것이 마음처럼 쉽지는 않다. 인간의 만남은 늘 고정관념이나 편견, 인종주의의 영향에서 벗어나지 못하기 때문이다. 남들과 다른 점은 눈에 띄기 마련이고, 남들은 그런 점으로 나를 정의한다.

심리학의 연구 결과를 보면 사람들은 자신을 향한 남들의 편견을 자주 수긍하고 받아들인다. 이성애 중심의 환경에서 살지 않는 사람,[8] 소수 인종,[9] 장애인,[10] 심리적 문제가 있는 사람, '다르다'라는 취급을 받는 수많은 사람에게서 그런 자기 낙인이 발견된다. 이에 대처할 수 있으려면 두 가지 전제 조건이 꼭 필요하다. 첫째, 자신을 인정해야 하고, 둘째, 비슷한 상황에 놓인 사람들이 주변에 있어야 한다. 자신의 다른 점을 당연하게 받아들일 수 있다면, 나아가 그것에 자부심을 느낄 수 있다면 가장 좋을 것이다. 대표적인 사례가 비현실적인 이상적 몸매를 좇지 말고 자신의 몸을 있는 그대로 사랑하자는 '자기 몸 긍정주의Body-Positivity 운동'이다.

유전자

유전자는 나에게, 나의 미적 취향에,[11] 파트너 선택에,[12] 체중에[13] 영향을 준다. 그러나 나를 결정하지는 않는다. 오히려 창끝을 돌려 내가 어느 정도 유전자에 영향을 줄 수 있다. 그

말의 의미를 알아내는 것이 아직 신생 학문인 사회유전체학의 연구 목적이다. 이 학문은 사회적 과정이 유전자 활동에 영향을 미친다고 기본적으로 가정한다. 물론 외부의 사회 요인보다는 내가 이것들을 어떻게 인지하는지가 더 중요하다.

캘리포니아대학교 로스앤젤레스캠퍼스(UCLA)의 교수이자 사회유전체학의 선구자인 미국 의학자 스티브 콜은 스트레스가 유전자 활동에 어떤 영향을 미치는지 연구했다. 장기적으로 스트레스를 받으면 몸에서도 염증 반응이 늘어난다. 콜은 만성 스트레스를 통해 활성화되며 정확히 그런 반응을 유발하는 전형적인 유전자 프로필을 발견했다. 이 유전자들은 염증을 키우고 바이러스에 대한 면역반응과 항체 형성을 방해한다. 그러나 특정 조건이 충족된다고 해서 자동으로 이런 유전자가 활성화되지는 않는다. 조건에 대한 주관적 인지가 훨씬 더 중요하다. 한 가지 사례를 들어보자.

한 달 수입이 2,000유로인 남성이 있다. 여자친구도 있고 작은 집도 한 채 있으며 몸에 좋은 음식을 사서 먹을 만큼 경제적 여유도 되고 1년에 2주 정도 여행도 갈 수 있다. 사실상 필요한 것을 전부 다 갖추었지만 그는 늘 불만이다. 이유는 절친한 친구 때문이다. 친구가 3,000유로 이상을 벌어서 그보다 더 여유롭게 살기 때문이다. 그는 늘 이것 때문에 스트레스를 받는다. 둘이 같이 있을 때마다 주눅이 들고 마음이 울적해진다. 이런 스트레스 반응은 당연히 몸에서도 표현된다. 앞에서 설명한 유전자 프로필에서 특히 더 그렇다.

또 한 남성은 월급이 1,800유로밖에 안 되지만 그 돈으로 너무나 만족하며 살고 있다. 그는 자기 직업을 좋아하고 일요일마다 합창단에서 노래를 부른다. 휴가 때는 호텔비가 부담스러워 야영장에 텐트를 치지만 아무렇지도 않다. 그는 비교적 적은 돈으로 행복하게 사는 법을 배웠고, 집 근처 카페에서 즐기는 디저트, 가까운 산을 오르며 느끼는 자연과의 교감 등 일상의 소소한 사치를 한껏 누릴 줄 안다. 객관적으로 보면 앞의 남성보다 경제적 여유가 적지만 주관적으로 보면 그가 훨씬 부자이다. 당연히 유전자의 스트레스 반응도 활성화되지 않을 것이다. 중요한 것은 상황의 인식이다.

이 사실을 알고 나면 해방감이 밀려든다. 우리는 유전자에 좌우되지는 않기 때문이다. 삶을 어떻게 살고, 환경을 어떻게 인식하느냐에 따라 유전자도 다르게 반응한다. 그러나 또 한편으로는 마음이 무겁기도 하다. 모두가 내 책임이니 말이다. 내 몸 저 깊은 곳으로 내 생각과 행동과 느낌이 기록되고 있으니 말이다.

성격

심리학에서 말하는 성격이란 시간과 맥락을 뛰어넘어 유지되며 외모, 경험, 행동에서 나타나는 개인의 특징 전체이다.

심리학자 프란츠 나이어와 옌스 아젠도르프가 그렇게 정의했다.[14] 성격Persönlichkeit은 가면을 뜻하는 라틴어 페르소나persona에서 온 말이다. 원래 고대 로마에서 연기자들이 쓰던 가면을 일컫는다.

그러니 나의 성격은 나의 진짜 자아를 가린 가면이란 말인가? 심리학 연구는 그렇지 않다고 대답한다. 내가 상황에 따라 다른 모습을 보인다 해도 나는 믿을 수 없는 사람이 아니다. 친구를 부모와 다르게 대하는 것은 지극히 정상적이다. 회의실에서 표현하는 감정이 축구장에서와 전혀 다른 것도 지극히 정상이다. 우리는 관계 속에서 살아간다. 관계의 종류에 따라 성격의 다른 면모가 드러난다.

그렇다고는 해도 다양한 상황을 뛰어넘는 개인의 전형적인 행동방식과 경험방식은 있다. 그중에서도 다섯 가지, 즉 '빅 파이브Big Five'가 가장 많이 알려진 심리학 모델이다. 이 모델들은 국제적으로도 인정을 받았고 무엇보다 사람을 비교하고 개인이나 집단의 차이를 찾아낼 때 유용하다.

이 다섯 가지는 신경증성Neuroticism, 외향성Extraversion, 개방성Openness to Experience, Culture, Intellect, 수용성Agreeableness, 성실성Conscientiousness으로 모든 인간에게서 어느 정도는 나타나는 특징들이다.

1. 신경증성

평소에 나는 얼마나 예민하고 불안한가? 나의 기분은 자주 변덕을 부리는가? 나는 걱정을 많이 하고 자주 신경이 곤두서는가? 신경이 곤두선 상태가 유쾌할 리 없다. 그래서 오래전부터 사람들은 신경과민인 사람들이 심리 문제도 자주 겪는다고 전제해왔다. 그러나 최근에 발표된 몇 건의 장기 연구 결과는 이런 통념에 의문을 제기한다. 더구나 신경증성이 창의성[15]과 더 뛰어난 문제 해결 능력[16]을 동반한다는 증거도 나와 있다.

캘리포니아대학교의 심리학자 케이트 스위니는 박사과정 중인 마이클 둘리와 함께 데이터를 분석하여 일련의 놀라운 '걱정의 장점들'을 찾아냈다.[17] 일단 걱정은 원치 않는 결과를 예방하는 행동이 얼마나 중요한지를 깨닫게 한다. 또 걱정은 생산적 활동을 독려한다. 구체적인 장애에 집중하도록 도와주어 보다 효율적으로 행동하도록 하기 때문이다. 나아가 걱정은 정서적 완충장치가 되기도 한다. 많은 연구 결과가 입증하듯 걱정을 하면 최악의 상황을 가정하기 때문에 실제로 그 상황이 닥쳐도 크게 실망하지 않고, 혹시라도 상황이 잘 풀리면 훨씬 더 좋아하고 안도한다. 따라서 부정적 감정이 지나치지만 않다면 신경증성이 있어도 잘 살 수 있다. 남들보다 상처를 잘 받기는 해도 걱정의 장점을 누릴 수 있다.

2. 외향성

나는 얼마나 활기차고 투지가 강하며 사교적일까? 나는 얼마나 바깥을 향하는 사람일까? 행복을 느끼려면 얼마만큼의 자극이 필요할까? 외향적인 사람들은 늘 주변을 살피며 자극을 찾고, 바쁘고 분주할 때 힘이 솟는다. 반대로 내향적인 사람들은 외부의 자극과 사람이 부담스러워서 멀찍이 떨어지려고 애를 쓴다. 평균적으로 볼 때는 외향적인 사람들이 수월하게 산다. 친구도 많고 더 행복하며 직업적으로도 더 성공한다.[18] 그 대신 내향적인 사람들에게는 다른 장점이 있다. 스트레스를 더 잘 견디고 정보를 심층적으로 소화하며 상대의 이면을 파악해야 하는 상황에서 판단력이 뛰어나다. 나아가 더 건강하게 산다.[19]

3. 개방성

나는 새로운 것을 얼마나 반기나? 나는 새로운 경험을 좋아하나? 아니면 반복되는 루틴을 버리지 못하는가? 나는 예술과 문화에 관심이 많고 지적 호기심이 강한가? 개방적인 사람들은 재량권이 많은 직업에서 더 큰 성과를 낸다. 더 혁신적으로 사고하고 더 많이 변화의 물결에 몸을 맡기며, 심지어 위험도 마다하지 않는다.

4. 수용성

나는 남을 얼마나 배려하는가? 나는 공감을 잘하는가? 협력을 잘하고 남을 잘 도와주는가? 수용적인 사람들은 늘 주변을 살피고, 나보다는 우리에게 주목한다. 이 역시 과하면 모자라느니만 못하다. 남 걱정에 자신을 잊으면 자신과의 관계를 잃고 이용당할 위험이 크다. 정반대 극단은 주변에 무심한 사람이다. 이런 사람들은 공격적으로 행동하고 남들을 조종하려 들며 냉정하고 인내심이 부족하여 쉽게 짜증을 낸다.[20]

5. 성실성

나는 얼마나 신중한가? 얼마나 목표지향적이고 책임감이 있는가? 나는 규범과 규칙을 잘 지키는가? 자제력이 강하고 믿을 수 있으며 책임감이 강한가? 성실한 사람들은 누가 봐도 참 잘 산다. 덜 성실한 사람들보다 더 건강하고 더 행복하며 사랑과 일에서 성공하는 데다, 심지어 수명도 길다.[21] 물론 이 역시 과하면 정신 건강에 해롭다. 완벽주의와 강박은 많은 것에 제동을 걸고, 과도한 부담과 번아웃으로 이어질 수 있다.[22]

'빅 파이브'는 자신의 성격을 탐구하고, 내가 어떤 점에서 남들과 다른지를 이해하는 도구이다. 다섯 가지 성격 요인 모두 극단은 좋지 않은 것 같다. 극단은 건강이나 행복을 방해할 수 있다. 그렇다면 어떤 형태의 중간값을 추구해야 할까?

그리스 철학자 아리스토텔레스도 중용론mesotes에서 바람직한 중도 같은 것이 있다고 주장했다. 하지만 그는 그것이 주관적 중도임을 강조했다. "우리에게 적용하면, 올바른 중용이란 지나치지도 부족하지도 않다는 의미이다. 그러나 만인에게 하나의 중도가 있는 것은 아니며 똑같은 중도가 있는 것도 아니다."[23] 아리스토텔레스는 이해를 돕기 위해 이런 사례를 들었다. "어떤 사람에게 10파운드의 음식은 너무 많고 2파운드는 너무 적다고 해서 리케이온(기원전 355년에 아리스토텔레스가 그리스 아테네에 세운 학원—옮긴이)의 원장이 그에게 딱 중간인 6파운드를 먹으라고 지시하지는 않을 것이다. 아마 그 양도 그 사람에게는 너무 많거나 적을 테니 말이다." 그의 사례를 우리가 사는 세상으로 옮겨보면, 어떤 사람이 20킬로그램 역기는 너무 쉽게 들고 120킬로그램 역기는 너무 무거워서 못 든다고 해서 트레이너가 그에게 딱 중간인 70킬로그램 역기를 들라고 하지는 않을 것이다. 트레이너는 그 사람에게 딱맞는 무게를 알아내기 위해 먼저 이런저런 시도를 해볼 것이다. 그가 프로 선수라면 70킬로그램이 너무 가벼울 테지만 초보자라면 너무 무거울 것이다. 그러니 계산이 가능한 보편타당한 중도가 중요한 것이 아니다. 나에게, 나의 지금 환경에 무엇이 맞는지를 탐구해야 한다.

지금의 나와 10년 전의 나를 비교해보면 비교적 안정적인 성격 특징들이 드러난다. 하지만 그렇다고 해서 우리가 변치 않는다는 뜻은 아니다. 2019년 미국의 학자들이 〈성격과 사회심리학 저널〉에 발표한 한 연구 결과가 그 증거이다.[24]

학자들은 1,795명의 실험 대상자들을 선정하여 16세에서 66세까지 50년 동안 꾸준히 관찰했다. 그 결과 안정적인 요인들이 있기는 하지만 성격이 변할 수도 있다는 사실을 밝혀냈다. 젊을 때 남들보다 외향적인 사람은 나이가 들어서도 그럴 가능성이 크다. 하지만 대부분의 사람은 거기서 한 걸음 더 발전한다. 성격심리학은 이를 두고 성숙의 원칙이라 부른다. 인간은 나이가 들수록 더 성실하고, 더 정서적으로 안정되며, 더 수용적으로 변하는 경향이 있다.

물론 이 변화가 하루아침에 일어나지는 않는다. 변화는 사람들, 환경, 직장, 자녀 등 다양한 경험을 통해 점진적으로 일어난다. 이 과정에서 나와 환경의 다양한 상호작용이 작용한다. 나는 성격에 기반하여 특정 방식으로 반응하고 그것이 다시금 남들의 반응을 불러일으키며, 나는 어떤 환경은 선택하고 어떤 환경은 피하면서 내게 적당한 환경을 만들어나간다. 타인의 반응도 마찬가지로 나를 자극하고 나에게 의문을 던지며 나를 새로운 방향으로 이끌 수 있다.

바로 이 지점이 출발선이다. 가령 개방적인 사람이 되고 싶다면 안전지대를 떠나야 할 것이다. 다른 문화권 사람을 만날 수도 있고 예술에 관심을 가지거나 아는 사람 하나 없는 모임에 들어갈 수도 있다. 외향적인 사람이 되고 싶다면 어느 정도까지 외향적인 행동을 하는 척하면 된다. 가기 싫어도 억지로 참고 파티에 가고, 하기 싫어도 아무나 붙들고 수다를 떠는 것이다.

자, 이제 잠깐 걸음을 멈추고서 우리가 걸어온 길을 되짚어보자. 어떤 사람이 되고 싶은지를 알기 위해 우리는 이 길을 걸어왔다. 내 개인의 인생사, 나의 출신, 외모, 유전자, 성격… 핵심은 삶에서 내게 주어진 것이 무엇인지, 그러므로 내가 대처해야 하고 바꿀 수 있는 것이 무엇인지였다. 그렇다면 무언가를 바꿀 수 있고 바꾸고 싶다는 대답이 나올 경우, 나는 어떻게 해야 할까? 어떻게 해야 행동으로 옮길 수 있을까? 이제부터는 이 질문의 대답을 찾아보고자 한다.

동기

동기는 나의 등을 떠민다. 동기는 내가 행동할 조건을 마련한다. 내가 어떤 일은 하지만 어떤 일은 안 하는 이유이며, 어떤 일은 신나서 하지만 어떤 일은 마지못해서 하는 이유이다. 심리학자 리처드 라이언과 에드워드 데시는 왜 이런 감정들이 생기는지, 그 배경을 오랫동안 연구했다. 그 결과가 '자기 결정성 이론Self-Determination Theory'이다. 이 이론은 우리 인간이 어떨 때는 에너지를 뿜어내지만, 다른 상황에서는 손발이 꽁꽁 묶인 듯한 기분이 드는 이유를 설명한다.[25] 많은 연구 결과가 이 이론을 지지했다. 연구 결과들은 세 가지 기본 심리 욕구가 충족될 경우 인간은 적극 행동에 나선다고 말한다. 세 가지 욕구는 자율성Autonomy, 유능성Competence, 관계성Belonging이다.

자율성이란 내가 자유롭게 결정을 내린다는 의미이다. 자율성을 갖추면 해야 한다는 이유만으로, 누군가 요구했다는 이유만으로 어떤 일을 하지 않는다. 유능성은 내가 맡은 임무를 잘 해낼 것이라 확신한다는 뜻이다. 나는 목표를 달성할 수 있고, 이를 위해 쉬지 않고 배운다. 나는 내 능력을 과도하게 의심하지 않으며, 나를 자격 없는 사기꾼이라 생각하지 않는다. 관계성이란 주변 사람들이 내게 호의적이라고 느낀다는 뜻이다. 나는 남들이 나를 적절히 대우한다고 느낀다. 가까운 사람, 나를 귀하게 여기는 사람들이 내 곁에 있다. 관계성이 없으면 따돌림당한다는 기분이 들거나 나의 인간관계가 너무 피상적이어서 진정으로 친밀한 관계가 불가능하다는 기분이 든다.

동기는 '내 안에서' 일어나는 일이지만 그렇다고 순전히 의지의 문제만은 아니다. 주변 환경도 크게 일조하여, 위의 세 가지 기본 욕구의 충족을 돕거나 방해한다. 여기서도 다시금 성격과 환경의 관계를 살펴보는 것이 도움이 된다. 자기 결정성이 제한되었다고 느끼면, 그러니까 자율성, 유능성, 관계성이 충분하지 않다고 느끼면 나는 이런 질문을 던질 수 있다. 무엇이 나를 방해하는가? 나는 그것에 어떻게 대응할 것인가? 지금과 다르게 대응할 수 있을까? 다른 장소와 사람을 찾아 환경을 바꿀 수 있을까? 거기서 한 걸음 더 나아가 근로조건을 따지고 새로운 아이디어를 내고 의식 있는 자세로 먹고 마시며 장보기를 하고, 인간관계를 다른 방향으로 돌려 환경 변화에 이바지할 수 있을까?

이런 질문은 유의미하다. 우리 인간은 자주 잘못된 기대를 하기 때문이다. 우리는 사람들의 칭찬과 인정, 돈과 신분 등 우리가 얻는 것에 기대어 결정을 내린다. 그러나 여기서 일종의 역설적 효과가 발생한다. 좋아서 하는 일인데도 이런 식으로 보상을 받으면 잠깐은 능률이 오를 수 있어도 원래의 관심, 나의 열정이 달라진다. 그러다가 어느 순간 외부의 자극이 줄어들면 의욕도 감퇴한다. 동기가 훼손되는 것이다.[26]

이런 효과는 시사하는 바가 크다. 무엇을 하느냐도 중요하지만, 그에 못지않게 왜 하느냐도 중요하다는 사실을 이 효과가 입증하기 때문이다. 심리학 개념인 '내재적 동기 부여 Intrinsic Motivation'에 기반한 활동을 할 때 나는 특히 의미 있고 만족스럽다고 느낀다. 나는 이 일 자체를 위해 행동하고 이것에 마음이 가 있다. 나는 이것이 옳고 중요하다고 생각한다. 반대로 '외재적 동기 부여Extrinsic Motivation'는 어떤 일을 할 자극이 외부에서 온다. 내가 축구장에서 열심히 훈련하는 이유는 축구가 좋아서가 아니라 유명해지고 싶기 때문이다. 내가 일을 하는 이유는 이 일이 좋고 중요하다고 생각하며 내가 이 일의 적임자라 믿기 때문이 아니라 돈 때문이다.

이것이 순수한 형태의 두 가지 동기이다. 그러나 일상에서 매 순간 자신이 하고 싶은 일을 새로, 자유롭게 결정할 수 있는 사람은 거의 없다. 따라서 정도 차이가 있을 뿐, 외재적 동기가 끼어들기 마련이다. 그 동기 역시 어느 정도는 자기 결정적일 수 있다. 달리 말하면, 할 일이 많다고 해서 그 일을 전부 다 좋아할 필요는 없는 것이다.

문예학자이자 문화학자인 알라이다 아스만은 인간의 권리와 의무를 강조한다.[27] 권리를 요구하려면 교양을 갖추고 서로 연대하는 관계가 가능하도록 일정한 의무를 질 각오를 해야 한다. 그것은 곧 사회 규칙을 지키고 존중하며 예의를 갖춘다는 의미이다. 그렇게 해서 내게 득이 되지 않더라도 내가 그 규칙에 동의할 수 있고 나 역시 존중받기를 바라기 때문이다. 중요한 것은 내가 그 규칙에서 의미를 깨닫는 것이다. 그렇다면 나는 그 규칙의 편에 설 수 있고, 그 규칙은 나의 추진력을 키워줄 것이다. 내가 직접 생각해내진 않았어도 내 눈에는 좋아 보이는 것이다. 그렇지 않거나 심지어 내 생각에 틀렸거나 무의미해 보이는 일을 억지로 하고 있다는 결론에 이른다면 나는 타율적으로 움직인다고 느낄 것이다. 그럴 때 나의 동기는 급격히 줄어든다. 그뿐 아니다. 보상이나 유혹, 더 심하게는 강요나 외부 압력에 굴복한 행동은 재미도 행복도 주지 않는다. 심할 경우 병을 얻을 수도 있다.

따라서 이 책에서 우리가 함께 사랑, 일, 여가 활용 혹은 인생 전체의 의미를 찾아 나선다면 무엇이 내 등을 떠미는지 깨달아야 한다. 내가 자율성과 유능성과 관계성을 경험할 공간은 어디에 있는가? 그런 공간을 더 많이 찾을 수 있는가? 남들을 위해서도 그런 공간을 만들 수 있는가?

마지막으로 함부르크의 풀밭으로 다시 돌아가보자. 10월의 해는 서서히 지평선으로 기울고, 삶의 질문을 고민하는 동안 지벨 케킬리의 얼굴에도 나무의 그림자가 드리웠다. "당신 삶의 의미는 무엇일까요?" 킬리안 트로티어가 묻는다. "온전히 자신이 되는 것이지요." 그리고 그녀가 한마디 덧붙인다. "자신이 누구인지 아는 것이지요. 시선이 밖이 아닌 안을 향합니다. 남들이 기대하는 것이 아니라 자신이 바라는 걸 하는 거죠." 케킬리는 자신과 다투었고 자신을 탐구했으며 그를 통해 자신의 성격에 대해 많은 것을 알아냈다. 자신이 누구인지 그녀는 안다. 그렇다면 그녀는 이제 무엇을 바랄까? 그것은 그녀도 잘 모른다. 그녀가 말한다. "지금 저는 무엇을 하고 싶은지, 무엇을 해야 내 마음이 가득 찰지, 그 질문을 던지는 지점에 와 있습니다. 팬데믹 탓에 더 심해졌지만, 삼십 대 후반, 사십 대 초반이 되면 많은 사람이 그런 질문을 던지게 되지요. 나는 정말 내가 꿈꾸던 삶을 살고 있을까?"

"그래서 어떤 대답이 나왔나요?" 킬리안 트로티어가 묻는다.

"변화가 있어야 한다는 건 알지만 아직 어떤 모습일지는 모르겠어요. 나이가 들면 대답을 찾기가 더 힘들어지지요. 젊었을 때는 저항했습니다. 저항은 정체성을 구축할 수 있어요. 그 자체로 몸짓이니까요. 그런데 마흔한 살이 되니 저항이 너무 한심하다는 생각이 듭니다. 갑자기 문신이라도 새길까요? 아무것도 배운 것이 없다는 기분이 듭니다. 저항은 가만히 앉아 생각하기보다 훨씬 쉽습니다. 이제 어떻게 해야 할까요? 나는 내 인생으로 무엇을 만들고 싶은 걸까요?"

가족에게 저항하여 자신에게로 가는 길을 찾았던 바로 그 여성이 이제 저항이 한심해 보인다고 말한다. 충격적일지 몰라도 논리는 정연하다. 지벨 케킬리는 나이가 들었고 많이 변했으며, 자기 자신으로 남아 있기 위해 더 많이 변하려 한다. 상황이 달라지면 자기 이해도 달라지기 마련이다. 그 무엇보다 멈춰 있을 때, 자신과의 접촉을 잃기가 제일 쉽다.

케킬리는 자신의 자아를 탐구했다. 이제 그녀는 갈림길에서 있다. 그녀는 무엇을 원하는가? 무엇이 그녀에게 어울리는가? 앞으로 어떻게 될까? 그녀는 답을 찾고 있다. 자기 안에서. 그러나 늘 그랬듯 자기 바깥의 세상에서. 그녀에게 영향을 주는 그 세계에서 그녀는 언젠가 행동하려 한다. 우리 모두가 그러하듯 그녀가 의미를 찾고 있는 그곳은 과연 어떤 사회인가? 다음 장에서 이 질문의 답을 찾아보자.

2

의미는 왜 필요한가?

관점을 바꿀 때 생기는 힘

어떻게 해야 성공할까? 어떻게 해야 인기를 얻고 사랑받을까? 어떻게 해야 아름다워지고 행복해질까? 우리의 서구 사회는 이렇게 묻는다. 그리고 우리 삶은 그 답을 찾기 위해 무한 경쟁의 표어로 일컬어지는 '더 높이, 더 빨리, 더 멀리!'를 따른다. 더 많은 성과, 더 많은 돈, 더 많은 아름다움. 구성원 대부분이 기본 욕구를 걱정하지 않아도 되는 사회에서는 모두가 같은 이야기를 한다. 은행 잔고, 국가 경제, 자동차 크기, 명성… 모든 것이 성장해야 좋다! 생활이 불안정한 이들은 이 그림에 어울리지 않는다. 그 책임은 돈이 없고 외모가 달리는 그 사람에게 있다. 따라서 자책하고 수치심을 느끼며 외톨이가 된다. 가령 사회학자 레나 쉬르만이 청소업계에서 일하는 사람들과 인터뷰를 한 후 2022년에 발표한 글에서도 우리는 그 사실을 확인할 수 있다.[1]

우리가 사는 사회는 우리의 세계관, 우리의 목표 그리고 우리의 기대를 형성한다. 날씨와 지형이 등산에 영향을 주듯 사회는 우리의 의미 추구에 영향을 미친다. 그런데 지금 우리가 사는 사회는 경쟁 사회이다. 우리는 앞다투어 최고 직장, 제일 멋진 인테리어, 제일 자랑할 만한 여행을 찾아 나선다. '나의 집, 나의 차, 나의 요트.' 독일 은행 슈파르카세가 오랜 시간 신규 고객 모집에 이런 의미심장한 광고 문구를 사용했던 것도 다 그런 이유이다. 경쟁을 위해 늘 서로 비교하다 보면 어쩔 수 없이 모두가 자신과 자신의 능력을 최적화해야 한다고 생각한다. 우리는 완벽한 식단, 완벽한 체력, 완벽한 수면, 심지어 완벽한 창의성을 꿈꾼다. 늘 얼마만큼의 시간을 무엇에다 투자해야 할지 고민한다. 목표는 최대의 효율성이다. 다시 말해 우리는 늘 최대한 짧은 시간 안에 최대한 많은 것을 이루고자 한다.

어떤 이들은 이런 압박감을 잘 견디며 승승장구하기도 한다. 그러나 또 다른 이들은 압박감을 못 이겨서 절망에 빠진다. 독일 공공 보험 AOK는 2004년부터 가입자들이 번아웃 질환으로 며칠이나 결근을 하는지 통계를 냈다. 2004년에 1천 명당 8일에 불과하던 결근 일수가 2021년에는 무려 142일로 늘어났다.[2] 경쟁이 마음 건강에만 영향을 주는 것이 아니라는 사실은 또 하나의 수치로도 입증된다. 독일미용성형외과의사협회(VDÄPC)의 설문 조사를 기반으로 독일 의학지

〈의학저널〉에서 발표한 자료를 보면 독일에서 성형수술 횟수가 2020년부터 2021년까지 단 1년 동안 15퍼센트나 증가했다.[3]

물론 우리 사회는 똑같지 않다. 사람들은 다양한 방식으로 벗어나고 거부하고 저항한다. 자아실현을 위해 가령, 더 나은 사람, 더 예쁜 사람, 더 건강한 사람, 더 행복한 사람이 되기 위해 엄청 애쓰는 사람들이 있는가 하면, 쏟아지는 가능성에 불안해져서 그저 조용히 살고 싶은 사람들도 있다. 후자의 사람들은 간소하게 예전 것을 유지하며 살아야 안전하다고 느낀다. 40년 이상 독일의 사회문화적 변화를 연구해온 지누스연구소는 이런 현상이 "생활 세계와 가치 세계의 분열"을 조장하는 상반된 변화 흐름이라고 보았다.[4]

두 입장은 극단적으로 다르다. 하지만 이 두 입장에는 공통점이 하나 있다. 초점이 나를 향한다. 한쪽에서는 자기 몸을 단련하고 자기 계좌를 채우는 것이 충족이라 생각하고, 다른 쪽은 세상만사와 최대한 거리를 두고자 한다. 둘 다 거대한 전체를 보지 못한다. 둘 다 이유를, 목표를, 의미를 묻는 실존적 질문을 회피한다.

의미를 찾는 데 필요한 시간

의미를 찾는 일은 아름다움, 성공, 부, 행복을 바라는 것과는 다른 문제이다. 의미의 질문은 일단 우리 사회의 기본 규칙을 거스른다. 그런데도 타트야나 슈넬의 연구 결과가 입증하듯 지난 몇 년 동안 많은 이들에게 의미 있는 삶이 중요해지고 있다. 이 두 사실이 어떻게 양립할 수 있을까?

대답은 매우 구체적인 사건에서 출발한다. 바로 코로나 팬데믹이다. 코로나는 단절이었다. 당연하다 여겼던 수많은 것들에 의문부호가 찍혔다. 의미에 대한 질문은 예기치 않은 변화가 일어날 때마다 등장한다. 멈추고 뒤바뀌고 새롭게 출발할 때 말이다. 코로나가 터지자 사람들은 물었다. 사무실에 이렇게 오래 있는 것이 정말 옳을까? 우리 아이들을 도시에서 키워도 괜찮을까? 이들이 진정 내 친구인가?

팬데믹은 우리 사회의 큰 부분을 멈춰 세웠다. 루틴을 부수었고 적어도 몇 사람에게는 고민의 시간을 선사했다. 이를 통해 의미로 들어갈 문을 활짝 열었다. 의미는 걸음을 멈추고 성찰하지 않으면 묻기 힘든 주제이기 때문이다. 의미를 묻기 위해서는 따로 시간을 내야 한다. 보다 현실적으로 표현해본다면, 이미 다시 포스트 팬데믹의 정상성에 도달했고, 기본 패턴에서는 전혀 달라진 것이 없는 이 사회에서 시간을 억지로 만들어야 한다.

이게 무슨 말일까? 가령 여전히 몇몇 기업에선 육아휴직을 신청한 아빠들에게 육아휴직을 포기하거나 기간을 줄이라고 압박한다. 면접에서 시간제 근무를 원한다고 말하려면 불합격할 각오를 해야 한다. 가족이 세상을 떠나면 2~3일 특별휴가를 받지만, 휴가가 끝나자마자 도로 예전 자리로 돌아가 똑같이 일해야 한다.

막시밀리안 카를은 무너지기 직전이었다. 아내 슈테피와 아들 필레아스를 데리고 캠핑카로 네덜란드를 향해 떠나던 그때, 그는 겨우 삼십 대 초반이었다. 그들은 아이펠(독일 서부 고원의 국립공원—옮긴이)에 있는 야영장에 차를 세웠다. 아내 슈테피가 잠깐 샤워를 하겠다고 했다. 그러고는 쓰러져 버렸다. 뇌출혈이었고 그녀는 며칠 후 병원에서 숨을 거두었다. 그의 사연을 〈차이트〉에 실은 작가 아나 셸트에게 그는 말했다.[5] "당연히 슬픔을 낫게 해줄 치료법은 없어요. 회피할 수도 없으니 온몸으로 슬픔을 느끼면서 살아야 해요. 슈테피가 죽고 난 후 그런 생각이 들었어요." 그는 이렇게 덧붙였다. "일상에서는 슬픔이 묻혀버리는 것 같아요. 슬픔이 들어설 자리가 없는 거죠."

그는 밤마다 잠을 이룰 수 없었다. 자다 깨서 몇 시간이고 울었다. 낮에도 일을 못 할 때가 많았다. 남은 힘은 아들에게 다 쏟았다. 3주 병가를 냈지만 별 도움이 되지 않았다. "저는 일종의 치유를 원했고 그러기 위해서는 제 인생에서 더 많은 것을 바꾸어야 한다고 생각했습니다."

아내가 쓰러지기 전 카를 가족은 6개월 동안 여기저기 여행을 다니기로 계획한 바 있었다. 끝날 것 같지 않던 고통의 시간에 그는 자주 그 계획을 떠올렸다. 그리고 자신에게 물었다. "뭘 기다리는 거야?"

그는 더 이상 기다리지 않았다. 그리고 행동에 나섰다. 아들을 데리고 단 1초도 슈테피 생각을 안 할 수 없는 집을 박차고 나왔다. 그는 1년 동안 캠핑카를 타고 프랑스, 스페인, 포르투갈을 떠돌았다. 공격적이던 아들이 차츰 차분해졌다. 머무는 야영장에서마다 새 친구를 사귀었고, 말은 안 통해도 친구들과 잘 어울려 놀았다. 그들은 아주 천천히 새 인생을 쌓아나갔다.

아내가 아주 가까이 있다고 느낀 순간들이 많았다. "하루는 필레아스가 물속에 들어가서 놀았어요. 그런데 이유 없이 슈테피가 바로 옆에 있는 것 같은 기분이 들었어요. 나하고 나란히 앉아서 아들을 보고 있는 것 같았죠. 그러다 문득 '아이가 엄마하고 놀고 있구나' 하는 생각이 들었어요. 잠시 후에 필레아스가 달려오더니 바로 그 말을 하는 거예요. 지금도 또렷하게 기억이 나요. 아이가 말했죠. '조금 전에 파도가 엄마 같았어요.'"

두 사람은 길을 나섰고, 그렇게 사회가 유가족에게 거는 기대에서 벗어났다. 최대한 빨리 다시 제 기능을 다하라는 기대 말이다. 물론 그런 요구를 하지 않는 곳도 있다. 직원들에게 더 많은 시간을 주고, 든든한 편이 되어주는 기업도 있다. 앞에서 언급한 영역에서도 진보는 있었다. 그사이 시간제 근무를 인정하는 곳이 많아졌다. 육아휴직에 들어가는 직원에게 축하와 응원을 보내는 곳도 많다. 그러나 이 사실만은 명확히 밝혀야 한다. 여전히 이 모든 것은 싸워서 얻어내야 한다.

잘 사는 삶. 이 사회 곳곳에서 많은 이들이 그 삶을 얻어내기 위해 싸우고 있다. 한편에서는 자의식으로 똘똘 뭉쳐서 의미 있는 삶을 요구하는 사람들이 있다. 그들은 의식적으로 소비하며 기존의 인생 모델에 의문을 제기한다. 어떻게 일하고 싶은지 스스로 선택하고, 그에 맞지 않는 일이라면 서둘러 사표를 던진다. 반대편에는 기존의 것을 유지하는 것이 의미 있다고 생각하는 사람들이 있다. 그들은 온 세계가 치열하게 경쟁하는 이런 시대에 의미 있는 삶 따위나 고민하다니 너무 순진하며, 그런 바람이 오히려 전체의 복지를 위태롭게 만든다고 생각한다.

목표와 가치의 해석 주도권을 두고 벌어지는 싸움이다. 상황이 이러하므로, 또 이런 싸움 역시 경쟁의 논리를 따르므로—누가 더 목소리가 크고, 누가 더 눈에 띄며, 누가 더 집요한가?—현 상황은 아마도 이렇게 요약해야 할 것이다. 우리 사회에서 의미를 고민하는 사람이 늘어난다고 해서 의미가 온 사회가 함께 추구하는 공식적인 이상이 된 것은 아니다. 달리 표현하면, 의미를 추구하는 사회는 아직 의미로 가득한 사회는 아니다.

의미를 찾아 길을 떠날 때는 쉽지 않을 것이라는 각오를 단단히 해야 한다. 그래도 포기할 필요는 없다. 우리의 서구 자유주의 사회는 온갖 약점이 있지만, 이 길로 나설 수 있는 전제조건을 마련해두었으니 말이다. 즉 우리는 우리의 길을 가도 좋고, 우리 선택에 따라 결정할 수 있다. 이것이 권위주의 시스템과의 근본적인 차이점이다.

절대적 자유의 아찔한 무게감

그러므로 우리는 자유롭다. 그러나 무엇을 위한 자유인가? 우리는 삶 속 의미를 고민할 자유가 있다. 그것은 멋진 일이다. 그러나 동시에 무리한 요구이기도 하다. 프랑스 철학자 장폴 사르트르는 이런 상반된 두 마음을 "인간은 자유롭도록 저주받은 존재이다"라는 말로 요약했다.[6] 많은 이들이 자신의 삶을 의미 있게 꾸려갈 가능성을 부담으로 느낀다. 갑자기 받은 추가 계산서처럼 부담스러워하는 것이다. 그러나 거꾸로 생각하면 그런 가능성이 오히려 부담을 덜어줄 수 있다. 자신에 대한 광적인 집착과 자신으로부터 소외될 위험을 덜어주고, 더 많이 갖고 싶은 욕심과 남과의 비교를 줄여줄 수 있다.

의미의 고민은 직장에서, 가정에서, 자연과의 교류에서 상대에게 심도 있게 다가가도록 도와준다. 의미를 고민하면 관점이 바뀔 수 있고, 다시 본질적인 것으로 눈을 돌릴 수 있다. 중요하다고 여긴 것들이 상대화된다. 감탄과 인정은 기분 좋지만, 얼마나 오래갈 것이며 어떤 대가를 치러야 하는가?

의미에 대한 질문은 기분 좋은 질문이 아니다. 삶을 의심하면 온갖 미심쩍은 것들을 맞닥뜨리게 된다. 지금과 다르게 살게 될 수도 있기 때문이다. 그런데 바로 그것이 의미를 찾아 떠날 중요한 조건이다. 다른 삶이 가능하다는 깨달음 말이다. 정해진 것이 없다는 깨달음 말이다. 나는 나의 결정을 통해 삶을 만들어갈 수 있고 새로운 방향을 선택할 수 있다. 나는 생각하고 소통하고 소비하며 일하고 여행하고 사랑하는 방식을 바꿀 수 있다. 나는 계속해서 박차고 나갈 수 있다. 혹은 새롭게 시작할 수 있다.

의미와 함께 의미를 향해 나아가려는 사람은 의식적으로 시간을 내야 한다. 그렇게 하지 않는 의미 추구는 망망대해 한복판에서 썩은 배 밑바닥을 바꾸겠다는 선원과 같다. 이성적인 인간이라면 누구라도 일단 배를 육지에 댄 후에 수리하라며 그를 말릴 것이다.

삶 속 의미를 고민하는 이유는 제각각이어도, 모두에게는 고민의 시간이 필요하다.

외부의 사건이 고민의 계기가 될 수도 있다. 사랑하는 사람이 세상을 떠났거나 병에 걸리거나 이별을 하거나 회사에서 쫓겨나면 그냥 살던 대로 살 수가 없다. 단절이 찾아오고 우리는 그 단절에 대응해야 한다.

삶의 한 단계가 끝나도 고민이 밀려들 것이다. 고등학교를 졸업하면 뭘 할까? 취직할까? 대학에 갈까? 퇴직하면 어떻게 되나? 보통 그런 상황이 되면 온갖 가능성이 주어진다. 심리학에서는 이를 두고 '다중선택 마비Multioptionsparalyse'라고 부른다. 많은 가능성이 마비를 부른다는 뜻이다. 선택지가 너무 많으면 선택의 기준이 사라진다.

혹은 지금까지는 의미에 대해 별생각 하지 않으며 살았다. 좋을 때도 있고 나쁠 때도 있었으나 그냥 흘러가는 대로 살았다. 그런데 이제는 그렇게 살고 싶지 않다는 욕심이 생긴다.

혹은 지금껏 나만의 의미가 있었다. 외부 사건에도 흔들리지 않는 확고한 의미가 있었다. 그럴 때도 자신에게 물어볼 필요가 있다. 앞으로도 그렇게 확고할까? 시대가 더 혹독해져도 나의 의미는 유지될까? 내가 의식하지 못한 채로 의미 있다고 생각했던 것이 부모님이나 친구에게서 건네받은 의미가 아니었을까? 나는 어떤 인생관을 따르고 싶은가?

혹은 나는 매우 의식적으로 삶에 대해 고민하고, 쉬지 않고 삶을 의심하는 사람이다. 나는 늘 묻는다. 나의 행동은 의미 있는가? 나는 앞으로도 그렇게 살고 싶고, 성찰에 많은 시간을 투자하고 싶다. 그래서 파트너와 함께 휴가를 떠난다. 삶을 아주 근본적으로 고민하겠다는 계획 말고는 아무런 계획도 없이 드넓은 초원으로, 바다로 떠난다. 나는 무엇을 잘할 수 있나? 상대는 무엇을 잘하나? 그 특기가 우리의 직업과 관련이 있는가? 지금 우리는 올바르게 살고 있는가? 아니면 뭐든 바꾸어야 할까? 우리의 집은, 도시는, 나라는 정말 우리하고 맞는 곳인가? 모든 것을 기록하고 체계화하고 어떤 아이디어가 괜찮은지 살핀다. 그러고 나면, 아마도 의미를 캐묻는 것만으로도 많은 일이 일어날 수 있다는 기분이 들 것이다.

사람마다 의미 있다고 생각하는 것은 모두 제각각이고, 각자 처한 상황에 영향을 받는다. 열여덟 살에 찾은 의미를 호주머니에 찔러넣은 다음 평생 그것만 가지고 다닐 수는 없다. 의미의 경험은 내게 일어나는 일들, 그리고 그 일에 어떻게 대처하느냐에 좌우된다. 그것은 타인과의 만남, 사건과 가능성과의 만남에서 탄생하는 매우 개인적인 경험이다. 동시에 의미의 경험은 보편적이다. 우리 모두는 우리의 삶이 어떤 의미를 띠어야 할지 물을 수 있다. 우리 모두는 우리를 위한 의미를 발견하고 개발하고 확장할 수 있다. 우리 모두는 의미를 찾아 나설 수 있고, 그 의미를 구성하는 것이 무엇인지 그리고 그것이 다른 의미와 어떤 차이점이 있는지 찾아낼 수 있다.

3

나는 무엇을 찾고 있는가?

의미와 행복의 차이

의미와 행복. 둘은 같은 것이 아닐까? 겉으로만 보면 그렇게 생각할 수도 있다. 둘 다 좋은 것을 표현하는 말이니까 말이다. 행복해지고 싶지 않은 사람이 어디 있는가? 의미 있게 살고 싶지 않은 사람은 또 어디 있겠는가? 하지만 조금만 자세히 들여다보면, 둘이 근본적으로 다르다는 사실을 금방 알아차릴 것이다. 그리고 바로 그 차이점이야말로 의미가 무엇인지 이해하는 데 결정적 도움을 준다.

행복부터 시작해보자. 19세기 영국 철학자이자 정치가, 경제학자였던 존 스튜어트 밀은 독자들에게 이런 자극적인 말을 던졌다. "만족한 돼지보다 불만족한 인간이 더 낫다. 만족한 바보보다 불만족한 소크라테스가 더 낫다."[1] 왜 불만이 더 좋아야 할까? 그가 못마땅해하는 만족은 과연 어떤 것인가? 보아하니, 비판적으로 생각하지 않고 무조건 현재를 받아들이는 그런 만족을 말하는 것 같다. 철학자 소크라테스가 주장한 '지식을 향한 동경'이 없는 그런 만족 말이다.

밀의 생각 놀이는 우리에게도 말을 건넨다. 우리 자신에게 한번 물어보라고 말이다. 나는 인간이 될 각오가 되어 있는가? 기쁨과 더불어 인간의 모든 그늘, 모든 고통을 함께 받아들일 각오가 되어 있는가? 두 눈 똑바로 뜨고 세상을 걸어갈 때 눈앞에서 입을 쩍 벌리는 그 심연마저 군말 없이 인정하겠는가? 아니면 직접적 욕구만 충족된다면, 먹을 것이 넉넉하고 안전하며 무리의 일원이기만 하다면 만족하고 안주하는 그런 사람이 되고 싶은가? 아마 후자가 더 편할 것이다. 또 그 상태가 잠시나마 행복을 선사하기도 할 것이다.

행복이라는 개념은 근본적으로 긍정적인 정서 상태를 뜻한다. 심리학에서는 '쾌락적 행복'이라는 말을 쓰기도 한다. '쾌락적hedonic'이라는 형용사는 그리스어 'hedone'에서 온 말로, 쾌감, 기쁨, 쾌적이라는 뜻이다. 그러므로 쾌락적 행복이란 긍정적 기분을 최대한 많이 느끼고, 부정적 기분을 최대한 적게 느끼는 것을 의미한다. 다른 말로 하면 쾌감은 최대화하고 불쾌감은 최소화하는 것이다.

당연히 모두가 그런 감정을 추구할 것이다. 누가 불행을 바라겠는가? 기분 좋은 일과 기분 나쁜 일 중 어느 것을 경험하고 싶냐고 물으면 대답은 안 들어도 뻔하다. 그러나 구체적인 상황에서는 문제가 그렇게 명료하지만은 않다. 모든 행동은 맥락 속에서 일어나기 때문이다. 모든 행동은 내 삶에 끼어들어가 있다. 그 사실은 나의 결정에 영향을 준다. 몇 가지 간단한 사례를 들어보자.

나는 오늘 오후에 파트너와 세금신고를 같이 하자고 약속했다. 즐거운 일은 아니지만 해야만 하는 일이다. 그런데 약속 한 시간 전에 우연히 옛 친구를 만난다. 그녀가 커피 한잔 마시면서 이야기를 나누자고 한다. 이쪽이 훨씬 재미있을 것 같다. 그러나 만일 친구를 따라가서 수다를 떨기로 결정하면 어떤 결과가 초래될까? 파트너는 어떤 반응을 보일까?

배가 고프다. 집에 감자칩 한 봉지가 있다. 이걸 먹는 게 좋을까? 물론 맛있을 것이다. 하지만 위장이 비었을 때는 과자보다 배를 든든하게 채울 음식을 먹는 편이 건강에 더 좋다.

밤에 술집에서 매력적인 여자와 대화를 나누게 된다. 그녀는 싱글이다. 하지만 나는 유부남에 두 아이의 아빠이다. 여자와는 말이 너무 잘 통해서 시간 가는 줄 모르고 대화가 이어진다. 보아하니 여자는 대화 이상을 바라는 것 같다. 긍정적 감정을 바라는 마음이 결정을 좌우한다면 나는 하룻밤을 뜨겁게 보낼 수 있을 것이다. 하지만 그 밤이 내 가정에 어떤 결과를 가져올까?

행복의 본성은 그것이 하나의 감정, 그것도 순간의 감정이라는 데 있다. 그 감정을 가지려 할 때는 단기적으로 생각한다. 나는 몇 분 혹은 몇 시간 동안 아주 기분이 좋다. 그러나 그다음에는?

행복 추구의 위험성

물론 행복을 나쁘게 말하려는 것은 아니다. 의미가 더 멋지다고 생각해서 행복을 의미와 다투게 하려는 의도도 없다. 그러나 행복을 추구하는 사람들은 불행해질 위험이 더 크다는 사실을 입증하는 연구 결과가 적지 않다. 그렇기에 학자들은 행복 추구를 '위험 요인'이라 부른다. 인생의 최고 목표를 행복에 두는 사람은 더 우울하고 외로우며 더 불안하다.

이제 이렇게 반박할 수 있겠다. 우울하거나 다른 차원에서 상태가 좋지 않은 사람들이 행복을 추구하는 것은 당연하지 않냐고 말이다. 하지만 순서가 바뀌었다. 앞에서 말한 효과는 자기 삶이 스트레스가 많고 고단하거나 고통스럽다고 느끼는 사람들, 이미 심리적 문제가 있는 사람들에게서 나타나는 것이 아니다. 기본적으로 잘 사는 사람들에게서 나타나는 효과이다. 내 삶에 꽤 만족하고 있고, 행복이 인생에서 가장 중요하다고 생각한다면 우울증, 외로움, 양극성 장애를 동반할 확률이 매우 높은 것이다.

2011년 미국과 캐나다의 심리학자 네 사람이 전문잡지

〈감정〉에 논문 한 편을 실었다. 제목은 "행복 추구가 불행하게 만들 수 있을까?"였다.[2] 저자들은 실험 참가자들에게 행복을 얼마나 가치 있다고 여기는지 물었다. 동시에 긍정적 감정과 부정적 감정을 얼마나 자주 경험하며, 자기 인생에 얼마나 만족하는지도 물었다. 결과를 보니 행복에 가치를 많이 둘수록 긍정적 감정과 만족이 눈에 띄게 적었다. 이어 저자들은 좋지 않은 상황에 처한 사람들이 행복을 추구하는 것인지를 점검했다. 그들은 실험 참가자들에게 지난 1년 6개월 동안 부담스러운 일을 겪은 적이 있느냐고 물었다. 그러나 행복 추구와 낮은 행복감의 연관성은 지난 1년 6개월 동안 힘든 일을 겪지 않은 사람들에게서, 그러니까 원칙적으로 잘 살고 있던 사람들에게서 발견되었다.

4년 후 다른 연구팀이 역시나 〈감정〉에 심리 질환을 앓는 사람들을 대상으로 연구한 결과를 발표했다.[3] 그 결과를 보면 행복을 매우 중요하게 생각하는 사람들이 그렇지 않은 사람들에 비해 1년 후 상태가 훨씬 더 나빠졌다.

또 다른 실험의 결과 역시 시사하는 바가 크다.[4] 연구팀이 실험 참가자들을 두 집단으로 나누어 한 집단에게는 행복의 장점을 열거한 글을 읽혔다. 다른 집단에게는 같은 글을 읽혔으나 '행복'을 연상시키는 모든 부분에 '정확한 판단'이라는 표현을 집어넣었다. 이어 두 집단에게 짧은 영상을 보여주었다. 무작위로 슬픈 영상과 신나는 영상을 선택하게 했다.

슬픈 영상은 남편과 밤새도록 행복하게 춤을 추었던 아내가 갑작스럽게 세상을 떠나는 내용이었다. 신나는 영상은 인기 많은 피겨 스케이팅 선수가 금메달을 따고서 트레이너와 승리를 축하하며 관객의 환호성을 받는 장면이었다. 영상을 본 참가자들에게 감정의 강도를 물었다. 행복의 장점을 열거한 글을 읽고 신나는 영상을 본 사람들이 그렇지 않은 사람들보다 훨씬 부정적 감정이 컸다. 왜 행복하기를 바라는 사람들이 더 행복하지 않을까? 그 이유는 여러 가지이다.

행복 스트레스

소셜 미디어, 영상, 광고… 우리의 매일매일은 필요한 건 다 가졌거나 돈 주고 살 수 있으니 행복해야 마땅하다고 주장하는 메시지들에 둘러싸여 있다. 자동차가 있으니 행복해야 마땅하다. 휴가를 가고 옷을 사고 휴대전화를 쓰고 샌드위치를 먹으니 행복해야 마땅하다. 그러니 행복하지 않으면 그건 다 내 잘못이다. 내가 뭔가 잘못하고 있다는 기분이 든다. 이것이 바로 행복 스트레스이다.

메타 감정

행복하기를 기대하면 그렇지 않을 때마다 실망한다. 그리고 행복은 오래가지 않기에 대부분의 시간을 실망할 수밖에 없다. 24시간 행복할 수는 없다. 만일 그렇다면 행복을 보통의 감정 상태와 구분할 수 없을 것이다. 행복의 경험이 그토록 인상적인 이유는 그렇지 않은 상태와 다르기 때문이다. 삶에는 당연히 즐겁고 신나지 않은 시간이 존재한다. 청소기를 돌리고 하기 싫은 시험 공부를 하면서 좋아 죽을 사람은 없다. 그러므로 행복에 초점을 맞추면 금방 실망할 수 있다. 나는 나 자신과 나의 감정을 관찰하여 내가 행복하지 않다는 사실에 불행해진다. 심리학에서는 이를 '메타 감정'이라고 부른다. 자기 감정을 감시하고 평가하여 또 다른 감정을 불러일으키는 것이다. 이때의 감정은 천차만별이다. 가령 힘든 일을 당한 친구와 이야기를 나누면 슬픔과 충격이 밀려들거나 분노가 치밀어오를 수 있다. 그러나 동시에 이 순간이 우정을 나누는 소중한 시간이기에 메타 감정으로 흐뭇하고 뿌듯한 기분을 느낄 수 있다. 그러나 행복을 추구할 때는 메타 감정이 짐이 된다. 행복에 모든 것을 걸었기에 행복하지 않은 모든 경험은 실망스러운 것이다.

부족한 행복 역량

어떻게 하면 행복해질 수 있을지, 각자 나름대로 행복의 조건을 상상한다. 그러나 심리학 연구 결과가 입증하듯 대부분의 상상은 현실을 비껴간다. 가지고 싶은 물건을 가져야 행복해진다? 그렇지 않다. 물건은 행복을 주지 못한다. 신분을 드러내는 물질적 상징을 중요하게 생각하는 사람은 그렇지 않은 사람에 비해 훨씬 행복을 적게 느낀다. 이 사실은 설문지를 이용해 이 둘의 연관성을 조사한 연구 결과에서 밝혀졌다. 설문지의 문항은 이러했다. '자동차나 값비싼 물건이 얼마나 중요하다고 생각하나요?', '자기 삶에 얼마나 만족하나요?'[5]

그렇다면 최소의 노력으로 최대의 편리를 얻으면 행복해질까? 그렇지 않다. 커피 기계가 정해둔 시간에 맞춰 작동하고, 냉장고가 부족한 음식 재료를 알아서 추가 주문하고, 로봇 청소기가 필요할 때마다 먼지를 빨아들여서 주말마다 편안하게 소파에서 뒹굴 수 있다면 얼마나 좋을까? 상상만 해도 행복하다. 하지만 이것은 행복의 성공 전략이 아니다. 당연히 휴식과 긴장 완화는 중요하다. 하지만 인간은 몸을 움직일수록, 직접 나서서 무언가를 할수록 더 큰 만족을 느낀다. 여러 연구 결과가 이 사실을 동시에 입증한다.[6]

쾌락의 쳇바퀴

긍정적 경험이 오래도록 행복을 선사하지 못하게 방해하는 심리 과정이 있다. 사랑하는 사람과 결혼을 하고, 그토록 바라던 집을 사고, 엄마가 되면 평생 행복할 것 같다. 그러나 행복은 생각만큼 오래가지 않는다. 이런 효과를 심리학에서는 '쾌락의 쳇바퀴hedonic treadmill'라고 부른다. 그 메커니즘은 이렇게 설명할 수 있다. 인간에게는 상당 부분 타고난 행복의 레벨이 있다. 따라서 좋은 일이 일어난 후에도 금방 다시 그

레벨을 회복한다. 가령 너무너무 갖고 싶었던 휴대전화를 사거나, 무척 가고 싶었던 여행을 가거나, 합격하기를 간절히 바라던 시험에 무사히 합격하고 나서도 몇 주 혹은 몇 달이 지나면 대부분이 느끼는 행복이 그 사건이 있기 전과 비슷한 수준으로 돌아간다.

대량 소비 위에 세워진 우리의 경제 체제는 계속해서 신상품을 출시하고, 기존의 제품은 낡고 열등하다는 암시로 이런 쳇바퀴를 돌린다. 그에 더해 우리는 금방 물건에 익숙해진다. 큰 집으로 이사를 해도, 더 큰 차를 사거나 박사학위를 받아도, 그 모든 일이 얼마 못 가 당연한 것이 되어버린다. 쾌락의 쳇바퀴 효과는 비교를 통해 더 커진다. 연봉을 많이 받아도 자기보다 더 많이 받는 사람과 비교한다. 근육질 몸매를 자랑해도 자기보다 더 근육질인 사람과 비교한다. 그 결과 객관적으로 볼 때 부자인 사람들이 자기는 부자가 아니라고 주장한다. 자기보다 돈이 더 많은 사람과 비교하면 자기는 절대 부자가 될 수 없을 테니 말이다.

다행히 우리 인간의 평균적인 '세트 포인트Set-Point', 즉 행복의 레벨은 제법 높다. 부부 심리학자 에드 디너와 캐럴 디너가 1996년에 발표한 논문에 실린 내용이다.[7] 이에 따르면 인간의 평균적 행복감은 중간값이 아니다. 다시 말해 '매우 불행하다'와 '매우 행복하다'의 한가운데가 아니다. 그래서 대부분의 사람은 자기가 행복하다고 생각한다. 2018년에 두

학자는 기아가 심각하거나 전쟁 중인 나라를 포함한 새로운 표본을 분석한 후 기존의 연구 결과를 약간 상대화했다.[8] 이로 인해 삶의 만족도는 평균적으로 조금 더 낮아졌지만, 대부분의 사람이 느끼는 평균 행복 레벨은 여전히 긍정적인 범위 안에 있다. 두 학자는 유전자의 영향과 함께 개인과 사회의 조건 역시 행복에 중요한 역할을 한다는 결론을 내렸다.

그러니까 개인의 행복 레벨은 영영 변할 수 없는 것은 아니지만, 그렇다고 해서 쉽게 바꿀 수 있는 것도 아니다. 그럼 더 높은 레벨에 오르려면 어떻게 하면 될까? 어떤 심리적 요인에도 삶의 조건은 중요하므로 이를 무시해서는 안 된다. 내가 돈이 없고 주변 사람들과 잘 어울리지 못한다면 그것은 사회적 문제이기도 하다. 그러므로 상황을 미화해서는 안 된다. 그러나 물질적 조건이나 사회적 조건이 안정적이라면 나의 태도를 통해 많은 것을 바꿀 수 있다.

가령 나는 남들과 나를 비교하지 않고 나 자신과 비교할 수 있다. 나의 길은 무엇이었을까? 나는 무엇을 배웠나? 무엇이 변했나? 그 변화를 통해 나의 삶은 더 나아졌는가? 그리고 자신의 관점을 점검해볼 수 있다. 나는 내 삶에서 좋은 것, 내게 힘을 주는 것을 향해 눈길을 돌리는가? 놀랍게도 인간은 생각만큼 좋은 것을 높이 평가하지 않는다. 진화를 거치며 인간의 인지가 위험할 수도 있는 것의 탐색에 맞추어졌기 때문이다. 그 결과 우리는 부정적인 것에 더 관심을 두고, 긍정적 경험보다 부정적 경험에 더 큰 영향을 받는다. 학계에선 이를 '부정 편향negativity bias'이라 부른다. 그래서 오늘 하루 정말 좋은 일이 많았는데 딱 한 번 이상한 사람을 만났다면 잠자리에 들면서 아마 이렇게 생각할 것이다. "오늘 정말 재수 없는 날이야. 기분 나빠."

따라서 긍정적 변화를 통해 오래오래 행복을 느끼려면 부정 편향에 대처해야 한다. 감사할 일이 무엇인지 계속해서 떠올리는 것이다. 가령 돈을 모아 큰 식탁을 샀다면 온 가족이 둘러앉아 밥을 먹거나 친구들을 집으로 불러 저녁을 먹을 때마다 행복하다고 느낄 수 있을 것이다.

쾌락의 쳇바퀴는 행복 레벨의 상승을 힘들게 하지만, 또 한편으로 큰 장점이 있다. 부정적 경험을 한 후에도 행복 레벨은 역시나 다시 처음 수준으로 돌아가기 때문이다. 심리학자 에바 아셀만과 율레 슈페히트는 배우자나 자식을 잃은 사람들에게서 그 사실을 발견했다. 슬픔은 너무도 아팠다. 사랑하는 이를 잃은 첫해에는 다들 무척 마음이 안 좋았다. 그러나 5년이 지나자 평균적으로 다시 5년 전과 같은 상태로 돌아갔다.[9] 이런 변화는 한편으로는 세트 포인트 이론을 입증하지만, 또 한편으로는 우리가 부정적 경험에 잘 대처할 수 있다는 사실을 말해준다. 그러나 여기서도 행복만 고집하는 사람은 어려움을 겪는다.

부정적 감정

행복을 추구하면 부정적 감정이 들어설 자리가 없다. 슬픔과 짜증, 불안과 분노는 우리가 바라는 감정이 아니다. 그래서 그런 감정이 솟구치면 최대한 빨리 털어내야 한다고 생각한다. 그러나 그런 감정들에도 다 이유와 의미가 있다. 부정적 감정은 누군가가 그립다고, 뭔가 일이 잘 풀리지 않는다고, 위험이 다가온다고, 부당한 일을 겪었다고 말해준다. 나 자신이 바보 같은 짓을 저질렀다고, 누군가에게 상처를 주었다고 지적해줄 수도 있다. 부정적 감정을 인생에서 몰아내버리면 아름답지 않은 현실에 다가갈 수 없다. 그 말은 자신에게서 무언가를 떼어내버려서 발전의 기회를 놓친다는 뜻이다. 심하면 상황에 맞지 않는 부적절한 행동을 하고, 타인의 고통에 공감하지 못하며 문제를 해결하려 하지 않고 외면해버린다.

의미에서 행복으로

이처럼 행복 추구는 많은 부정적 결과를 낳을 수 있다. 그렇다면 의미 추구는 행복 추구와 무엇이 다른가?

다른 생명체와 비교할 때 인간에게는 몇 가지 특별한 능력이 있다. 우리는 자신의 죽음을 안다. 우리는 우리 자신에 대해 성찰하고 관계 맺을 수 있다. 우리는 타인의 입장에 서볼 수 있다. 우리는 차분히 따져서 결정을 내릴 수 있다. 한마디로 우리의 행동은 본능을 좇지 않는다. 우리는 다르게도 할 수 있다. 어떤 일을 우리가 결정할 수 있다면 거기에는 책임이 따른다. 꼭 그래야 하는 것이 아니고 당연한 일도 아니지만, 우리가 원해서 그 결정을 내리는 것이기 때문이다.

흔히 책임이라는 말은 부정적 연상을 동반할 때가 많다. 책임은 짊어져야 하는 부담스러운 짐이다. 하지만 의미를 연구한 결과를 보면 책임은 의미를 경험하기 위한 중요한 요인이다.

그렇다면 책임감 있는 행동이란 무엇인가? 그것은 긍정적 감정 대신 사안을 향한다. 내 인생에서 중요한 것, 내가 옳다고 생각하는 것을 향한다. 그것을 향해 초점을 맞출 수 있다면 나의 행동은 나의 자아상 및 가치관과 조화를 이룬다. 그 순간에는 기분이 좋지 않아도 장기적으로 보면 자신과 불화하지 않을 수 있다. 예를 들어보자. 오후 4시 30분이다. 나는 아직 완성되지 않은 내일 아침 발표할 자료를 준비 중이다. 너무 오래 앉아 있었더니 머리가 돌아가지 않는다. 잠시 쉬었다가 다시 시작해야 할까? 아니면 여기서 끝내고 남은 하루를 텔레비전이나 보며 보내야 할까? 지금 당장은 그만두는 쪽이 편할 테지만, 내일 아침이 되면 정반대의 마음이 될 것이다. 특히 맡은 일은 끝까지 책임져야 한다고 생각하는 사람이라면 더욱 그럴 것이다.

내가 의도적으로 편안한 오후를 포기하고 발표 자료를 알차게 준비하기로 마음먹는다면, 그것은 나 자신의 결정이다. 나는 자율적으로 행동한다. 나는 우리 팀에 어떻게든 이바지하겠다는 목표를 세우고서 발표할 내용의 순서를 정하고 최종 자료를 확보한다. 이를 통해 나 자신의 유능함을 경험한다. 나는 발표를 멋지게 끝마쳐 우리 팀을 구해내고 사회적 관계성을 키운다.

앞에서 배웠듯 자율성, 유능성, 관계성은 인간의 세 가지 심리적 기본 욕구이다. 그 욕구가 충족될 수 있으면 나는 내 삶이 의미 있다고 느낄 수 있다. 나는 사회의 일원이고 무언가를 움직여 변화시킬 수 있다.

잘 사는 삶이 무엇인지를 조금 더 깊이 이해하기 위해, 2,000년도 더 이전으로 거슬러 올라가서 철학자 아리스토텔레스의 저서를 잠시 살펴보는 것도 좋겠다. 지금의 심리학은 그에게 빚진 것이 많다. 그가 말한 의미와 행복의 차이 역시 그중 하나이다. 아리스토텔레스는 행복주의eudaimonia와 쾌락주의hedonia를 상반된 두 개념으로 보았다. 쾌락주의는 쾌감, 안락, 기쁨을 추구하지만, 행복주의는 고대 세계의 일상적 이해로 보자면 신들의 총애를 받는 것 같을 때의 삶을 의미했다. 그리스어 접두사 'eu'는 좋다는 뜻이고 'daimon'은 정신적 존재를 말한다. 나중에 이 'daimon'은 의미가 달라져서 내면의 목소리, 인간 이성을 뜻하게 된다. 아리스토텔레스는 쾌락주의보다 행복주의가 더 바람직하다고 확신했다. 행복주의의 삶에서는 좋은 감정을 좇기보다 잘 사는 것이 우선이다. 어떻게 하면 될까?

아리스토텔레스는 자신을 알고 스스로 어떤 사람이 되고 싶은지 묻는 것이 중요하다고 강조했다. 그는 특히 지금 우리가 성격 강점이라고도 부르는 덕목들에 주목했다. 가령 인내심, 겸손, 도움, 용기, 아량, 친절, 유머, 공감, 지혜 같은 성격들 말이다. 모든 인간은 정도 차이는 있지만 이런 성격들을 갖고 태어난다. 하지만 내가 그 성격과 나를 동일시하고, 그 성격을 나의 일상으로 데려와 실행에 옮길 때 비로소 그것이 영향력을 행사한다. 남들이 그 성격을 칭찬하고 인정해서가 아니라, 내가 그것들을 그것 자체로 소중하다 여기기 때문이다. 그렇게 하여 그는 이미 기원전 4세기에 내향적 동기와 외향적 동기의 차이를 언급한 셈이 되었다.

지금으로 옮겨온다면 이런 뜻이 될 것이다. 내가 시청 환경과 공무원이 되었더니 처리할 서류가 산더미이다. 나는 그 서류를 보며 생각한다. '안정된 일자리를 잃을 수 없으니 어떻게든 견뎌야 해.' 혹은 이렇게도 생각할 수 있다. '나는 환경에 관심이 많으니까 우리 도시의 환경을 효율적으로 보호하는 데 이바지하고 싶어. 그러려면 자료가 없어서는 안 되지.'

일상에서도 이렇게 다른 관점이 삶에 큰 차이를 불러온다. 예를 들어보자. 나는 마당 딸린 집에서 산다. 나는 기본적으로 이렇게 생각한다. '빌어먹을. 또 잔디를 깎아야 해. 어찌나 잘 자라는지 옆집에서 또 한마디 하게 생겼네.' 하지만 이렇게도 생각할 수 있다. '마당을 내 마음대로 가꾸니까 너무 좋아. 이참에 공부를 좀 해서 마당에 사는 식물과 동물에게 유익한 방향으로 잔디를 정리해보자.'

겉으로 보면 양쪽이 별반 다르지 않다. 서류를 처리하는 사람이 있고, 잔디를 깎는 사람이 있다. 하지만 마음 자세는 이보다 더 다를 수가 없다. 자발적으로 결정하여 열심히 일하고 책임을 진다면 우리는 자신의 행동을 의미 있다고 느낀다.

우리는 다양한 성격을 타고나고 또 만들어가므로 행복주의로 살길은 수없이 많다. 그러나 아리스토텔레스가 다른 무엇보다 중요하게 생각한 덕목이 하나 있다. 바로 정의正義이다. 그는 정의가 만인의 행동 기준이 되어야 한다고 생각했다. 공동체와 연결되고 공동체의 혜택을 입는 존재로서 나는 나의 행복을 "이웃을 희생시켜 추구하거나 실현할 수 없으며, 이웃과 상관없이 나 홀로 추구하고 실현해서도 안 된다". 아리스토텔레스 전문가인 클라우스 야코비는 정의를 이렇게 정리했다.[10] 인생의 성공 여부는 내 삶이 이웃의 삶과 떼려야 뗄 수 없는 관계라는 사실을 알아차리는 데 있다고 말이다. 자아실현은 멋지고 좋은 것이지만, 그것이 타인의 자유와 가능성을 근본적으로 해쳐서는 안 된다.

이것이 아리스토텔레스가 생각하는 행복주의의 핵심 특징들이다. 하지만 아직 하나가 빠졌다. 우리가 걸어가는 이 길의 앞부분에서 열심히 고민했던 바로 그 생각이다. 우리가 의미와 잘 사는 삶을 추구한다면 행복은 어디에 있을까? 아리스토텔레스는 기쁨과 즐거움은 행복주의 삶의 부산물이라고 확신했다.

정말 그럴까? 삶 속 의미를 추구할 때 우리는 더 행복해질까? 아니면 그건 그저 고대 철학자의 생각 실험에 불과했을까? 이 주제에 관한 심리학의 연구 결과를 살펴보면 결론은 한 가지이다. 아리스토텔레스가 옳다. 행복이 자동으로 의미를 동반한다는 기계론적 의미에서가 아니다. 둘의 연관성은 장기적으로, 믿을 만하게 확인된다.

2010년 미국 심리학자 스티븐 슐러와 마틴 셀리그먼이 대형 연구 프로젝트의 결과를 발표했다.[11] 웹사이트에서 1만 3,000명 이상에게 마음 상태를 물어보는 프로젝트였다. 그들은 참가자들에게 무엇을 추구하는지 물었다. 즉, 만족감과 도전적 활동, 의미를 얼마나 중요하게 생각하는지 물었다. 또 얼마나 자기 삶에 만족하고 행복한지, 부정적 감정과 우울 증상을 얼마나 자주 느끼는지도 물었다. 응답 자료를 분석한 결과 의미와 도전을 지향하는 사람들이 더 행복하고 만족스러워했다. 만족을 추구하는 사람들은 그 반대였다.

타트야나 슈넬이 인스브루크대학교의 동료학자 베르나데

테 포터와 공동으로 2019년에 발표한 연구 결과 역시 비슷했다.[12] 두 사람은 재능이 뛰어난 100인을 선별하여 4년 간격을 두고 설문 조사를 했다. 두 번에 걸쳐 그들이 얼마나 행복하다고 느끼는지 또 얼마나 자기 인생이 의미 있다고 느끼는지 물었다. 처음에 자기 인생이 의미 있다고 대답한 사람들이 4년 후에 더 행복했다. 처음에 행복하다고 대답한 사람들은 4년 후에 자기 인생을 더 의미 있다고 생각하지 않았다. 그러니까 의미는 오랜 시간 행복과 동행하지만 반대로 행복은 그렇지 않은 것이다.

크리스토프 크라이스와 타트야나 슈넬이 2022년에 발표한 또 다른 연구 결과 역시 비슷한 연관성을 밝혀냈다.[13] 두 사람은 실험 참가자에게 하루 다섯 차례 온라인으로 자신이 지금 무엇을 하고 있으며 그 행위를 얼마나 의미 있다고 생각하는지, 또 얼마나 즐겁게 느끼는지 알려달라고 부탁했다. 물론 그 전에 전체적으로 자기 삶이 얼마나 의미 있다고 생각하는지도 물었다. 자기 삶이 의미 있다고 대답한 사람들은 가령 친밀한 관계나 개인적 대화, 문화 생활과 음악 활동, 운동 등에서 의미를 더 많이 느끼는 것은 물론이고 만족도도 더 높았다. 다시 말해 의미 있는 활동을 더 즐겁게, 즐거운 활동을 더 의미 있게 경험했다. 한마디로, 의미를 느끼면 삶의 기쁨이 더 커지는 것 같다.

의미와 행복은 같지 않지만 서로 관련이 있다. 그것이 정확히 어떻게 우리 삶에 영향을 미치는지는 다니엘 슈미트의 인생 이야기에서 잘 확인할 수 있다.[14] 슈미트는 삼십 대 후반으로, 함부르크 장크트파울리에서 엘프슐로스켈러라는 이름의 술집을 운영하고 있다. 연중무휴인 그의 술집에는 술이 넘쳐나고 담배 연기가 자욱하며 주크박스가 쉼 없이 지나간 옛 노래를 뱉어낸다. 모두가 '보드카 로타르'라 부르는 슈미트의 아버지가 문을 연 술집으로, 이곳을 물려받은 아들은 장사 수완이 워낙 좋아서 함부르크에 여기 말고도 세 곳이나 더 점포를 늘렸다. 그는 '동네 거물'이라는 별명답게 몸집이 아주 좋다. 다부진 근육질 몸에는 문신이 빼곡하다. 〈차이트〉의 작가 크리스토프 뵈를레가 찾아갔을 때도 그는 차분히 앉아 대화를 나눌 상황이 아니었다. 그는 정말이지 하루 24시간이 모자랄 정도로 너무너무 바쁘다. 가족, 가게, 방송 문의, 기도…. 기도? 우리가 생각하는 그 기도?

맞다. 그 기도다. 다니엘 슈미트의 이야기는 행복에서 의미로 방향을 바꾼 개인의 이야기이기 때문이다. 구체적으로 털어놓지는 않았지만 그의 과거는 그의 입에서 툭툭 튀어나오는 단어들로 충분히 짐작할 수 있다. 잘못 사귄 친구, 미납 요금, 폭력, 마약, 무절제 같은 말들이 쏟아져나온다. 유혹이 많았다고, "성적인 유혹이나 돈을 많이 벌 수 있다는 범죄의 유혹"도 있었노라고 그는 고백한다. 유혹에 넘어가고 싶지는 않았지만 "혼자서는 도저히 그럴 수 없을 것 같다"고 느꼈다는 고백도 한다.

크리스토프 뵈를레의 표현을 빌리자면, 그는 보드카와 성매매 여성들 틈에서 의미를 찾아 나섰다. 신앙심이 깊은 다니엘 슈미트의 친척 아저씨가 그를 교회로 데려갔다. 그곳에서 슈미트는 프랑크 호프만 목사를 소개받았다. 어느 날 밤 그는 목사에게 문자를 보냈다. "만나고 싶습니다. 정말 중요한 일이에요. 저녁 일곱 시가 괜찮을까요?" 그들은 술집에 마주 앉아서 이야기를 나누었고 기도를 올렸다. 목사는 그에게 라이벌을 용서하라고 충고했다. 슈미트는 그렇게 했고 울었다. 지금 그는 그날의 대화를 '각성의 경험'이라 부른다.

다니엘 슈미트는 다른 일을 찾지 않았다. 그가 바꾼 것은 마음 자세였다. 코로나 시기에 그는 '우리가 아니면 누가' 동아리를 만들었다. 그 시기 동안 그의 술집은 급식소이자 옷가게로 변신했다. 그는 음식과 옷, 위생용품을 모아서 부족한 사람들에게 나누어주었다. 가령 팁으로 500유로를 받으면 그중 200유로는 가난한 이들에게 나누어주었다. 지금도 그는 한 남자를 "할배"라 부르며 보살피고 있다. 할배는 홀아비다. 아내가 세상을 뜬 후로 엘프슐로스켈러에 와서 술을 마신다. 술을 마시느라 끼니를 챙기지 않는다. 슈미트는 밖으로 나가 수프를 사가지고 와서 그에게 먹으라고 내민다. 크리스토프 뵈를레는 말한다. "엘프슐로스켈러에 앉아 있는 할배는 행복해 보이지 않는다. 하지만 수프가 도착하면 그는 선물

포장을 뜯듯이 수프를 꺼낸다. 그러고는 디스코 볼이 바닥에 무늬를 그리는 동안 천천히 그 수프를 먹는다. 수프는 이웃 사랑이다."

이제 다니엘 슈미트는 남을 사랑하고 그들을 행복하게 만드는 것이 삶의 의미라고 생각한다. 그렇게 하면 자신도 행복해진다. 이제 그는 만족이나 돈, 권력이나 인정이 중요하다고 생각하지 않는다. 이제 그는 무엇이 중요하고 옳은지 잘 안다. 그는 자신의 의미를 찾았고, 덕분에 행복의 순간들도 찾았다.

다니엘 슈미트를 보면 의미와 행복의 연관 관계를 잘 알 수 있다. 처음 그는 행복을 추구했지만 행복해지지 못했다. 오히려 그 반대였다. 그러다 관점을 바꾸었다. 그는 자신과 세상, 주변 사람들을 다른 시각으로 바라보았다. 그가 보기엔 그 시각이 예전의 시각보다 더 의미 있었다. 그리고 자기 방식으로 그 시각을 실천했다. 추진력 있게, 철저하게, 조용히.

행복 없는 의미

물론 다니엘 슈미트처럼 행동할 수 없는 상황이 있다. 외부 세상이, 생활 여건이, 정치 상황이 개인의 삶을 제약하는 상황이 있다. 행복을 아예 생각할 수조차 없는 상황도 많다. 그러나 그런 상황에서도 의미를 계속 붙잡는 것은 가능하다.

에티 힐레숨의 이야기는 감동적인 방식으로 그 사실을 입증한다. 1914년 네덜란드에서 태어난 유대인 힐레숨은 나치가 그녀의 조국을 점령했을 당시 암스테르담에 살며 대학에 다니고 있었다. 그녀는 1941년부터 일기를 쓰기 시작했는데 나치에게 죽임당한 1943년까지 이어졌다. 그 일기는 테러를 목격하면서도 삶의 아름다움을 강렬히 느꼈던 한 여성의 감동적인 기록이다.

힐레숨은 유대인들이 끌려간다는 사실을 전해 듣고 그들을 돕기 시작했다. 그들에게 먹을 것을 갖다주었고, 스파이가 되었으며, 생명의 위험을 무릅쓰고서라도 자신이 할 수 있는 일을 하려 했다. 그러면서도 최선을 다해 삶을 살았다. 사랑을 했고 공부를 했으며 일을 했다. 일기에도 그렇게 적었다. "나는 똑같은 확신을 품고서 계속 일하고 살며, 인생은 의미가 있다고, '그럼에도 불구하고' 의미가 있다고 생각한다. 물론 사람들이 있는 곳에서는 그런 말을 할 엄두가 나지 않지만 말이다."[15] 말로 다할 수 없을 엄청난 충격 속에서도 그녀는 신념을 버리지 않았다. 너무나도 위험했지만 자신의 가치를 지켰다. 그녀가 나아간 방향, 타인과 함께, 타인을 위해 실천한 그 일관된 가치 덕분에 그녀는 의미를 경험할 수 있었다. "모든 것이 삶의 일부이다. 그 모든 것에게 삶의 한 자리를 내어주고, 삶 전체를 통일체로 자기 안으로 받아들여서 삶이 완성된 전체가 되기만 한다면, 아무리 무의미하다 해도 삶은 아름다우며 의미로 가득할 것이다."[16]

의미가 세상의 고통을 막아주지는 않는다. 그러나 자신의 삶과 행위에서 의미를 찾은 사람은 그 고통에 다르게 대처할 수 있다. 독재정권에서 국가권력에 대놓고 저항하다가는 목숨이 위태로워진다. 그런데도 사람들은 주저하지 않고 저항한다. 그것이 옳다고, 중요하다고, 의미 있다고 생각하기 때문이다. 저항하는 삶은 극단적인 사례이다. 하지만 일상에서도 우리는 의미의 경험이 행복에 좌우되지 않는다는 사실을 자주 발견한다. 힘든 상황에서도 의미를 경험할 수 있다는 사실을, 어쩌면 수월하고 즐거운 경험보다 고달프고 힘든 경험에서 더 자주 그럴 수 있다는 사실을 말이다. 경제학자 캐서린 베일리와 에이드리언 매든이 2016년 〈MIT 슬론 매니지먼트 리뷰〉에 발표한 연구 결과가 보여주는 바이기도 하다.[17]

이들 두 영국 경제학자는 사람들이 자기 직업을 의미 있다고 느끼거나 의미 없다고 느끼는 때가 언제인지 조사했다. 그들이 내린 결론은 이러하다. "우리는 열아홉 가지 매우 다른 직종에서 일하는 135명을 골라서 자기 일이 의미 있다고 느낀 사건이나 순간을 물어보았다. 그 결과 우리의 예상과 달리 의미는 늘 긍정적인 경험이 아니라는 사실을 알게 되었다. 실제로 사람들이 자기 일을 의미 있다고 느끼는 순간은 그냥 의욕에 불타고 열정적이거나 행복한 시간보다 훨씬 더 풍요롭고 도전적이었다."

간병인들은 죽어가는 환자 곁을 지킨 것이 매우 의미 있게 느껴졌다고 대답했다. 변호사들은 몇 년씩 끌면서 의뢰자의 인생을 완전히 바꾸어놓은 사건을 의미 있다고 꼽았다. 베일리와 매든은 이렇게 말했다. "많은 직업군의 실험 참가자들이 힘든 상황에서 승리하거나 풀리지 않는 복잡한 문제를 해결했을 때를 의미 있는 순간이라고 대답했다."

그렇다면 만족한 돼지보다 불만족한 인간이 더 나을까? 우리는 이 장의 맨 앞에서 영국 철학자 존 스튜어트 밀의 이 생각 실험을 만났다. 그리고 우리가 지금까지 걸어오며 얻은 깨달음은, 단순하고 만족하며 고민 없는 삶이 분명 유혹적이기는 해도, "만족한 돼지보다 불만족한 인간이 더 낫다"[18]는 것이었다. 그리스 철학자 아리스토텔레스처럼, 함부르크에서 술집을 운영하는 다니엘 슈미트처럼, 네덜란드의 저항 투사 에티 힐레숨처럼 밀 역시 이런 말로 책임 있는 삶과 행동의 손을 들어주었다.

지금껏 우리는 왜 의미를 찾는 것이 의미 있는지 그 이유를 살펴보았다. 이제 이 의미가 정확히 무엇인지를 조금 더 상세히 알아보고자 한다. 의미는 우리의 삶에서 어떻게 나타날까?

4

의미는 어떤 느낌일까?

이성적 사고의 중요성

킬리안 트로티어가 독일 록 가수 악셀 보세를 처음 만난 날 함부르크의 대형 강의실은 사람들로 미어터졌다. 2017년 5월 어느 토요일이었다. 보세가 1년 전에 발표한 앨범 〈엥탄츠〉는 독일 음악 차트 1위에 올랐다. 그날 그는 무대에 올라 자신이 함부르크에서 어떻게 난민들을 도왔는지, 함부르크에 연고를 둔 축구팀 FC 장크트파울리의 승격을 기다리며 얼마나 떨었는지, 왜 노래 가사에 자신의 심경을 담았는지 이야기했다. 행사가 끝나자 트로티어와 보세는 건물 밖으로 나갔고 보세는 담배를 한 대 피웠다.

2023년 가을에 그들은 다시 만났다. 트로티어가 보세에게 인터뷰를 요청했다. 이번에는 인터뷰 내용을 잡지에 실을 예정이어서 관객이 있는 자리가 아니라 베를린 플렌츠라우어베르크에 있는 그의 음반회사 사무실에서 만났다. 그날 보세가 자기 속내를 숨김없이 털어놓았던 것은 호젓이 둘만 만났기 때문만은 아니었다. 인터뷰의 주제가 더 심오해서, 즉 의미에 관해 이야기를 나누었기 때문이다.[1] 보세가 점심을 늦게 먹는 바람에 약속에 조금 늦었다. 길모퉁이를 돌아오면서 그는 담배 대신 니코틴 껌을 씹고 있었다.

그렇게 바뀌기까지 정말로 힘들었다. 그는 청소년 시절에 처음 담배에 입을 댔다. 멋져 보였기 때문이다. 어른이 되어 니코틴의 유해성을 깨달았지만, 금연은 쉽지 않았다. "중독이었죠. 담배로 스트레스를 해소했으니까요. 그래서 달라지자고 마음먹기까지도 참 오래 걸렸습니다." 그는 여덟 번이나 금연을 시도했다. 그러나 여덟 번 모두 실패했다. 6개월 동안 그랬다. 하지만 지금은 그 높다는 금연의 산을 무사히 넘었다.

"끊었다는 확신이 든 순간이 있나요?" 킬리안 트로티어가 물었다.

"조수석에 앉아서 창문을 열었는데 이런 생각이 드는 거예요. '와, 내가 다시 냄새를 맡을 수 있구나.' 일곱 살 때 아버지 옆자리에 앉아서 테니스 배우러 가던 그때처럼 말이에요."

"이번에는 왜 금연에 성공했을까요?"

"생각을 했습니다. 미래를 그려봤어요. 제가 지금 마흔셋인데, 운이 좋으면 그만큼 더 살겠죠. 손주를 얼마나 안아줄 수 있을까요? 그래서 맹세했습니다. 아무리 힘들어도 끊고 말겠다고요. 기존의 패턴을 부수고 새 패턴을 만들었지요."

악셀 보세는 시야를 넓혔다. 내일, 다음 앨범, 다음 콘서트, 다음 재미를 생각하지 않았다. 삶 전체를 바라보았고 이를 통해 변화의 의지를 끌어냈다. 그가 초월적 관점을 획득하여, 곰곰이 생각하고 결론 내렸다고 말할 수도 있을 것이다. 의미는 이런 형태의 성찰이 필요하다. 의미는 감정이 아니기 때문이다. 의미가 감정이 아니라면 대체 무엇이란 말인가? 어떻게 삶에서 의미를 파악하고 이해하며 인식할 수 있을까? 보세의 금연 결심이 흔들리지 않고 성공한 이유는 무엇일까? 언제 나는 어떤 것이 의미 있다고 확신할 수 있을까? 이 장에서는 그런 문제를 살펴보려 한다.

의미의 의미를 알아보기 위해 과거로 잠시 눈을 돌려 역사를 살펴보자. 삶 속 의미를 찾자는 생각은 어디서 왔을까? 우리 문화권에서 그 생각은 어떻게 발전해왔을까?

역사 훑어보기

근대에 이르기까지 의미는 대부분 종교가 결정했다. 개인의 삶은 신의 계획에 들어 있으므로, 개인의 의미는 그 계획에서 자신의 몫을 다하는 것이었다. 그러나 그것이 구체적으로 무엇을 의미하는지 성서에 나오는 주인공들조차도 알기 어려워했다. 기원전 3세기에 쓰였다고 추정되는 구약성서의 전도서에도 삶의 의미에 대한 질문이 담겨 있으니 말이다. "하늘 아래에서 되어지는 온갖 일을 살펴서 알아내려고 지혜를 짜며 심혈을 기울였다. 괴로웠다. 하나님은 왜 사람을 이런 수고로운 일에다 얽어매어 꼼짝도 못하게 하시는 것인가?"[2]

비슷한 시기에 그리스에서는 앞에서 살펴본 이상이 널리 퍼져나갔다. 바로 '잘 사는 삶'을 뜻하는 '에우다이모니아Eudaimonia', 즉 행복의 이상이었다. 이념사적으로 볼 때 에우다이모니아에서는 종교를 벗어난 의미 추구의 세속화까지는 아니라 해도 개인의 성찰을 중시하는 의미 추구의 내면화 경향이 최초로 엿보인다. 플라톤은 '다이몬daimon'을 태어나면서부터 인간과 동행하는 바람직한 마음의 동반자라 생각했다. 아리스토텔레스는 앞서 말했듯 '다이몬'을 이성과 동일시했다. 신적인 면도 있지만, 인간적 성격을 띠는 이성 말이다.

뒤이은 몇백 년 동안 급속히 퍼져나간 기독교는 이런 고대 그리스의 의미에 관한 이상을 몰아내버렸다. 기독교 신자들은 인간을 신의 피조물로 보았고, 신이 창조한 질서 안에서만 구원을 찾을 수 있다고 생각했다. 질서는 계명에 반영되었는데, 특히 두 계명이 다른 계명들보다 앞자리를 차지했다. "예수께서 대답하셨다. 첫째는 이것이다. 이스라엘아, 들어라. 우리 하나님이신 주님은 오직 한 분이신 주님이시다. 네 마음을 다하고, 네 목숨을 다하고, 네 뜻을 다하고, 네 힘을 다하여, 너의 하나님이신 주님을 사랑하여라. 둘째는 이것이다. 네 이웃을 네 몸같이 사랑하여라. 이 계명보다 더 큰 계명은 없다."[3] 마가복음은 예수의 말을 이렇게 적었다. 하지만 제아무리 신앙심에 불타는 신도라 해도 삶의 의미를 이해하기란 쉽지가 않아서 사도 바울은 로마서에 이렇게 적었다. "그 어느 누가 하나님의 판단을 헤아려 알 수 있으며, 그 어느 누가 하나님의 길을 더듬어 찾아낼 수 있겠습니까?"[4]

그렇게 몇 세기에 걸쳐 의미는 기독교의 독점물이었다. 그러던 것이 계몽주의가 등장하면서 서서히 판도가 바뀌었다. 기독교 비판가 중에서도 가장 말발이 센 이가 하필이면 목사의 아들이었는데, 다름 아닌 철학자 프리드리히 니체이다. 그는 다음과 같은 과격한 표현을 써서 의미가 사라진 교회를, 종교라는 땅 위에 세운 객관적 의미를 비판했다. "세상에서 가장 성스럽고 가장 힘 센 존재가 우리의 칼 밑에 피를 흘리며 죽어 있다."[5] 《즐거운 학문》의 주인공, 구경꾼들의 눈에는 그저 광인인 그 "멋진 인간"은 이렇게 외친다.

"'신이 어디루 가버렸냐고?' 그가 외쳤다. '내가 너희에게 말해주마. 우리가 신을 죽였다. 너희와 내가 말이다! 우리 모두가 그를 죽인 살인자이다! 우리가 어떻게 그런 짓을 저질렀을까? 우리가 어떻게 바닷물을 다 마셔버릴 수 있었을까? 지평선을 전부 다 지워버릴 스펀지를 누가 우리에게 주었던가? 이 지구가 태양의 사슬에서 풀려났을 때 우리는 무엇을 하였던가? 이제 지구는 어디로 가고 있는가? 우리는 어디로 가고 있는가? 모든 태양에게서 멀어지고 있는가? 영원히 추락하고 있는 것은 아닌가? 곧장 아래로 질주하는가? 뒤로, 옆으로, 앞으로, 사방으로? 아직도 위, 아래가 있는가? 우리는 무한의 무無를 떠돌고 있는 것이 아닐까? 텅 빈 우주가 우리에게 입김을 불고 있는 것은 아닐까?"[6]

우리가 사는 이 시대에도 종교나 영성을 믿고, 더 높은 힘이 있어 그 힘이 삶에 의미를 준다고 생각하는 사람은 여전히 수없이 많다. 그러나 니체가 말한 그 텅 빈 우주는 현대인이라면 누구나 겪는 경험이다. 심지어 실존철학은 그것이 인간 존재의 토대라고 부른다. 이런 기분을 상징하는 인물이 고대 신화에 등장하는 시시포스다. 시시포스는 산꼭대기까지 바위를 굴려 올리지만, 꼭대기에 이르자마자 바위는 사정없이 굴러떨어지고, 그는 다시 바위를 밀어 올려야 한다. 그러나 그것이 그렇게 나쁜 일인가? 의미 없는 그런 삶이 정말 그렇게 나쁜 것일까? 프랑스 철학자 알베르 카뮈는 《시시포스의 신화》에서 말했다. "정상을 향한 투쟁은 인간의 심장을 채울 수 있다. 우리는 시시포스를 행복한 인간으로 상상해야 한다."[7]

삶의 의미는 존재하지 않는다. 무신론자들은 대체로 이렇게 생각한다. 종교가 있는 사람들은 이 말에 반대한다. 어느 쪽이 맞을지는 누구도 확실히 말할 수 없다. 신학과 철학 같은 학문은 이 문제를 열심히 연구한다. 그러나 객관화할 수 있는 진리를 학문을 통해 확정할 수는 없는 노릇이다. 그렇다면 위대한, 실존적 답을 찾을 수 없을 때, 우리는 아예 질문 자체를 접어야 할까? 아니, 그럴 필요는 없다. 우리의 두뇌는 다른 차원에서 그 대답에 접근할 수 있으니까 말이다.

의미를 바라보는 관점은 수백 년에 걸쳐 변해왔다. 이제 우리는 보편타당하고 일반적인 의미보다 자기 삶 속의 의미를 묻는다. 고대 그리스의 에우다이모니아에 담겼던 것들이 확실한 모습을 띠고서 다시 떠오르고 있는 것이다. 의미는 대부분 세속화되었고, 신이 있든 없든 의미는 존재한다. 그리고 의미는 내면화되어 개인의 문제가 되었다. 개인의 관점이 결정적인 동시에 우리가 우리 개인의 삶에 부여하는 의미가 결정적이다. 삶의 의미가 삶 속의 의미로 바뀐 것이다. 이 의미가 어떻게 탄생하는지는 학문적으로 탐구할 수 있다. 타트야나 슈넬이 20년 넘게 이것을 탐구해왔다.

삶 속의 의미는 어떻게 만들어질까?

하인리히 슈미트와 게오르기 쉬쉬코프가 펴낸 《철학 사전》은 의미를 "하나의 사안, 행위 혹은 사건에 부여한 (가치판단적인) 비중"이라고 정의한다. 따라서 의미는 하나의 사안에 내재한 특성이 아니다. 그렇기에 의미는 아름다움과 비슷하다. 아름다움도 미리 그 안에 숨어 있는 것이 아니다. 우리 인간은 서로 다른 것들을 아름답다고 인식하므로, 다 알다시피 아름다움을 두고는 논쟁을 벌여봐야 소용이 없다. 마찬가지로 우리는 서로 다른 것들을 의미 있다고 인식한다. 이때는 개별적 상황도 중요하다.

특성 시점에 어떤 행동에 큰 의미를 둘 수 있다. 가령 날씨가 좋은 날이면 나는 무작정 오토바이를 타고 목적도 없이 떠난다. 달리는 그 자체가 좋기 때문이다. 하지만 몇 년 후에는 똑같은 행동이 무의미하게 느껴질 수 있다. 마찬가지로 나는 현대 미술을 의미 있다고 생각하지만, 다른 사람들은 그런 내 마음을 이해하지 못할 수 있다. 심지어 배우자같이 아주 가까운 사람도 이해를 못한다.

의미는 주관적이다. 그리고 주관적이기 때문에 타인의 의미 경험을 부인할 수 없다. "2주에 한 번 토요일에 친구들이랑 야구장 가는 것이 나한테는 정말 큰 의미야." 배우자의 이 말에 나는 '의미는 무슨 개뿔'이라고 생각할 수도 있다. 그러나 그것이 원칙적으로 아무 의미가 없다고 주장할 수는 없다. 아무도 빼앗을 수 없는 그의 경험이기 때문이다.

계층형 의미 모델

우리 인간은 크건 작건 쉬지 않고 의미를 쌓아간다. 어떻게? 타트야나 슈넬이 그것의 각 단계를 설명하는 모델을 개발했다. 인지, 행동, 목표, 의미의 기원, 인생의 의미… 의미는 이 몇 단계가 차곡차곡 쌓여 만들어지므로, 그녀는 자신의 모델에 '계층형 의미 모델'이라는 이름을 붙였다. 우리는 각 단계에서 의미가 넘쳐나서 그 의미가 다음 윗 단계로 향할 때, 다시 말해 당연한 것 너머 다른 것을 가리킬 때, 그 단계를 의미 있다고 느낀다.

그럼, 아래에서 위로 올라가면서 이 모델을 차근차근 살펴보기로 하자. 출발점은 인지이다. 무언가를 인지할 때 우리 뇌에선 다음과 같은 일들이 일어난다. 먼저 자극이 감각기관을 건드리고, 이어 신경화학 신호가 되어 특정 뇌 부위로 전달된다. 이 신호에는 아직 의미가 담겨 있지 않다. 의미는 우리의 두뇌가 정보를 거르고 짜맞추어 기존의 도식과 비교하고 나면, 그때에야 우리가 부여하는 것이다.

인간의 인식 기관은 진화를 거치는 동안 무엇보다도 생존에 필요한 것을 받아들일 수 있도록 발전했다. 다시 말해 우리는 특정한 냄새와 맛은 인지할 수 있지만 다른 것은 인지할 수가 없다. 위험하거나 유용한 것은 듣고 볼 수 있지만 그렇지 않은 것은 인지하지 않고 그냥 스쳐 보낸다. 그렇기에 인지와 행동은 딱 붙어 있다. 이것이 구체적으로 무슨 뜻일까? 가령 나란히 붙은 나무판자는 우리가 그것을 탁자라고 인지할 때에야 의미를 띤다. 삐쭉삐쭉 홈이 파인 강철은 우리가 그것이 열쇠이며 딱 맞는 자물쇠가 존재한다는 사실을 알고 나서야 의미를 띤다.

이렇듯 내가 나무판자나 삐쭉삐쭉한 강철을 보면서 그 이상의 의미를 깨닫는 순간 자극은 의미 있는 인지가 된다. 흔히 말하는 '인지-행동-코드'가 활성화되는 것이다. 어떤 것이 내게 말을 할 때, 즉 내가 그것으로 무엇을 할 수 있는지를 말해줄 때에야, 나는 그 어떤 것을 의미 있다고 인지한다. 살아오면서 나는 특정 물건이 그저 특정한 색깔과 견고함을 갖춘 어떤 물건이 아니라 열쇠라는 사실을 배웠다. 그러나 아무것도 잠그지 않는 세상에 사는 사람이라면 이런 나를 이해하지 못할 것이다.

이렇듯 내가 어떻게 행동할 수 있거나 행동해야 하는지를 내게 말해줄 때야, 인지는 의미를 띤다. 그렇다면 행동은 언제 의미가 있을까? 목표로 이어질 때이다. 내가 의자에서 벌떡 일어나 책상 주변을 한 바퀴 돈다면 그것 자체로는 의미 있는 행동이 아니다. 그러나 그 행동으로 어떤 목표를 추구한다면, 가령 화상회의가 끝날 때마다 책상을 한 바퀴 돌며 머리를 식히겠다는 목표를 추구한다면 의미 있는 행동이 된다. 또 다른 상황을 상상해보자. 나는 지금 우리 부서의 업무 보고서를 쓰고 있다. 이 일을 하는 이유와 결과를 모른다면 나는 나의 행동을 무의미하다고 느낄 것이다. 그러나 내 보고서가 정기적인 분석을 통해 업무 개선 용도로 활용된다면 나는 그 행동을 전혀 다른 눈으로 바라볼 것이다. 목표를 알면 행동의 의미를 인지한다.

목표는 그 자체로 의미가 있다고 생각하는 사람들이 많다. 목표는 동기를 부여하고 일상에 질서를 잡아준다. 목표가 있다는 것은 좋은 일이다. 그러나 어떤 목표든 상관없는 것은 아니다. 목표는 그것이 나의 의미 원천과 일치할 때에만 의미가 있다. 의미 원천에 대해서는 다음 단계에서 자세히 살펴볼 것이다. 여기서는 이 말만 하고 넘어가기로 한다. 의미 원천은 내가 나를 어떻게 보는지, 무엇을 좋은 삶이라 생각하는지, 어떤 가치를 중요하게 여기는지와 매우 큰 관련이 있다. 나는 재미를 추구하는 사람인가? 전통을 중시하는 사람인가? 나는 권력욕이 강한가? 자연을 사랑하는가? 신을 섬기는가? 의미 원천은 방향을 제시하기에, 목표를 선택할 때 아주 유익한 길잡이가 되어준다.

의미 원천이 의미를 띠려면 다시금 내가 나의 삶을 의미 있다고 믿어야 한다. 그러니까 내가 살 가치가 있다고 확신해야 한다. 이렇게 하여 우리는 의미 모델의 피라미드 정상에 도착했다. 바로 삶의 의미이다. 삶의 의미는 나의 인지와 행동, 목표와 의미 원천을 지붕처럼 덮고 있다. 나는 삶의 의미를 협상한다. 나의 주변 환경, 사회, 시대 상황 안에서, 또 그것들과 더불어 삶의 의미를 찾아낸다. 삶의 의미는 역사의 흐름에 끼어들어간 내 개인의 이야기로 나타난다.

의미 경험

내가 나의 이야기를 의미 있다고 여기고, 내 삶이 의미로 가득하다고 인지하면, 그것은 특정한 경험으로 표현된다. 심리학 연구는 지난 몇십 년 동안 이 경험을 체계화하여 의미 경험의 결정적인 네 가지 요인을 찾아냈다. 방향성, 유의미성, 일관성, 소속감이 바로 그것이다.

방향성

의미 가득한 삶을 살고 싶다면 방향성이 필요하다. 삶은 선택의 연속이다. 따라서 내가 어디로 가고 싶은지를 아는 것, 마음의 나침반이 필요하다. 방향을 모르면 출발의 추진력도 떨어진다. 이런 형태의 방향 상실은 2011년에 나온 독일 작가 로코 샤모니의 소설 《문이 닫힌 날》에서 1인칭 화자가 경험한 일이기도 하다. 그는 넓은 광장에 서서 어떻게 해야 할지를 모른다.

"어디로든 갈 수 있다면 나는 어디로 가야 한단 말인가? 나는 어떤 목표를 향해서도 갈 수 있다. 친구, 가게, 내게 의미 있거나 내 움직임에 질서를 부여할 수 있을 장소, 그 어디로나 갈 수 있다. 다만 결정을 내릴 수가 없다. 이 목표 모두가 똑같이 좋아서 어떤 것도 다른 것들보다 두드러지지 않는다. 이런 기분은 아주 불쾌하다. 나는 어찌할 바를 모르고 바닥에 주저앉아서 기다린다. 친구들의 얼굴과 장소의 이름들이 머리를 스쳐 지나가지만 아무 일도 일어나지 않고, 어떤 생각도 명확한 모양을 띠거나 다른 것들보다 크게 좋아 보이지 않는다. 나의 상태는 강박적인 형태를 띠어서, 나는 여기 앉아 있고 싶지 않지만, 결정을 내려야 한다는 마음이 들수록 더욱더 결정을 내릴 수가 없을 것 같다."[8]

샤모니 소설의 1인칭 화자는 움쭉달싹할 수가 없다. 몸을 움직여 행동할 수가 없다. 행동해야 한다는 압박감을 느끼지만 어찌해야 할지 모른다. 어디로 가야 하는지 모르는데 왜 움직여야 한단 말인가? 방향을 모를 때 누구나 이런 어려움을 겪을 수 있다.

지금 우리 사회에서는 방향을 찾기가 쉽지 않다. 나는 어디서 태도를 배우나? 어디서 세상을 이해할 넓은 안목을 배울 수 있을까? 사실 방향이란 내가 의식적으로 찾기보다 나도 모르는 사이 습득되는 경우가 더 많다. 부모에게서, 친구에게서, 내가 소비하는 미디어로부터 무의식적으로 방향을 넘겨받는 것이다. 과거에는 부모의 방향, 태도와 가치관을 당연히 물려받아야 한다고 생각했다. 사회가 그것을 기대했고 심지어 강요했다. 그러나 요즘은 다들 독립적으로 살고 스스로 결정할 수 있기를 바란다. 그러나 거기에 필요한 도구를 아예 모르거나 안다 해도 쓸 수 없을 때가 많다.[9] 이런 현실을 이용하여 의도적으로 우리의 가치관에 영향을 미치려는 사람들이 있다. 소셜 미디어에서 수백만의 팔로우를 거느리는 인플루언서[10]나 광고업계, 포퓰리스트들이 대표적이다.

내가 내 삶에서 무엇을 바라는지 모르는 채로 살다 보면 전혀 원치 않는 장소에 도착하고도 그 사실을 모르고 있다가 나중에야, 너무 늦게서야 깨닫는다. 단테의 《신곡》에도 이런 구절이 나온다. "나는 인생길의 중반에 올바른 길에서 벗어나 헤매다 어두운 숲에 들어온 자신을 발견했다."[11] 요즘은 이런 기분을 '중년의 위기'라고 부른다. 중년에 이르러 이미 많이 살았는데 뒤돌아보니 더 잘 살 수도 있었겠다는 자각이 든다. 실망이 밀려오고, 공허와 무의미를 실존적으로 경험할 수도 있다. 그 결과, 어찌할 바를 모르다가 지금껏 바람직하다고 여기던 것들을 다 던져버리고 정반대 방향으로 달려간다.

이런 현상은 더 이른 나이대의 청년들에게까지 번져나가고 있다. 20대 청년들이 과연 잘 살고 있는지를 캐묻는 이런 현상을 '청년의 위기Quarterlife Crisis'라고 부른다. 청년들은 진흙탕에 발이 빠진 기분으로 변화를 모색한다. 가족, 교육, 경력 등이 고민의 주요 주제이고, 특히 직업 선택이 핵심이다.[12] 가령, 타트야나 슈넬에게 자기 이야기를 털어놓은 한 대학생은 어릴 때부터 아버지에게서 책을 많이 읽고 대학을 졸업하는 것이 인생에서 가장 중요하다는 말을 수없이 들었다. 그는 대학에서 심리학을 전공하기로 결심했다. 그러나 2년 후 그것이 자신이 추구하는 목표가 아님을 깨달았다. 그는 자연에 훨씬 마음이 끌렸고 밖으로 나가 땅을 파고 씨를 뿌려 수확하고 싶었다. 그 사실을 깨달은 그는 방향을 틀어 농사법을 배우기 시작했다.

유의미성

무엇이건 변화를 일으킬 수 있을 때, 나의 존재가 영향력을 가질 때, 나는 스스로 유의미하다고 느낀다. 그런 기분은 인간관계, 직장, 정치 등 여러 차원에서 맛볼 수 있다. 나를 잘 알고 나와 활기찬 관계를 맺는 사람들이 곁에 있다면, 나는 인간관계에서 유의미성을 느낄 수 있다. 내가 한 일이 인정을 받고 유익하다면 직장에서도 그럴 수 있다. 내가 거대한 전체의 한 부분이며 그 전체에 적극적으로 참여하여 행동할 수 있다면 정치에서도 그런 기분을 맛볼 수 있다.

그러나 이런 유의미성은 경험하기가 쉽지 않다. 중간 단계와 연결 고리가 너무 많아서 내가 내 행동의 결과를 추적할 수 없을 때가 많다. 바지 한 벌을 사도 그 바지를 누가 어디서 만들었는지 모른다. 이런 사정을 바꾸려는 활동들이 없지는 않지만 우리 대부분은 물건의 정확한 출처는 알기 힘들다. 기후 변화 역시 마찬가지이다. 내 개인이 하는 일은 무엇이든 괜찮다고 생각한다. 수백만이 나 하나쯤 자동차를 몬다고 해서 무엇이 변할까 생각한다.

유의미성을 경험하지 못하면 아무래도 상관없다는 기분이 든다. 나를 봐주고 나를 사랑해주는 사람이 없는 관계, 나의 일을 인정해주지 않는 직장, 나를 소외시키고 윗사람들끼리만 잘 먹고 잘사는 사회에서는 아무래도 상관이 없다. 그러나 우리 인간에게 유의미성의 경험이 얼마나 중요한지는, 심리학자 에드워드 트로닉이 이미 1970년대에 인상적으로 입증해 보인 바 있다.[13] 그가 한 실험의 이름은 '무표정 얼굴 실험Still-Face-Experiment'으로, 아기를 보살피는 엄마를 실험 대상으로 삼았다. 엄마가 몇 분 동안 아무 표정도 짓지 않고, 아기의 행동에 아무런 반응도 하지 않는다. 웃지도 않고 소리 내어서 달래지도 않으며 아기를 알아본다는 신호도 보내지 않는다. 이에 대한 아기들의 반응은 비슷하다. 일단은 동작이나 표현, 소리 등 다양한 전략으로 엄마의 주의를 끌어보려 애쓴다. 그래도 엄마가 아무 반응을 안 보이면 아기는 몸에 힘이 풀려서 울거나 소리 지르기 시작하고 고개를 돌려버린다. 훗날 아빠와 아동을 대상으로 같은 실험을 했을 때도 결과는 같았고, 더 큰 아이들을 대상으로 해도 결과는 마찬가지였다.

일관성

내 삶을 바라보니 내가 잘 살고 있는 것 같다. 나는 나 자신과 사이좋게 잘 지낸다. 이럴 수 있으려면 내 (본질적) 정체성을 실천해야 한다. 나 자신이 될 수 있어야 한다. 또 자신 못지않게 환경도 중요하다. 주변 사람들이 나를 인정하는가? 나는 내 의견을 마음껏 표현할 수 있는가? 이해는커녕 괴롭힘당할까 노심초사하지는 않는가?

다수의 특성과 관념을 공유하는 사람, 주변에서 '정상'이라고 생각하는 것을 지향하는 사람은 일관성의 문제를 겪지 않는다. 안팎으로 자신이 적절하다고 느낀다. 그러나 자기만의 길을 가려는 사람, 장애인, 성 소수자, 키가 너무 크거나 작은 사람 등 소수의 특징을 지닌 사람들은 그렇지 않다. 이들의 경우에는 동조 압박, 편견, 차별이 일관성을 뒤흔들고, 더불어 의미의 경험마저 흔들어댄다.

일관성은 사회 내에서 자신이 맡은 역할에 머물지 않고 그보다 더 많은 것을 아우른다. 나는 이렇게 자문할 수 있다. 내가 추구하는 목표들은 서로 잘 어우러지는가? 아니면 서로 충돌하고 갈등하는가? 나는 나의 행동으로 나의 목표에 도달할 수 있을까? 나의 목표는 내가 의미를 부여하는 것들과 잘 어우러지는가?

사회가 다양화되면서 일관성을 유지하기 힘들어졌다. 수백 년 동안 서양에서 기독교가 그러했듯, 구속력을 갖추고서 모든 것을 포괄하는 세계관은 이제 더는 존재하지 않는다. 사회학자 니클라스 루만의 말처럼,[14] 이제는 전체 시스템 안에서 자체 코드와 규칙에 따라 행동하고 상호작용하는 수많은 자율적인 부분 사회 시스템이 존재한다. 루만은 이런 부분 시스템의 사례로 정치, 경제, 학문, 예술, 인간관계를 꼽는다. 모든 부분 시스템이 사회 안에서 다른 기능을 한다. 그러다 보니 관점도 달라지고 그로 인한 평가도 엇갈리고 충돌한다. 가령 권력을 지향하는 정치 결정이 학문의 눈으로 보면 바람직하지 못하고, 거꾸로 정치의 눈으로 보면 학문의 결정이 비효율적일 수 있는 것이다.

사회 부분 시스템끼리의 충돌에 그치지 않고 한 부분 시스템 내부에서도 여러 가능성이 대립할 수 있다. 인간관계를 예로 들어보자. 나는 평생 독신으로 살고 싶은가? 한 사람과 혹은 여러 사람과 관계를 맺고 싶은가? 어떤 성별의 파트너를 원하는가? 합법적 관계를 원하는가? 열린 관계를 원하는가? 독점적 관계를 원하는가? 아이를 원하는가? 아이를 원한다면 당연히 생각이 같은 상대를 찾아야 할 것이다.

경제 하위 시스템인 소비 분야도 살펴보자. 거기서는 이런 질문들이 필요하다. 나는 무엇을 구매하는가? 나는 무엇이 필요한가? 무엇을 갖고 싶은가? 나의 선택 기준은 가격, 맛, 건강, 공정 중 무엇인가? 겉모습, 견고성, 동물 복지, 공정 중 무엇이 더 중요한가? 나는 광고에 흥미를 느끼는가? 광고의 추천을 잘 따르는 편인가? 개인으로서 나는 이런 수많은 선택지를 늘 고려해야 한다. 그리고 한 시스템 안에서 나의 행동방식은 다른 분야에서의 내 행동에 영향을 미친다.

일관성을 유지하려면 나의 행동이 모든 시스템에서 일치해야 한다. 정치적으로 정의와 인간 존엄성을 주장하면서 비인간적 조건에서 생산된 옷을 산다면, 그 두 가지 행동은 서로 조화를 이루지 않는다. 공정 무역 옷을 사고 싶지만, 자금 사정이 어려운 경우에도 갈등이 발생한다. 단순한 사회에서는 발생하지 않을 갈등이지만, 우리가 사는 복잡한 사회에서는 이런 갈등이 해결하기 쉽지 않은 문제이므로, 과도한 부담이 될 수 있다. 그렇게 되면 우리는 문제를 외면하거나 자기 행동의 의미를 깎아내리게 되고, 이것이 다시금 자기 존재의 의미에까지 영향을 미친다.

자신의 삶이 일관성이 없다고 느끼면 자신을 억지로 비틀 수밖에 없다. 가령 자신의 가치관과 충돌하는 일을 주변에서 요구하는 경우이다. 직장 상사의 명령이므로, 고객에게 득이 되지 않는다는 것을 알면서도 질 나쁜 제품을 팔아야 한다. 혼자 조용히 술 마시는 시간이 무척 좋지만, 파트너가 질투심에 불타서 주말에 절대 혼자 술집에 못 가게 한다. 그래도 그를 너무 사랑하므로 떠나지 못한다.

서로 충돌하는 목표를 추구할 때에도 일관성을 잃는다. 그 말을 뒤집으면 나의 가치관, 내가 정한 목표, 그 목표를 달성하기 위해 선택한 길이 잘 어우러져야 일관성을 유지할 수 있다. 나아가 주변의 기대와 조건과도 잘 맞아야 한다.

소속감

실존적 의미의 소속감은 이 세상에 내 자리가 있을 때 느낄 수 있다. 나는 어딘가에 닻을 내릴 수 있고, 자아 바깥의 무언가에서 나 자신을 재발견할 수 있다. 세상이 말하는 이상적 삶을 좇으라는 말이 아니다. 친구를 많이 사귀고 모임이란 모임은 다 쫓아다니고 단체에 들어가야만 소속감을 느낄 수 있는 것은 아니다. 그보다는 의식적으로 참여하고, 마음을 활짝 열며, 내가 소속감을 느끼는 무언가에 책임을 다하는 것이 더 중요하다.

우리는 접촉을 할 때, 악수를 하거나 포옹을 할 때, 개나 고양이를 쓰다듬을 때 소속감을 경험한다.[15] 철학자 마르틴 하이데거가 실존적 소속감의 형태라 부른 거주의 경험은 신체의 느낌에 가깝다. "거주하는 곳에서 인간은 편안하며 한 자리를 차지한다. (…) 그러므로 거주를 통해 현존재는 의미를 만드는 일련의 실천과 친숙한 조직에 편입된다."[16] 사회적 관계는 실존적 소속감을 선사하는 또 하나의 원천이다. 종교, 정치 공동체, 철학 유파, 직장과도 하나가 될 수 있다. 또 자연이나 인류 전체와 자신을 동일시할 수도 있다.

이렇듯 실존적 소속감을 느낄 방법은 수없이 많다. 그러나 이중 어느 것도 거저 주어지지는 않는다. 과거에는 주어진 조건을 운명처럼 받아들였다. 대가족을 이루어 함께 살며 서로를 보살폈다. 마을 사람들은 자연스럽게 마을 일을 나누고 봉사했다. 지금은 이런 확실성이, 그리고 그것을 동반하는 강요가 많은 부분에서 무너지거나 아예 사라져버렸다. 덕분에 우리는 자유를 얻었지만 자유는 나의 주도성을 요구한다. 어디에 소속되고 싶은지 나 자신에게 물어야 한다. 그리고 거기에 소속될 수 있도록 행동해야 한다. 사람들과 접촉해야 하고, 심지어 자신을 홍보해야 한다. 그러자면 용기가 필요하다. 타인에게 다가가려면 위험을 무릅써야 하니 말이다. 사람들은 나를 어떻게 생각할까? 나를 환영할까 아니면 무시할까? 나는 그들과 함께 갈 충분한 능력을 갖추었는가? 이런 장애물을 넘어야 한다. 아니면 고립감이나 소외감을 느낄 수 있다. 나는 밖으로 나갈 문을 찾지 못하고 혹시라도 거부당할까 겁내며 외톨이라고 느낀다.

이런 경험은 매우 인간적이다. 미국 심리학자 어빈 얄롬의 말대로 우리 모두는 "실존적으로 고립되었기" 때문이다.[17] 이 말은 개인과 세상 사이에는 건널 수 없는 간극이 있다는 뜻이다. 나는 그 누구와도 완전히 하나가 될 수 없다. 세상 그 누구도 내 마음을 들여다볼 수 없으며, 나를 대신해 결정을 내리고 나를 대신해 내 인생을 살 수 없다. 나는 이 사실을 인정하고 부인하지 않는다. 하지만 실존적 고립을 완화할 수는 있다. 적극적으로 참여하여 친밀한 관계를 맺고 우정을 나누고 공동체에 이바지하면 된다. 그러자면 용기가 있어야 하고 마음을 활짝 열어야 한다. 그렇게 하여 접촉 가능한 사람이 되고, 더불어 상처받을 수 있는 사람이 되어야 한다.

의미는 감정이 아니다

방향성, 유의미성, 일관성, 소속감. 이것들은 내 삶의 의미를 조정하는 나사와 같다. 나사가 어떤 상태인지 나는 정확히 들여다볼 수 있다. 이런 관찰이 유익한 이유는 삶의 의미가 줄어들어도 처음에는 분명치가 않아서 그저 막연한 느낌만 들기 때문이다. 뭔가 좀 이상하다. 의욕이 없는데 이유를 도통 모르겠다. 뭐 그런 느낌 말이다.

이럴 때는 네 가지 의미 요인을 더 가까이서 살펴보면 메타 관점을 얻을 수 있다. 우리는 한 걸음 물러나서 내 삶을 바라보게 된다. 나는 어디에 있을 때 몸도 마음도 편안할까? 나는 어디에서 소속감을 느끼나? 내 인생의 여러 측면은 서로 잘 어우러지는가? 아니면 여기저기서 충돌하는가? 나는 인정받는다고 느끼나? 내 행동에 반향이 있는가? 나는 내가 어디로 가고 있는지 아는가? 그게 아니면 남들의 기대나 지금 당장 득이 되는 것만 좇는가?

이런 질문에는 본능이나 감정으로는 답할 수 없다. 의미는 감정이 아니기 때문이다. 그렇다고 의미가 감정과 전혀 별개라는 뜻은 아니다. 오히려 의미는 그때그때의 상황과 무관하게 아주 다양한 감정으로 표현된다. 성과를 올리고 싶다면 몸이 긴장하고 신경이 곤두설 것이다. 사랑하는 사람과 하룻밤 보낼 때는 흥분되고 행복하며 편안할 것이다. 자연을 사랑하는 사람이 산에 오르면 해방감이 밀려들고 주변과 하나가 된 기분이 들 것이다. 그렇기에 의미 경험은 복잡할 때가 많다.[18] 의미 경험은 긍정적 감정과 부정적 감정을 한데 묶는다. 그러나 상당히 정확하게 의미를 가리키는 내면 상태가 있다. 바로 동기 부여가 되었을 때이다. 동기는 감정이 아니지만 우리는 느낄 수 있다. 하루를 시작하고, 용기 내어 무언가를 시도하거나 끝까지 버틸 수 있게 이끌어주는 원동력으로서 말이다. 이런 원동력이 나를 올바른 방향으로 이끌기 위해서는 머리의 스위치를 켜야 한다. 그리고 성찰해야 한다.

록 가수 악셀 보세는 자기만의 방식을 찾아냈다. 그는 함부르크 교외에 산다. 자동차도 별로 안 다니고 자연은 푸르다. 그에게는 그런 환경이 필요하다. 세상과 동떨어져 조용히 혼자 있을 수 있는 장소 말이다. 특히 몇 주간의 투어를 마친 후에는 더더욱 그렇다. 몇 주 동안 호텔에서 지내면서 무대에 오르고 무대에서 내려온 후엔 다음 장소로 이동하고 다시 무대에 오른다. 그래서 집에 있을 때면 그는 조깅을 많이 한다. 달리면서 생각을 정리한다. 물론 정말 중요한 일이나 큰 문제를 고민해야 할 때는 다른 의식을 치른다. "집에서 몇 걸음 나가면 풀밭이 나오거든요. 거기에 벤치가 하나 있어요." 킬리안 트로티어에게 그는 자신의 비법을 공개했다. "예전에는 그 벤치에 앉아서 담배를 피우며 생각에 잠겼어요. 지금은 벤치에 앉아서 그냥 생각에 잠기죠."

'생각에 잠긴다'라는 뜻의 독일어 'sinnieren'은 그냥 나온 말이 아니다. 이 말은 의미Sinn에 대한 성찰을 뜻한다. 다시 말해 우리가 이 장에서 의미에 대해 배운 내용을 요약한다. 정해진 의미 감정은 없다. 정해진 의미 표현도 없다. 오늘 나는 얼마나 의미로 가득 차 있는가! 아침에 눈을 뜨며 이런 생각을 하는 사람은 없다. 의미는 그 너머에 있는 무언가이다. 의미는 내가 그것과 씨름할 때 문을 연다. 그럴 때 근본적인 성찰을 하게 되고, 당연하게 여겼던 전제도 흔들릴 수 있다.

나 자신과 내 삶 속 의미를 고민하기 시작하면 그 과정에서 다음과 같은 사실을 깨닫게 된다. '지금껏 내가 생각했던 것과 전혀 달라. 나는 나 자신을 속여왔어.' 그러고 나면 정리의 시간이 찾아온다. 스스로에게 이렇게 물을 시간이 온다. 이것이 의미인가? 아니면 버려도 되는가?

5

나는 나에게 정직한가?

현실적으로 세상 바라보기

죄수들이 동굴 바닥에 앉아 있다. 목과 허벅지에 족쇄를 차고 있어서 거의 움직일 수가 없다. 그들 뒤편 동굴 입구에는 모닥불이 활활 타고 있지만, 그들은 고개 돌려 그쪽을 쳐다볼 수도 없다. 그들은 앞쪽 벽만, 벽에 어른거리는 사람들의 그림자만 바라본다. 쑤군쑤군 이야기를 나누는 이들도 있고 입을 꾹 다문 이들도 있다. 그러나 그들은 그림자를 보면서도 그것이 그림자인 줄 모른다. 평생 그림자 말고 다른 것을 본 적이 없기 때문이다. 그들은 그림자를 보며 그것이 현실이라고 생각한다.

그리스 철학자 플라톤은 기원전 375년에 《국가》에서 이 비유를 소개했다. 세상이 얼마나 정의로우며 어떻게 하면 이상적인 국가를 만들 수 있을지를 대화 형식으로 고민하다가 이 비유를 들었다. 그의 형 글라우콘이 스승인 철학자 소크라테스와 동굴 속에 붙들린 죄수를 주제로 나눈 이 대화는 '동굴 비유'라는 이름으로 널리 알려져 있다.

소크라테스는 배경을 설명한 후 글라우콘에게 죄수 중 하나가 풀려났다고 가정해보라고 권한다. 그 장면을 프리드리히 슐라이어마허의 번역본으로 옮겨보면 이렇다.

> "그들 가운데 한 사람이 쇠사슬에서 풀려나고, 강요 탓에 억지로 바로 일어나 고개를 돌리고 걸음을 내디뎌 빛을 쳐다보게 된다면, 그는 고통을 느낄 것이고 광채 탓에 눈이 부셔서 여태 보던 그림자의 실물을 제대로 알아보지 못할 걸세. 어떤 사람이 그에게 그가 지금까지 본 것들은 하찮은 것에 불과하며 지금이 실재에 더 가깝고 더 실상을 향하고 있으므로 더 올바르게 보고 있다고 단언하면서 지나가는 것을 일일이 가리키며 저게 뭐냐고 묻고 대답을 강요한다면, 그는 뭐라고 말할까? 너무 당황할 테고, 상대가 가리킨 것보다 전에 보았던 것이 더 진실하다고 생각하지 않을까?"[1]

글라우콘의 반응은 단호하다. "훨씬 더 진실하다고 생각하겠지요" 하고 그가 대답했다.

소크라테스는 질문을 이어간다. "또한 그에게 억지로 불을 직접 보라고 강요한다면 그는 눈이 아파서 도망칠 것이고 자기가 볼 수 있는 것에게로 돌아가지 않을까? 그것이 지금 상대가 가리키는 것보다 훨씬 더 확실하다고 굳게 믿으면서 말이야."

"물론이지요" 하고 글라우콘이 대답했다.

소크라테스는 생각 실험을 계속해나간다. 눈부신 햇살을 본 그 사람은 서서히 새 경험에 익숙해지고 세상을 알게 되며 새로운 것들을 발견할 것이다. 그는 태양과 그림자의 관련성을 알게 되고, 모닥불 빛이 세상의 복제본을 만들어냈다는 사실을 깨닫는다. 그리고 얼마 안 가서 동굴 감옥으로 되돌아가고 싶은 마음이 싹 사라질 것이다. 가봤자 그의 눈은 이미 햇빛에 익숙해져서, 그림자를 두고 이러쿵저러쿵 떠드는 다른 죄수들의 말에 더는 동의할 수 없을 테니 말이다. 그림자라면 그들이 그보다 훨씬 더 잘 볼 수 있을 것이다. 그러니 다른 죄수들은 애당초 동굴 밖으로 나오고 싶지 않을 것이다. 누군가 와서 그들을 풀어주고 빛이 있는 곳으로 데려가려 해도 그들은 쫓아가기는커녕 그를 쫓아내거나 아예 죽여버릴 것이다.

플라톤은 '동굴 비유'를 통해 자신의 철학적 세계상을 설명한다. 그에 따르면 우리가 감각으로 인지하는 모든 것은 복제본에 불과하다. 그 뒤편에 이데아가 숨어 있는데 그것이 중요하다. 깊이 생각하라! 그래야만 진짜 삶을 산다! 그뿐 아니다. 동굴 비유는 한 가지를 더 말한다. 밖에서 보면 동굴에 사는 사람들은 비참한 상황이라고 말할 수 있다. 좁고 어두운 곳에 갇힌 그들의 삶은 이차원적이고 표면적인 이야기로 전락했다. 아무런 영향력도 없이 관찰자로만 사는 것은 얼마나 끔찍한가. 그러나 플라톤은 죄수들을 불만에 찬 사람들로 그리지 않는다. 오히려 누군가 와서 그들에게 진짜 삶의 이야기를 들려주면 그들은 버럭 화를 낼 것이다. 변화? 원치 않아!

이유가 무엇일까? 죄수들은 자유롭지 않더라도 안전하다고 느낀다. 다른 것은 알지 못하고 자신의 상황에 이미 길들여져 있어, 무슨 일이 일어날지 잘 알고 놀라지 않는다. 그러나 밖으로 나가는 길은 모험이다. 자유를 약속받지만 불안한 길이다. 게다가 실망을 안긴다. 어둠에만 익숙하기에 해를 보면 눈이 아프고 어지러울 것이며 어디로 가야 할지 몰라 당황스러울 것이다. 그러니 잘 아는 곳에 머무르며 익숙한 것에 마음을 쏟는 편이 더 낫지 않을까? 설사 그것이 착각이라 해도 말이다.

플라톤이 보기에 우리 인간은 착각과 더불어 살고 싶어 한다. 현대 심리학은 이 현상을 더 깊이 연구하여 '긍정적 착각'이라는 이름을 붙여주었다. 우리가 착각에 매달리는 데에는 그럴 만한 이유가 많기 때문이다. 착각은 어느 정도 방호복이나 갑옷처럼 작용한다. 불편한 진실을 막아주고, 불안과 두려움을 줄이며, 자존감을 높이고, 무엇보다 일단은 이롭다. 하지만 큰 단점이 하나 있다. 착각은 현실을 바라보는 시선을 왜곡한다. 긍정적 착각은 현실의 부정적 측면을 감추고, 나아가 자기 시각과 다른 모든 시각마저 차단한다. 이런 현상을 '인지의 자기중심성kognitive Egozentrik'이라 부른다. 모든 사람의 경험이 나와 똑같다고 생각한다. 혹은 모든 일을 나와 관련하여, 다시 말해 개인적으로 받아들인다. 내가 발표를 하고 있는데 동료가 휴대전화를 보고 있다? 그가 내 발표 내용을 지루하다고 생각하는 게 틀림없다!

자신을 먼저 바라보는 이런 관점은 여러 연구 결과가 입증하듯 몇 가지 문제를 동반한다. 고정관념과 타인에 대한 편견, 타인에 대한 신뢰 부족, 타인의 욕구와 바람을 인지하려는 마음가짐의 부족이 바로 그것이다.[2] 그러니까 긍정적 착각은 상처받지 않도록 나를 보호하되, 절대 공짜가 아니다.

그렇다면 어떻게 해야 이런 긍정적 착각을 깨우칠 수 있을까? 플라톤이 동굴 비유로 설명했던 그 세상에서 어떻게 박차고 나올 수 있을까? 노르웨이 작가 헨리크 입센이 쓴《들오리》에는 이런 말이 나온다. "평범한 사람에게서 삶의 거짓을 뺏는 것은 행복을 뺏는 것과도 같습니다." 그러니까 자기기만에서 헤어나오기란 쉬운 일이 아니다. 그러나 노력한다면 우리도 현실적인 시각을 배울 수 있다.

삶의 작동 방식이나 나의 역할에 대해 우리는 어릴 적부터 나름의 고정관념을 형성한다. 이때 가장 중요한 판단 기준은 그 관념과 현실의 일치 여부가 아니다. 내가 얼마나 그 관념을 잘 이해하는지의 여부이다. 가령 플라톤의 동굴에서 사는 사람들은 그림자를 해석하면서 나름의 세계관을 형성한다. 아무런 고민 없이 기존의 시각과 타협한다. 바로 이 지점이 결정적이다. 처음엔 힘들지 몰라도 자기 시각 너머를 바라보려는 노력은 충분히 보람이 있다. 그럴 때 나를 발전시킬 수 있는 질문들이 떠오르기 때문이다. 나의 관념은 어디서 왔을까? 나의 관념을 깨닫고도 나는 여전히 그것을 고수할 수 있을까? 나의 관념은 현실적인가? 나에게 득이 될까? 어떤 관점에서? 이 순간 내게는 득이 될지 몰라도 남들에게는 해롭지 않을까? 그렇다면 나는 무엇을 선택할까? 내게 득이 되는 관점? 아니면 현실과 더 일치하는 관점?

철학자 토마스 메칭거는 자신의 관념을 비판적으로 고민하는 이런 형태의 노력에 '지성적 성실intellektuelle Redlichkeit'이라는 이름을 붙였다. 자신을 속이지 않고 "심지어 자기 인식과 관련하여서도, 또 그 인식이 좋은 기분을 동반하지 않거나 인정받은 학설과 일치하지 않더라도 진리와 인식을 향한 무조건적 의지를 품는다"라는 뜻이다.[3]

자신과 세상을 극도로 비판적인 눈으로 보는 사람들이 있다. 원칙적으로 염세적이며 쉬지 않고 자신을 의심하고 깎아내린다. 당연히 바람직한 행동은 아니지만 그렇다고 해서 심각한 심리 문제가 있다는 증거로 해석할 필요는 없다. 물론 보통 사람들은 다르게 행동한다. "세상을 우리 마음대로 만들어요!" 삐삐 롱스타킹은 노래한다. 실제로 우리는 세상뿐 아니라 우리 자신도 마음대로 만든다. 그렇기에 이제는 우리가 끼고 다니면서도 전혀 의식하지 못하는 그 장밋빛 안경을 다루어야 할 때가 온 것 같다.

오스트리아 작가 로베르트 무질은 대표작 《특성 없는 남자》에서 인간의 이런 특성을 매우 문학적으로 묘사한 바 있다. "우리는 대단하고도 다채로운 기술로 자신의 눈을 덮어, 너무나도 터무니없는 일들과 어울려 살면서도 마음의 안정을 전혀 잃지 않을 수 있다. 이 얼어버린 우주의 찌푸린 얼굴을 탁자나 의자, 비명이나 쭉 뻗은 팔, 속도나 구운 닭고기라고 인식하기 때문이다. 탁 트인 머리 위 우주의 심연과 살짝 덮인 발밑 우주의 심연 사이, 땅에서 우리는 문을 닫은 방 안에 있듯 편안할 수 있다."[4]

1960년대까지만 해도 심리학에서는 심리가 건강한 사람은 현실 파악도 잘한다고 생각했다. 1988년 미국 심리학자 셸리 테일러와 조너선 브라운은 이런 생각에 처음으로 의혹을 제기했다. 그들이 발표한 논문은 많은 건강한 사람도 현실을 왜곡해서 바라보며 그것이 심리 문제를 동반하지 않는다고 주장했다. 사실은 오히려 정반대라고 말이다. "심리적으로 건강한 사람들은 부러워할 만한 능력이 있는 것 같다. 자존감을 높이고 자신감을 유지하며 미래를 낙관적으로 보게

끔 현실을 왜곡하는 능력 말이다."[5] 테일러와 브라운은 이 현상을 설명하기 위해 '긍정적 착각'이라는 개념을 도입했다.

몇십 년이 흐른 지금, 이런 착각을 바라보는 눈길도 많이 달라졌다. 가령 미국 심리학자 리처드 로빈스와 제니퍼 비어는 2001년 "자신에 대한 긍정적 착각. 단기적 이익과 장기적 비용"이라는 의미심장한 제목으로 논문을 발표했다.[6] 그 논문에서 두 사람은 자기기만이 장기적으로 행복과 자존감을 떨어뜨린다는 사실을 입증했다. 자신의 태도가 다른 사람들에게 미치는 부정적 결과 역시 그사이 학계의 조명을 더 많이 받았다. 서구 사회처럼 교육의 기회가 많고, 상대적으로 경제 복지와 사회 안전망의 혜택을 많이 누리는 소수 특권 국가의 국민은 긍정적 착각에 빠지기가 더 쉽다. 이로 인해 자기중심적 시각이 강화된다. 우리의 인생 모델이 유일하게 옳고 우리가 가진 것은 당연히 우리 것이라 착각하는 것이다.

긍정적 착각

어떤 생각을 긍정적 착각이라 부를지 확정된 목록은 없다. 따라서 뒤에서는 가장 잘 알려진 착각들을 살펴보면서 그것이 어떻게 우리를 속여 시각을 왜곡함으로써 의미 추구의 걸림돌이 될 수 있는지 설명하겠다.

평균보다 낫다

자동차 운전자는 거의 모두가 자기 운전 실력이 평균 이상이라고 생각한다. 그중에서도 젊은 남성들이 자기 실력을 과신한다. 통계를 보면 대부분의 사고를 그들이 일으키는데도 말이다. 운전 실력만이 아니다. 인간은 원칙적으로 자신을 평균 이상으로 보는 경향이 있다. 평균보다 더 지적이고 더 친절하며 더 매력적이고 도덕적으로 우월하다고 생각한다. 영국에서 2014년에 발표한 연구 결과를 보면 심지어 죄수들도 그런 생각을 한다.[7] 심리학자들이 수감 중인 죄수들에게 물었더니 그들도 평균적인 국민보다 자기가 더 친절하고 도덕적이라고 대답했다. 다만 준법 항목에서는 그나마 약간 겸손을 발휘하여서 자신이 평균이라고 대답했다. 이런 형태의 자기 과시는 서구 개인주의 사회에서 특히 강하다. 아시아권에서도 발견되지만, 아시아 사람들은 자신이 남들보다 더 공동체 지향적이라고 생각한다.

더닝 크루거 효과

더닝 크루거 효과는 두 미국 심리학자 데이비드 더닝과 저스틴 크루거에서 딴 이름이다. 1999년에 발표한 논문에서 이들은 사람들이 능력이 떨어지는 분야에서 오히려 자기 능력을 과대평가하고 타인의 진짜 능력을 인정하지 않으려 한다고 주장했다.[8] 객관적으로 능력이 없을 때 자신에게 특별한 능력이 있다고 느낀다는 것이다. 월드컵 같은 대형 이벤트에서 수백만이 감독 노릇을 할 때는 그런 현상을 집단으로 목격할 수 있다. 또 코로나 팬데믹처럼 세계 차원의 어려운 문제가 터질 때면 모두가 전문가인 양 한마디씩 거들고 나선다. 어떻게 하면 보다 겸손하면서도 현실적으로 대처할 수 있을까? 그 방법은 플라톤에게서 배울 수 있다. 플라톤이 소개하는 현자 소크라테스의 말을 잘 들어보자. "나 자신에 대해 아는 것은 내가 아는 것이 아무것도 없다는 것이다."[9]

비현실적 낙관주의

담배를 피웠을 때 특정 질병에 걸릴 위험이 적힌 자료를 흡연자에게 보여주고, 개인적으로 그런 병에 걸릴 확률이 얼마나 될지 물어보면 모두가 평균보다 낮은 수치를 말한다. 그러니까 모두가 나쁜 일이 일어날 위험을 과소평가한다. 흡연자만의 문제가 아니라 일반적 경향이다. 인간은 일반적으로 자신의 미래를 객관적 지표보다 더 좋게 예상한다. 이것이 문제가 되는 이유는 위험 경고를 무시할 수 있기 때문이다. 그 결과 우리의 시각이 왜곡되고, 우리는 상황에 적절치 않은 행동을 한다. 자식 교육에 몰두하느라 시간제 일만 하다 보면 늙어서 가난하게 살지 모른다고? 걱정하지 마! 국가가 알아서 해결해줄 거야! 기후 변화? 걱정하지 마! 과학자들이 알아서 해결하겠지!

비현실적 낙관주의는 단기적으로 보면 기분을 풀어준다. 하지만 장기적으로는 더 큰 실망을 줄 수 있고 분노와 불쾌감을 불러올 수 있다. 긍정적 결말을 바랄수록 결과가 다를 때 느끼는 실망은 더 클 테니 말이다. 연봉이 오르면 기분이 좋을 것이다. 하지만 예상치의 절반만 오른다면 기분이 좋지 않을 것이다.[10] 내 말을 오해하지는 말기 바란다. 원칙적으로 최악의 상황을 가정하자는 말이 아니다. 기대를 현실적으로 유지하자는 말이다. 그래야 적절한 행동을 할 수 있고 내 권리를 주장할 수 있다. 가령 앞의 사례에서도 객관적 기준으로 더 높은 연봉의 근거를 제시할 수 있다면 충분히 연봉을 올릴 수 있을 테니 말이다.

그렇다면 이런 현실적 시선은 어떻게 얻을 수 있을까? 무엇이 현실이고 무엇이 옳으며 무엇이 진짜인지 누가 정할까? 그것을 알기 위해 굳이 철학적 토론이 필요하지는 않다. 자신만 정직하게 관찰해도 충분하다. 즉, 여러 기관에서 검증을 마친 정보들을 내가 혹시 체계적으로 무시하고 있지는 않은가? 나는 어떤 지점에서 내 눈을 가리고 있을까?

통제의 착각

온종일 아이만 쳐다보고 있으면 아이한테 아무 일도 일어나지 않을 것이다. 이렇게 생각하고 행동하는 부모를 우리는 헬리콥터 부모라고 부른다. 이들은 아들딸의 머리 위를 헬리

콥터처럼 떠다니면서 아이를 세상 온갖 불행으로부터 막아 줄 수 있다고 믿는다. 그런 식으로 자신이 삶을 통제할 수 있다는 착각은 어디에서건 목격된다. 일정표에 꼼꼼히 계획을 적어넣으면 삶을 내 손아귀에 넣을 수 있다. 꼬박꼬박 영양제를 챙겨 먹으면 건강을 지킬 수 있다.

물론 큰일이 생기지 않으면 당분간은 이런 착각을 유지할 수도 있다. 그러나 살다보면 늘 예상과 다른 일이 일어날 수 있다. 이를 전문용어로 '우발성contingency'이라 부른다. 통제의 착각에 빠진 사람은 삶의 우발성을 보지 못한다.

그 결과는 광범위한데 특히 사회적 차원에서 더 그렇다. 애리조나의 복합적응시스템학교의 산더르 판데르레이우와 게리 덕스는 유럽과 미국 중심 세계관이 어떻게 발전해왔는지를 조사했다.[11] 그리고 이런 서구의 사고가 호기심 많은 열린 사고에서 닫힌 사고로 변했다는 사실을 발견했다. 요즘 서구인들은 모르는 것에 뛰어들기보다는 익숙한 것의 활용에 만족한다. 이때 대부분 기술에 의지하는데, 그 기술이 우리의 소통과 정보, 생산과 에너지 획득, 이동의 방식을 결정한다. 기술이 우리 행동을 좌우하고, 거꾸로 우리는 우리 행동을 기술에 맞춘다. 그러다 보니 상황이 바뀌어 이 시스템에서는 미리 계획할 수 없거나 기술로 해결할 수 없는 문제에는 대처하기가 힘들어진다.

그런데도 우리는 모든 것을 손아귀에 넣고 있다고 느낀다.

왜 그럴까? 근본적인 작동 원리는 이해하지 못하면서도 익숙한 문제에 익숙한 대답을 던지는 데는 능숙하기 때문이다. 이런 통제 착각을 유지할 수 있으려면 내가 처리할 수 없는 정보에는 눈을 감아야 한다. 대표적 사례가 기후 변화에 대한 반응이다. 학자들은 한목소리로 기후 위기를 막으려면 화석 연료의 사용을 최대한 빨리, 과감히 줄여야 한다고 주장한다.[12] 하지만 급격한 변화를 향해 손을 내밀기보다는 산업과 기술이 모든 것을 통제한다고 믿는 편이 누가 봐도 쉬운 길이다.

기본적 귀인 오류

토요일 오후, 대가족이 식탁에 둘러앉아 있다. 커피와 케이크까지 식탁에 올랐으니 빠진 것은 단 하나, 아빠뿐이다. 장인과 장모의 눈이 마주친다. 말하지 않아도 서로의 생각을 읽을 수 있다. '역시나 우리 사위는 오늘도 가족 모임보다 딴 일에 더 열심이구나!' 같은 시각, 아빠는 헐레벌떡 버스정류장으로 달려간다. 오늘 아내한테 꼭 꽃을 사주고 싶어서 꽃가게에 들르느라 좀 늦었다. 심리학에서는 장인, 장모의 이런 행동을 두고 '기본적 귀인 오류Fundamental Attribution Error'라고 부른다. 오늘 사위의 행동을 평소 그들이 사위에게 부여한 특징이나 성격 탓으로 돌리는 것이다. 사위의 눈으로 보면 상황은 전혀 다르다. 늦지 않으려고 애를 썼지만, 오전에 놀이터에 간 딸이 너무 늦게 집에 와서 딸을 기다리느라 꽃 가게에 다녀올 시간이 촉박했다. 그러니까 그는 자기 행동을 상황 탓으로 돌린다.

기본적 귀인 오류는 인지의 왜곡이다. 우리가 타인의 행동 이유에 대해 아는 것이 별로 없다는 것이 가장 큰 이유이다. 그러나 우리는 늘 어떤 일이 왜 일어나는지 알고 싶기에 어쩔 수 없이 대안의 설명을 선택하고, 타인의 행동이 그 사람의 성격 탓이라고 추측한다. 이런 메커니즘을 깨달으면 조금 더 관대하게 남들을 대할 수 있다. 독일대안당 정치인 알리스 바이델이 독일 의회 연설에서 주장했듯[13] 집권 연립 정부는 정말로 "독일을 증오"해서 지금처럼 행동하는 것일까? 내가 낮잠을 잔다는 사실을 알면서도 낮 한 시에 울타리 전지를 하다니, 이웃집 남자는 정말로 반사회적 인격 장애를 가진 걸까? 아니면 그냥 깜빡 잊어버린 걸까? 누군가가 나를 방해하는 짓을 할 때는 나와 아무 상관없는 여러 이유가 있을 가능성이 크다. 상대의 입장에 서서 왜 그가 그런 짓을 하는지 이유를 고민하는 것이 쉽지는 않겠지만, 그것이야말로 상호 이해를 키우는 최고의 방법이다.

자존감을 키우는 귀인 오류

리나는 축구팀의 에이스 공격수이다. 팀이 지고 있을 때마다 그녀에게로 공이 몰려든다. 결정적 상황에서 그녀가 실력 발휘를 잘한다는 사실을 모두가 알기 때문이다. 시 대항 축구 대회에서 그녀가 속한 팀이 결승전에 진출하여 최대 라이벌과 맞붙었다. 후반 40분, 0 대 1로 지고 있던 순간에 페널티킥 지점에서 그녀가 공을 잡았다. 그녀는 몸을 돌려 상대 선수를 제쳤고, 또 한 명을 더 제친 후 골대의 왼쪽 아래로 슛을 날렸다. 연장전에서 그녀가 한 골을 더 넣었다. 그녀의 팀이 우승했고 그녀는 그것이 자신의 승리라고 느꼈다. 심리학 용어로 말하자면 그녀는 성공을 '내부 귀인'하였다. 일주일 후, 리나는 같은 팀을 상대로 경기를 펼쳤다. 이번에도 그녀의 팀이 한 골 차로 지고 있었다. 후반 45분에 그녀가 공을 잡아서 드리블로 상대 선수를 제치고 슛을 날렸지만, 공이 그만 골대에 부딪히고 말았다. 그녀의 팀이 졌다. 경기가 끝난 후 그녀는 결과와 심판에 불만을 품었다. 연장전에서 심판이 파울을 못 봤다는 것이다. 누가 봐도 페널티킥이었는데 말이다. 그녀는 실패의 원인을 외부에서 찾았다.

여기서도 우리는 자존감에 유익한 반사 행동을 목격한다. 인간은 성공은 자기 덕으로, 실패는 외부 상황 탓으로 돌리는 경향이 있다. 그것이 잠시나마 득이 되는 이유는 책임을 회피할 수 있고 자신을 의심하지 않아도 되기 때문이다. 하지만 장기적으로 볼 때는 상황에서 교훈을 얻을 기회를 놓치게 된다.

지금까지 설명한 긍정적 착각과 인지 왜곡은 우리의 사고, 기분, 행동에 영향을 주는 전형적인 심리 과정 때문에 발생한다. 아마 읽으면서 모두가 '나도 그런데…'라는 생각을 했을 것이다. 그 과정에서 벗어나기란 쉽지 않다. 심지어 뒤에서 설명할 착각들은 더욱더 벗어나기가 힘들다. 이 착각들이 실존적 차원에서 우리의 가치관과 자기 이해를 건드리기 때문이다.

동조 지향

기본 원칙을 따르면 마음이 편하다. 남들이 하는 대로 하면 아무 문제가 없다! 그러면 내가 책임질 필요가 없다. 독일 사람들은 고기를 많이 먹으니까 나도 고기를 먹는다. 내가 아는 지인들은 전부 비행기를 타고 여행을 다니니까 나도 비행기를 탄다. 다들 그러니까 나도 공중화장실에서 휴지를 들고 나온다. 동료들이 상사 욕을 하니까 나도 한다. 이런 형태의 정당화는 기분을 좋게 한다. 굳이 에너지를 들여서 나와 나의 행동에 대해 고민하거나 남들과 다른 일을 하지 않아도 되니 말이다. 그러나 극단적인 동조의 역동성이 어떤 결과를 초래할 수 있는지는, 독일의 나치를 보면 잘 알 수 있다.

공정한 세상 가설

대놓고 물어보면 다수가 그렇지 않다고 대답하겠지만, 심리

실험의 결과를 보면 인간의 마음에는 공정한 세상 가설이 깊게 뿌리내리고 있다. 모든 사람은 마땅히 받아야 할 것을 받고, 그것을 받을 만한 자격이 있다.[14] 예전에는 누가 아프면 신의 벌이라고 생각했다. 지금도 그렇게 믿는 나라가 적지 않다. 홍수나 가뭄, 패전도 마찬가지이다. 구약성서에서는 사람들이 자기 죄를 자백하면서 스스로 몸에 채찍질했다. 우리가 신에게 충직하지 못했노라고 말이다. 그것만이 자신의 고통을 설명할 수 있는 이유였다. 지금 우리가 사는 계몽된 사회에서는 그런 신의 관념은 사라졌지만 약하나마 같은 뜻을 담은 말들이 존재한다. "하나님은 작은 죄를 즉각 벌하신다." 이 말은 이승의 삶이 따르는 명확하게 공정한 규칙이 존재한다는 뜻이다. 그런 믿음은 안도감을 줄 수 있다. 모든 것을 아우르는 포괄적인 공정함이 있다는 믿음이 참 듣기 좋기 때문이다. 그러나 그런 믿음이 나쁜 결과를 부를 수도 있다. 피해자를 향한 손가락질이 대표적이다. 특히 우리가 공정함을 회복할 방법을 찾지 못할 때 더욱 그러하다. 어떤 여자가 성폭행을 당했다고? 분명히 그 여자가 먼저 꼬셨을 것이다! 그가 집도 절도 없이 떠도는 노숙인이라고? 노력하면 기회가 넘치는 이 땅에서 가난한 건 다 제 탓이다. 이 경우도 우리는 구체적 상황에서 그들을 인지하지 않고, 그들을 우리의 착각 속으로 억지로 밀어 넣는다. 다 잘 될 것이다. 우리는 그렇게 생각하며 안도한다. 그러나 정작 자신이 나쁜 일을 겪으면,

가령 폭력의 피해자가 되면 이런 착각은 곧바로 무너진다. 공정한 세상이라는 믿음이 흔들리는 것이다.

불멸의 착각

나는 인간은 죽는다는 사실을 안다. 하지만 나는? 아마도 인간의 가장 근본적인 착각이 바로 불멸의 착각일 것이다. 우리가 언젠가 죽을 것이라는 사실을 우리 모두는 안다. 그 사실에 우리는 어떻게 대처할까? 될 수 있는 대로 무시한다. 적어도 개인주의적인 서구 사회에서는 그렇다. 그러나 이와 다르게 죽음에 반응하면 정말로 많은 것을 얻을 수 있다. 나의 유한성을 인정하고 그것을 직시하면 나는 달라진다. 때로 근본적으로 변할 수도 있다.

인간이 죽는다는 사실을 추상적으로 아는 차원을 넘어, 내가 죽을 것이라는 사실을 깨달으면 나는 이전과 달라진다. 더 주의 깊게 인식하고 다른 결정을 내리며 삶의 가치도 새롭게 평가한다. 따라서 실존심리학은 자신의 유한성에 대한 이런 인식을 '기상 신호'라고 부른다. 심리치료사 어빈 얄롬은 말한다. "죽음의 물질성은 우리를 파괴하지만, 죽음에 대한 생각은 우리를 구원할 수 있다."[15]

그냥 하던 대로 하지 않는다. 생각 없이 살지 않고 동굴에 죽치고 앉아서 만족하지 않는다. 삶은 소중하고 유한하며 매 순간이 지나가버릴 수 있다는 사실을 깨닫는다. 무장을 내려놓고 갑옷을 벗고 장밋빛 안경도 벗는다. 그러면 알 수 있다. 내가 제일 잘나지 않았다는 사실을, 내가 다 알고 다 잘 하지는 않는다는 사실을 말이다. 모든 것을 다 내 손아귀에 넣을 수 없다. 일이 잘못될 수도 있다. 그게 다 남 탓이 아니다. 나도 잘못을 저지른다. 세상을 보는 관점이 바뀐다. 인간은 누구나 상황 속에 있고, 그 상황의 영향과 제약을 받는다. 우리는 할 수 있는 만큼 잘 살고 있다. 그러므로 나는 다른 사람들이 다 그러하듯이 내가 옳고 중요하다고 생각하는 것을 당당하게 옹호할 수 있다. 그들과 같아야 할 필요가 없는 것이다.

이는 또한 내가 공격당할 수 있고 상처 입을 수 있다는 뜻이기도 하다. 성과를 중시하는 사회에서 우리는 약점을 보이지 않으려 한다. 그런 사람은 나약하고 못 미덥고 유약한 인간 취급을 받기 십상이다. 그러므로 자신의 약점을 고백하려면 용기가 필요하다. 하지만 약점을 보이면 아주 특별한 힘이 생겨난다. 내가 유한하며 상처받기 쉬운 사람이라는 사실을 마주하면 나는 착각을 버리고 정직하게 세상을 바라볼 수 있을 테니 말이다. 나는 더 주의 깊게 인식하고, 실제로 더 만족하고 충만한 삶을 살 수 있다. 죽음이라는 무시무시한 괴물! 이 죽음을 마주하면 누구나 화들짝 놀랄 것이다. 그러니 최대한 외면하는 것이 낫지 않을까? 그렇지 않다. 수많은 연구 결과는 정반대라고 말한다. 자신의 유한성을 외면할수록 죽음에 대한 공포는 더 커진다.[16] 반대로 나의 죽음을 받아들이기로 마음먹으면 다각도에서 삶이 더 수월해지며 동시에 더 강렬해진다. 삶의 마지막에서 충만하게 살았노라 말할 수 있도록 삶을 꾸려갈 수 있다.

동굴에서 나와 태양을 바라보라니, 심지어 지금껏 함께 걷던 사람들에게서도 멀어지라니, 터무니없는 요구일 수 있다. 플라톤이 동굴 비유에서 설명한 내용도 이것이다. 그 무리한 요구를 피하지 않아야 근본적 변화가 가능하다. 나는 자기기만에 물든 삶 속에서 그냥 존재하지 않는다. 나는 눈을 뜨고 집중하여 내 삶을 꾸려나간다. 그것이 의미를 선사한다. 그리고 확실한 결정을 내리도록 도와준다. 그것은 어떤 모습일까? 우리 여행의 다음 단계에서 함께 살펴보자.

6

무엇이 맞는지 어떻게 알까?

좋은 결정을 내리는 방법

토요일 아침, 캘리포니아 멘로파크의 드래거 마트가 문을 연다. 우르르 밀려들어온 손님들이 한 시식대 옆을 지나간다. 가만히 보니 잼 시식대이다. 이 마트에는 정말로 다양한 종류의 물품이 진열되어 있다. 가령 겨자는 250종이 넘고 올리브는 75종이 넘는다. 그러니 평소에도 시식대가 많아 손님들은 오늘의 잼 시식대에서 별 특이한 점을 찾지 못한다. 하지만 그들이 모르는 사실이 있다. 시식을 권하는 판매원은 진짜 판매원이 아니라 판매원으로 위장한 두 명의 심리학과 조교이다.

이 세팅은 2000년 두 미국 심리학자가 생각해낸 작품이었다. 뉴욕 컬럼비아대학교의 쉬나 아이엔가와 캘리포니아 스탠포드대학교의 마크 레퍼가 바로 그 주인공이다.[1] 그들은 2주에 걸쳐 토요일마다 마트에 잼 시식대를 열었다. 사람들이 어떻게 결정을 내리는지 알고 싶었기 때문이다. 아이엔가와 레퍼는 한 시간에 한 번씩 제품을 바꾸었다. 한 시간 동안 24종의 잼을 제공하다가 다음 한 시간 동안에는 단 6종만 시식하게 했다. 시식대에 온 손님은 원하는 만큼 시식을 해볼 수 있었다. 그리고 1달러 할인 쿠폰을 받았다. 이 실험의 결과는 지금까지도 결정 연구에 큰 영향을 미치고 있다. 잼의 종류가 많으면 제품에 관심을 보이는 사람이 늘어나서 마트를 찾은 손님의 60퍼센트가 적어도 한 제품은 시식을 해보았다. 하지만 이어 구매하는 비율은 3퍼센트에 불과했다. 제품 수가 줄어들면 매력도 떨어지는 듯해서 손님의 40퍼센트만 시식대를 찾아왔다. 하지만 이 중 30퍼센트가 구매했다. 유의미한 차이이다.

선택권이 내게 있다니 얼마나 좋은가! 이런 기분은 누구나 본능적으로 이해할 수 있다. 논리적으로 여겨지고 진화론적으로도 설명할 수 있다. 자원이 사라지고 더불어 선택의 가능성도 사라지면 삶은 늘 곤궁할 것이다. 거꾸로 말하면 많을수록 좋다는 뜻이다. 따라서 우리는 선택의 폭이 넓으면 행복해진다고 믿는다. 선택의 폭이 넓으면 넘친다는 기분이 들 것이고, 신이 날 것이다. 나는 충분히 가지고 있다! 아니, 그 이상 많이 가지고 있다! 그러나 아이엔가와 레퍼의 잼 시식대 실험은 처음으로 꼭 그렇지는 않다는 사실을 입증했다. 선택지가 크면 행복해질 수 있지만 정반대일 수도 있다. 넘치는 가능성 앞에서 무엇이 옳은지 의심이 드는 것이다. 일단 결정을 내리기가 힘들고 또 결정하더라도 그 후에 꼭 만족하는 것은 아니다. 학계에선 이런 현상을 '선택의 역설'이라 부른다.

이 실험 이후에도 여러 심리학자가 인간의 결정과 관련하여 연구를 이어나갔다. 몇몇 실험은 아이엔가와 레퍼가 한 실험과 같은 결과를 내놓았지만, 그 효과를 확인하지 못한 실험도 많았다. 따라서 요즘엔 치약, 요구르트, 잼의 구매처럼 일상의 결정에서는 선택의 역설을 인정하지 않는다. 그러나 복잡한 결정에서는 사정이 다르다. 그 효과가 한결같기 때문이다. 삶에서 의미를 찾는 질문은 거의 반강제로 중요하고도 복잡한 결정을 내리게 하므로, 여기서도 선택의 역설은 통할 것이다.

우리는 선택지가 적을 때 선택을 더 잘한다. 반대로 내가 결정을 해야 하는 부분에서 선택지가 여럿이라면, 심지어 끝도 없다면 어떨까? 그럴 때 나는 어려운 상황에 놓인 것이고 둘 중 하나의 반응을 보일 것이다. 반사적으로 피한다. 너무 벅차서 지금 고민할 수가 없으므로 서둘러 고개를 돌리는 것이다. 혹은 결정을 내리지만 나중에 일정 정도 불만을 느낀다. 이 두 과정을 조금 더 자세히 살펴보자.

회피하기

나는 중요한 결정을 내리기 전에 여러 가능성을 따져본다. 가령 지금 직장에 불만이 있다면 여기저기서 대안을 찾는다. 인터넷을 뒤지고 친구에게 고민을 털어놓고, 평소 조언을 구하던 사람들과 의논한다. 그러다 보면 마음이 심란해질 수 있다. 나를 바라보는 다른 시선을 계속해서 만나게 되고, 아무리 좋은 뜻이라 해도 그들의 조언을 소화해야 하기 때문이다. 그 과정에서 등장하는 온갖 가능성이 어려움을 불러올 것이다. 심하면 그것에 짓눌려 신음할 수도 있다.

잼 시식대 실험이 입증하듯 선택지가 너무 많으면 결국 선택을 하지 못한다. 너무 많은 선택지가 잘못 선택할 위험을 높이므로 손발을 묶어버리는 것이다. 이것은 간단한 통계 계산 문제이다. 선택지가 세 개이고 그중 하나가 올바르다고 가정할 때, 올바른 선택을 내릴 확률은 3분의 1이다. 선택지가 스무 개라면 확률은 5퍼센트로 확 줄어든다. 우리는 이런 깨달음을 통해, 아니 사실은 그냥 직관적으로 선택을 회피하게 되는 것이다.

불만족스러워하기

아주 많은 선택지 중에서 하나를 결정할 때는 기대를 많이 한다. 선택지가 많으므로 그중에는 꼭 올바른 선택이 있을 거라고 기대하는 것이다. 그러니 나만 잘 고르면 올바르게 선택할 수 있다. 그래서 나는 결정을 내린다. 가령 이직을 했다고 치자. 그럼 이제 다 좋아졌는가? 일상에서 우리는 이 말을 자주 쓰지만, 실제로 다 좋은 경우는 흔치 않다. 여러 이유가 있겠지만, 보통 선택지가 많으면 좋아졌다는 사실을 쉽게 지나쳐버리고는 이렇게 생각하기 때문이다. '선택을 잘못했어! 다른 길을 택할 걸 그랬어!'

관계도 마찬가지이다. 온라인 데이팅이 없던 시절에는 직장, 술집, 여행지 등 주로 내 주변에서 사람을 찾았다. 요즘엔 데이팅 앱에 들어가면 잠재적 파트너가 거의 무한정 널려 있다. 따라서 기대감이 커진다. 그러다 한 사람과 연결되었는데 관계가 잘 풀리지 않는 듯하면 곧바로 이렇게 생각한다. '내가 선택을 잘못했구나! 저기 바깥에 나와 더 잘 맞는 사람이 분명히 있을 거야!'

네덜란드 심리학자 틸라 프롱크와 야프 데니센은 온라인 데이팅 앱에서 흔히 그러하듯이 데이팅 파트너의 데이트 제안을 반복적으로 거절할 때 어떤 일이 일어나는지를 연구했다. 그 결과를 보면, 반복적 거절은 잘 맞을지도 모를 파트너마저 떠나보낸다.[2] 그리고 어느 순간에 선택을 하더라도 상대에게 자주 불만을 느낀다. 특히 여성의 경우에는 이런 '거절 사고방식'이 심지어 짝을 찾을 확률, 그러니까 서로에 대한 낭만적 관심을 가질 확률마저도 감소시킨다.

최상과 만족

선택의 역설은 우리 모두가 풀어야 할 숙제이다. 그리고 그 숙제를 대하는 접근방식은 두 가지이다. 심리학에서는 이 두 유형의 사람들을 '최상주의자maximizer'와 '만족주의자satisficer'라고 부른다. 내가 어느 쪽인지를 잘 알면 앞으로 결정을 내릴 때 도움이 될 것이다.

최상주의자는 완벽주의자이다. 올바른 것을 찾기 위해 많은 시간과 노력을 들인다. 꼼꼼하고 쉽게 만족하지 않는다. 만족주의자는 최상주의자의 정반대가 아니다. 그들도 자신이 무엇을 할지 또 어떻게 결정할지에 관심이 많다. 이들에게도 달성하고픈 품질의 기준이 있다. 다만 이들은 자기 기준에 맞는 가능성을 발견하자마자 선택을 하고 그것을 바탕으로 더 나아가고 쌓아간다.

최상주의자는 오래 고민하고 조사하지만, 만족주의자보다 자기 결정에 불만을 품는 경향이 더 높다. 그들은 묻는다. 더 나은 결정을 할 수 있었을까? 더 오래, 더 철저히 조사해서 더 나은 것을 찾을 수 있었을까? 만족주의자는 유일하게 올바른 결정 같은 것이 있다는 생각 자체를 하지 않는다.

앞에서 소개한 잼 시식대 실험을 했던 심리학자 쉬나 아이엔가는 2006년에 동료 레이철 웰스, 배리 슈워츠와 함께 후속 연구를 진행하여 그 결과를 발표했다.[3] 세 사람은 먼저 대학생들을 상대로 최상주의자 성향을 조사했다. 그리고 마지막

학기에 그들의 구직활동을 관찰했다. 그랬더니 최상주의의 성향이 높은 학생들이 그렇지 않은 학생들보다 연봉이 20퍼센트나 더 높은 직장을 구했다. 그러나 그 전체 과정 내내 그들은 더 불행했고 부정적인 말을 더 자주 뱉었으며, 자기가 구한 새 직장마저 만족하지 못했다.

그러니까 결정 방식은 삶에 광범위하게 영향을 미친다. 연구 결과를 보면 최상주의자는 덜 행복하고 덜 낙관적이며 덜 만족한다.[4] 자존감도 낮고 우울증에도 더 자주 걸린다. 자신을 남과 비교하는 경향도 높다. 특히 사회적으로 자기보다 위에 있다고 생각하는 사람과 자주 비교한다. 가령 자동차를 산다고 치면, 이웃집에 주차된 자동차를 아주 유심히 관찰한다. 이런 비교 습관은 다시금 자신의 결정을 의심하게 만들 수 있다. '더 나은 것이 없었을까?' 하고 말이다.

결정 방식은 우리를 움직이는 추진력과 우리가 추구하는 목표와도 밀접한 관련이 있다. 최상을 추구하는 사람은 외재적 동기 부여의 성향이 높다. 바깥으로 눈을 돌리고 명예와 돈을 중시한다. 만족을 추구하는 사람들에게서는 내재적 동기 부여가 자주 목격된다. 어떤 일을 하는 이유는 그 일에 매력을 느끼기 때문이다. 마음에서 하고 싶다는 충동이 일어나고, 자신과 잘 맞고 의미 있다고 생각하는 것을 실천하고 싶기 때문이다.

이 차이를 깨달으면 자문할 수 있다. 내가 많은 상황에서 만족하지 못하는 이상을 좇는다는 결론에 도달한다면, 나는 변화를 추구할 수 있다. 중요도가 덜한 문제부터 시도해보는 것이 제일 좋다. 가령 스스로 마감일을 정해볼 수 있다. 사흘 안에 몇 가지 경험을 해서 결정을 내리는 것이다. 완벽한 길을 찾는 대신 내가 수용할 수 있을 최소 기준이 무엇인지 적어본다. 그리고 내가 이미 이룬 것을 더 중요하게 인지하고 존중한다. 나를 남이 아닌 나 자신과 비교하여 내게 중요한 것을 길잡이로 삼는 것이다.

후회

최상주의자가 하루아침에 만족주의자가 될 수는 없다. 이런 태도는 성격과 마음가짐과 긴밀히 얽혀 있다. 하지만 앞서 배웠듯 성격과 마음가짐은 바뀔 수 있다. 그리고 그런 변화를 위해 들인 노력은 충분히 가치 있다. 우리는 늘 결정을 하고, 그 결과에 대처해야 하기 때문이다. 또 최상주의는 우리 모두가 피하고픈 인간적 경험을 동반할 수 있기 때문이다. 그것은 바로 후회이다. 배리 슈워츠를 중심으로 여섯 명의 학자가 모여 연구한 결과로도 알 수 있듯 우리는 나중에 후회할까 봐 겁이 날 때 더 최상주의자가 되어야 한다고 느낀다.[5]

후회가 불쾌한 이유는 무력하기 때문이다. 그때 그러지 말았어야 했는데 그랬다! 하지만 지금 와서 어쩔 수가 없다. 그러나 과거에 그렇게 조심을 했는데도 지금 와서 후회가 된다면, 나는 지금 내가 무엇을 바꿀 수 있을지 고민할 수 있다. 지난 일의 후회가 내 미래의 행동에 영향을 줄 수 있으니 말이다.

학계는 '무행동관성Inaction Inertia'이라 부르는 현상에 주목한다. 무행동관성이란 과거에 행동하지 않았는데도 여전히 게으름을 피우며 행동하지 않는 현상을 말한다. 2006년에 이 현상을 연구한 네덜란드 연구팀의 사례가 이를 구체적으로 보여준다.[6] 가령 정상가보다 싸게 여행을 다녀올 기회가 내게 주어진다. 정상가는 1,000유로인데 나는 900유로에 예약할 수 있다. 그 정도면 괜찮은 가격이다. 그러나 며칠 전에는 같은 여행 상품을 400유로에 예약할 수 있었다. 그 상품을 예약하려 했는데 꾸물거리다가 기회를 놓쳤다. 경제적 관점에서 본다면 지금이라도 예약을 해서 100유로라도 할인을 받는 편이 더 의미가 있다. 하지만 400유로 할인 상품을 놓쳤으므로 나는 오기가 생겨서 900유로 상품도 예약하지 않는다. 기회를 놓쳤다는 후회를 마주하고 싶지 않은 것이다.

여행상품 정도야 그리 큰 타격은 아닐 수 있다. 하지만 평생 늘 감탄했고 함께하고 싶었던 사람이라면 어떨까? 그런 사람이 있었는데 말 한번 붙여보지 못했다면? 다른 사람과 사귈수록 그 사람이 더 생각나고, 자꾸만 내가 기회를 놓쳤다는 생각이 들 수 있다. 그러니 다른 사람과의 관계는 아예 시작도 하지 말아야 하나? 완벽하지 않은 것은 언제나 후회를 부를 것이니 아예 연애를 시작하지도 말아야 할까?

스트레스 없는 상황

후회할까 봐 겁을 내면 내 발에 걸려 넘어진다. 물론 후회는 너무나 인간적인 감정이지만, 자기 행동을 성찰하면 후회할까 두려운 마음을 줄일 수 있다. 바람직한 출발점은 내가 결정을 겁내는지, 그렇다면 어떤 상황에서 그러한지를 유심히 살피는 것이다. 그런 후 결정을 내릴 수 있도록 좋은 환경을 만들어야 한다. 스트레스 없이 편안한 공간을 조성하는 것이다.

스트레스를 없애는 것이 왜 그렇게 중요할까? 미국의 한 연구팀이 2017년에 연구 결과를 통해 그 중요성을 입증했다. 실험 참가자들을 두 집단으로 나누어 한 집단은 3분 동안 얼음물에 한쪽 팔을 담그게 했다.[7] 이 방법은 경도에서 중도에 이르는 스트레스 유발 방법으로 흔히 쓰인다. 다른 집단은 미지근한 물에 팔을 담갔다. 그 후 두 집단에게 과제를 주었다. 식량을 찾고 사과를 수확하는 컴퓨터 게임이었다. 게임에서는 근방 나무처럼 수확량은 적지만 잘 아는 장소를 벗어나지 않을 것인지, 새로운 장소를 찾아 나설 것인지를 선택할 수 있다. 추가로 연구팀은 모든 참가자에게 설문지를 통해 평소 살면서 어느 정도나 스트레스를 받는지도 물었다.

대부분의 사람에게 사과 수확은 일상과 동떨어진 일일 것이다. 하지만 그 게임의 결과는 많은 다른 생활 영역에 적용할 수 있다. 얼음물로 인해 스트레스를 받은 참가자들은 현 상태가 점점 더 문제를 일으켜도 그 자리를 떠나지 않았다. 설문 조사에서 평소 상당히 스트레스를 많이 받는다고 답한 사람들 역시 마찬가지였다. 미지근한 물에 팔을 담근 참가자들과 평소 스트레스를 느끼지 않는 사람들은 훨씬 더 모험을 즐겼고 잘 모르는 길로 발을 내디뎠다.

인간은 긴장 상황에서는 새로운 가능성을 탐구하기보다 기존의 것을 고집하는 경향이 있다. 직장이건 사회건, 파트너건 친구건, 뭔가 잘못되었다는 느낌에 변화를 고민하면서도 막상 행동으로 옮기지는 못한다. 마음 깊은 곳에서는 변화의 걸음을 내디딜 이유가 충분하다 느끼면서도 실제 그 걸음을 옮기지는 못한다. 자신이 아직 행동할 만큼 강하지는 않다고 느끼기 때문일 수도 있고, 변화의 결과가 두렵기 때문일 수도 있다. 안 그래도 안정적이지 않은 일자리가 위태로워질 수 있다. 혹은 상황이 너무 심각해 부담이 클 수 있다. "모르는 행복보다 잘 아는 불행이 낫다"는 말이 괜히 나온 것이 아니다.

그렇다면 진지하게 결정을 내리기에 가장 적절한 때는 언제일까? 스트레스를 느끼지 않고 불안과 짜증, 분노가 없을 때가 가장 이상적이다. 그런 감정이 있을 때는 활동의 여지가 줄어들고 시야도 왜곡되어 세상과 자신을 필요 이상으로 어둡게 보게 된다.

만성 스트레스 상태일 때는 특히 조심해야 한다. 그럴 때는 일단 스트레스의 원인이 무엇이며 줄일 방법은 없는지부터 살펴야 한다. 결정이 시급하다면 적어도 잠시나마 스트레스가 없는 공간을 찾거나 마련하는 것이 좋다. 가령 휴가를 내서 힘든 상황에서 잠시 벗어나거나 다른 이에게 도움을 청하는 것이다.

결정을 내리기가 얼마나 힘들 수 있는지, 플로리언 그렐러는 경험해봐서 잘 안다. 나아가 결정에 필요한 시간을 자신에게 선사했을 때, 그 결정이 결국에는 얼마나 큰 해방감을 안길 수 있는지도 누구보다 잘 안다.[8] 그렐러는 20년 가까이 보험업계에서 일했다. 베를린과 오스나브뤼크에서 대형 보험회사의 직원으로 일했고 직접 영업점을 열기도 했다. 그렐러는 〈차이트〉의 작가 셀리네 셰퍼에게 자신의 직업은 나쁘지 않았노라 고백했다. 따분하지도 않았고 벌이도 나쁘지 않았으니까. "하지만 만족감이 없었습니다."

2020년 어느 날, 그렐러는 그의 삶을 바꾼 한마디를 배우자에게서 들었다. 그렐러의 배우자가 일하는 오스나브뤼크 대학교에 새로 조산학과가 생겼다는 것이었다. 귀가 쫑긋했지만 그때만 해도 그는 그 말이 자신의 인생을 바꾸리라고는 예상치 못했다. "예전부터 조산사라는 직업에 매력을 느꼈거든요. 어머니가 제 출산을 도와주신 분의 이야기를 할 때면 존경심이 한껏 느껴졌지요." 그는 마음의 소리에 귀를 기울였다. "혹시 그것이 내 일이 아닐까? 한번 떠오른 질문이 좀처럼 가라앉지 않았답니다."

질문은 그의 곁에 머물렀다. 그러나 당장 삶을 바꾸지는 못했다. 그때 그는 운송회사에서 손해 관리 담당자로 일하고 있었다. 안정적인 일자리였다. 덕분에 배우자와 힘을 합쳐 집을 마련했고, 더구나 두 사람은 고달픈 장거리 연애의 힘든 단계를 이제 막 지난 참이었다. 또 그렐러가 한동안 심하게 아프기도 했다. "이제 와서 완전히 처음부터 다시 시작한다? 조산사 교육을 받는다? 그것도 남자가? 당장 용기를 내지는 못했습니다." 그렐러의 말이다.

그는 매일 회사에 출근했다. 겉으로 달라진 것은 없었다. 오랜 세월 쌓아온 그 모든 것을 경솔하게 망치고 싶지 않았다. 하지만 마음은 여전히 부글거렸다. 얼마 후 잠깐의 대화가 결국 그를 행동으로 이끌었다. "여기 안 다녔다면 지금 뭐 하고 있을 것 같아? 마음대로 고를 수 있다면 말이야." 한 동료가 묻자 자동으로 대답이 떠올랐다. "조산사." 그의 입에서 곧바로 대답이 튀어나왔다. 동료의 반응은 열광적이었다. "플로리언. 자기는 일을 참 잘해. 하지만 명심해. 자기는 이 직업은 아냐."

그렐러는 조산학과에 관한 자료를 모조리 찾아 읽기 시작했다. 읽을수록 흥미가 당겼다. 하지만 시간이 많지 않았다.

학업을 시작하려면 먼저 4주 실습을 받아야 하는데, 지금 다니는 회사에서 그렇게 오래 휴가를 낼 수는 없었다. 삶의 절반을 보낸 업계를 떠나기가 쉬운 일은 아니었지만, 때가 왔다고 느꼈다. 그는 과감한 결정 끝에 사표를 던졌다.

얼마 후 그는 파란 가운을 입고 분만실에 서 있었다. "첫 주 실습을 받고서 깨달았습니다. 그래, 바로 이거야." 플로리언 그렐러가 처음으로 분만실에 들어갔다. 교과서에 나올 법한 분만이었다. "엄마도 울고 아빠도 울고 아기도 울었어요. 정말 보기 좋은 광경이었죠." 그날 저녁 그는 환한 표정으로 집에 돌아왔다. "배우자가 무슨 일이 있냐고 묻더라고요. 제가 아무 말 안 했거든요."

숨은 이유

플로리언 그렐러의 이야기는 큰 결정을 내리기가 정말로 쉽지 않다는 사실을 잘 보여준다. 결정의 때가 지났다는 느낌이 오래전부터 들었다고 해도 막상 결정을 내리려면 쉽지가 않다. 그의 사연은 또 미루는 이유가 참으로 여러 가지라는 사실도 잘 보여준다. 불안, 버거운 상황, 경제적 어려움, 큰 결정에 대한 두려움… 이 모든 것이 함께 어우러져서 그의 마음을 붙들었기에, 그는 잘 맞지도 않는 직장에서 20년을 버텼다.

그래도 이런 종류의 이유는, 내가 내 행동을 곰곰이 따져 보면 확인할 수 있고 해결할 수도 있다. 하지만 어떤 이유는 마음 더 깊은 곳에 숨어 있어서 미처 알아차리지 못하는 경우도 있다. 그것을 결정의 '실존적 배경'이라 부를 수 있을 것이다. 내가 결정을 내려서 하나의 가능성을 실현할 때마다 나는 나의 현실을 제한한다. 모든 선택은 선택지를 한정한다. 이전에는 가능하던 수많은 것이 선택을 하고 나면 더는 불가능해진다.

정신과 의사 토마스 푹스는 이것이 삶에 어떤 영향을 미칠 수 있는지 목격했다.[9] 한 대학생이 강박장애 탓에 그를 찾아왔다. 학생은 온종일 자신이 결정을 제대로 내렸는지 걱정했다. 전부 다 되돌리고 싶다는 것이었다. 인생의 큼지막한 문제만 그런 것이 아니었다. 정말 일상적인 일들에도, 가령 마트에서 장을 봐도 그런 생각이 든다고 했다. 푹스는 그와 상담을 하면서 원인을 찾아보았지만 만족할 만한 원인을 발견하지 못했다. 그러다 더 깊은 차원으로 들어가서야 진짜 문제가 드러났다. 내담자는 선택을 해야 한다는 사실 자체를 받아들이지 못했다. 더는 되돌릴 수 없다는 사실을, 자신이 행동하면 가능성이 제한된다는 사실을 감당할 수 없었다.

토마스 푹스는 이런 행동이 숨겨진 죽음의 공포를 드러낸다고 보았다. 모든 결정은 무슨 일인가가 진척되며, 따라서 삶의 시간이 돌이킬 수 없이 지나간다는 표시이기 때문이다.

삶의 유한성을 외면하면, 그것은 어떻게든 우리의 관심을 끌려 노력한다. 그래서 이 대학생처럼 결정에 어려움을 겪거나, 마지못해 결정하더라도 확정하지 못하고 최대한 모든 가능성을 열어두게 된다.

두 반응 모두 인간적이다. 그러나 두 반응 모두 의미 있는 삶으로 가는 길을 뒤틀어버린다. 의미 있는 삶이란 내가 적극적으로 관여할 때 탄생하기 때문이다. 완벽한 삶은 없지만 그럼에도 늘 최선을 다할 때, 내가 상처받을 수 있으며 삶이 유한하다는 사실을 인정할 때 의미 있는 삶이 탄생한다. 앞에서 우리는 삶의 유한성을 받아들이면 해방감을 느낄 수 있다고 배웠다. 이 말은 결정을 내릴 때도 적용된다. 삶의 마지막을 염두에 두고 내가 원하는 삶의 방식을 그려볼 수 있다. 그러면 나는 중요도를 따져서 중요하고 옳다고 생각하는 대로 행동할 수 있을 것이다. 달리 말해 나의 가치를 인정하고 그 가치를 실천하는 것이 중요하다.

다만 일상에서는 말처럼 쉽지가 않다. 일상에서는 나를 몰아세우는 것이 너무도 많다. 나는 가족에게 잘하고 싶고 회사의 기대에 부응하고 싶으며 미디어가 소개하는 이상을 닮고 싶다. 게다가 이 사회에는 아주 간단한 문제에 대한 선택지조차 너무 많아서 도통 정신을 차릴 수가 없다. 뭘 먹어야 하고 뭘 입어야 할까? 어떤 휴대전화를 사고 어떤 교통수단을 이용할까? 어떻게 해야 건강하게 살까? 이 많은 문제를 철저히 고민하기에는 시간이 턱없이 부족하다.

그래도 고민은 의미가 있다. 내가 근본적으로 바라는 것을 명확히 알고 있으면 내 삶을 더 밝은 눈으로 바라볼 것이고, 나아가 일상에서도 더 수월하게 결정을 내릴 수 있다. 어떤 상황에서도 그 근본적 바람을 방향등으로 삼을 수 있다. 하지만 내가 어떤 원칙과 가치를 추구하는지 어떻게 알 수 있을까? 아래의 질문에 답하는 것이 출발점이 될 수 있다.

기억나는 가장 아름다운 경험, 가장 소중한 경험은 무엇인가?
이상적인 하루를 그려본다면?
나의 영웅, 나의 인생 모델은 누구인가? 어떤 점이 내 마음을 사로잡았나?
내가 생각하는 훌륭한 사람이란?
나의 자식이나 손자 혹은 조카가 어떻게 살기를 바라는가?
무엇보다 삶의 마지막에서 뒤돌아봤을 때 나는 어떤 사람이고 싶은가?

심리학 연구 결과를 보면, 사람은 중요하게 생각하는 가치와 실제 행동 사이에 틈이 있다. 우리는 가치대로 행동하지 않고, 흔히 말하는 강제에 더 자주 반응한다. 내 행동이 정말 올바르고 중요할까를 자문하지 않고 닥친 일, 급한 일, 남들이 요청하는 일부터 처리한다.

둘의 차이를 알아차리는 간단한 방법이 있다. 종이 두 장을 준비한다. 한쪽에는 내가 가장 중요하다고 생각하는 다섯 가지 가치를 적는다. 가령 자유나 정의, 성공, 공감, 재미, 의리, 가족, 경제적 안정, 창의성, 독립, 자아실현 등이 있겠다. 다른 종이에는 지난주에 내가 무엇에 내 시간을 투자했는지 적는다.

가치와 행동이 일치하는 경우는 극소수이다. 의미 있다고 느끼는 것과 실제 행동의 명확한 연관성이 없다. 아이들이 최고의 자산이지만, 늘 출장을 다니느라 아이들과 시간을 보내지 못한다. 정직이 최고의 가치라고 생각하면서도 약속을 지키지 못할 제품을 판다. 자연보호가 가장 중요하다 생각하고 경제적 여유도 있지만 동물 복지를 염두에 두지 않는 싸구려 버터와 우유를 산다.

틈을 메우고 싶다면 가치와 행동을 함께 생각하려고 노력하자. 이어 일상에 적용할 수 있는 전략을 고민해본다. 타트야나 슈넬은 이런 형태의 가치 실천에 '의미 원천'이라는 이름을 붙였다. 다음 장에서는 이에 대해 알아보고자 한다. 내가 어떻게, 어떤 우물에서 의미를 길어내는지 안다면, 내 삶의 나침반을 찾은 것과 같다. 나는 방향을 알 수 있다. 내가 바라는 삶이 나의 일상과 더는 평행선을 그리지 않고, 마침내 어우러져서 하나가 될 것이다. 그렇게 될 수 있다면 나는 소중한 것을 얻을 테고, 내 인생은 의미로 가득 찰 것이다.

7

어디에서 의미를 찾을까?

의미 원천의 힘

주잔 베보슈는 정신없이 살았다. 라우지츠에서 드레스덴으로, 드레스덴에서 맨체스터로, 맨체스터에서 헤르초게나우라흐로, 헤르초게나우라흐에서 브라운슈바이크로, 브라운슈바이크에서 지금 사는 함부르크로 거처를 옮겨 다녔다. 그 와중에 쉬지 않고 아시아로 출장을 다녔다. 지금 그녀는 삼십 대 후반이고 친구들도 많고 대기업의 디지털 프로젝트 개발부서에서 잘나가고 있다. 목적지에 도착했다는, 마침내 원하던 곳에 이르렀다는 기분이 든다. 하지만 이상하게 마음이 편치 않다. "6년이 지나고 나니까 더는 배울 것이 없다는 느낌이 들었어요." 〈차이트〉의 작가 프란치스카 헤르만에게 그녀는 이렇게 말했다.[1] "온종일 노트북 앞에만 앉아 있었죠. 신선한 자극이 없었어요. 정체된 기분이 들었죠. 불만이 자꾸 커져서 뭔가 변화를 주고 싶었어요."

그러나 자신이 정확히 어떤 변화를 바라는지 알아내기가 쉽지 않았다. 또 이사를 가야 하나? 아니, 이사는 정말 물렸다. 직장을 옮길까? 그럴 마음은 없다. 그럼? 주잔 베보슈는 마음의 소리에 귀를 기울였고, 한 가지 소망이 계속해서 머리에 맴돈다는 사실을 깨달았다. 그러나 사실상 비현실적일 것 같은 그 소망은, 그냥 취미로만 즐겨도 족하다고 생각했다.

그녀는 체코의 국경이 가까운 독일 땅, 작센주의 동쪽 끝에서 자랐다. 그래서 지금까지 휴가가 생기면 늘 그곳으로 달려갔다. 배낭에 스키를 챙겨서 리젠게비르게산맥, 에르츠게비르게산맥으로 향했다. 그녀는 크로스컨트리 스키를 좋아했고 지금도 좋아한다. "크로스컨트리는 제게는 요가 같은 거예요. 일종의 명상이죠. 혼자 숲을 미끄러질 때면 황홀경에 빠져 달릴 수 있어요. 내 생각과 단둘이서만 있을 수 있거든요. 생각은 마음껏 떠다니고, 규칙적인 동작이 힘과 평안을 선사하지요."

청소년 시절, 잠시 운동을 전공할까 고민한 적도 있었다. 하지만 그렇게 되지 않았다. 그래도 그녀는 여전히 산과 크로스컨트리 코스가 그립다. 그럴 수 있을까? 크로스컨트리를 삶의 중심으로 데려올 수 있을까? 그러나 이번에도 그 생각을 금방 접었다. "직장을 그만두고 시즌제 일자리를 시작하면 1년에 몇 달밖에는 일거리가 없어요. 그럼 남은 시간에 뭘

하겠어요. 먹고살 수가 없어요."

주잔 베보슈는 방법을 찾고 있다. 그녀의 마음을 사로잡는 그것을, 눈을 반짝이게 만드는 그것을 어떻게 하면 일상으로 데려올 수 있을까? 자신이 무엇을 원하는지는 안다. 다만 그것을 실현할 방법을 모를 뿐이다. 어떻게 해야 의미를 부여하는 일을 더 많이 실천할 수 있을지를 모를 뿐이다. 타트야나 슈넬의 말로 옮겨보면 어떻게 해야 이 의미 원천에서 더 자주 의미를 길어낼 수 있는지 그 방법을 모른다.

의미 원천. 일상에서 쓰는 말이 아니므로 일단은 껄끄러울 것이다. 하지만 절대 이해하기 어려운 말이 아니다. 한번 상상해보라. 샘에서 물이 퐁퐁 솟구친다. 목이 마르면 그곳으로 가서 손이나 물통으로 물을 길어 마시면 된다. 의미 원천도 마찬가지이다. 의미에 목마를 때 우리는 그 샘물을 향해 뚜벅뚜벅 걸어가서 그 의미를 길어 마시면 된다. 그런데 그 의미 원천이란 대체 어떤 샘물인가?

의미 원천을 탐구하다

무엇이 우리 삶에 의미를 부여하는지, 대부분은 곧바로 알아차리지 못한다. 또 우리는 서로 많이 다르므로, 남들을 보고 배우기도 어렵다. 주잔 베보슈는 무엇보다 크로스컨트리에 열정을 품었다. 그 사실은 그녀도 잘 안다. 하지만 어떻게 해야 그 열정을 실현하여 의미를 길어낼 수 있을까? 베보슈는 적당한 때와 형식을 찾는 중이다.

의미를 찾아가는 우리의 여정에서 이제 우리는 아주 중요한 표지판을 만났다. 우리 앞에는 '킹스 스테이지', 즉 최난코스가 펼쳐져 있다. 앞에서 우리는 의미에 다가가보았다. 그리고 이제, 어떻게 해야 그 의미를 실천할 수 있을지를 알아볼 것이다. 추상적 수준에 그친다면 의미는 별 의미가 없기 때문이다. 의미의 실현은 경험으로서, 항상 삶의 구체적 상황과 묶여 있다. 나는 참여하고 행동하며 그 행동은 방향이 있을 때 성취감을 안겨준다. 방향성은 의미를 달성하는 기반 중 하나이다. 이제 이 방향성과 의미의 연결고리를 살펴보자.

인간은 어디에서 의미를 찾는가? 타트야나 슈넬은 이 질문과 함께 학문 세상에 발을 내디뎠다. 2000년대 초였다. 그때만 해도 의미가 어떻게 탄생하는지, 어떤 의미 원천이 그 탄생에 이바지하는지 학문으로 입증하여 일반화할 수 있는 인식이 없었다. 슈넬은 심리학과 신학, 철학을 공부하면서 실존적 주제를 많이 다루었다. 지금 하는 행동을 우리는 왜 할까? 우리는 무엇을 믿고 무엇을 믿지 않을까? 무언가를 믿는다는 것은 무슨 의미가 있을까? 훌륭한 삶은 어떤 것들이 있을까? 세계관, 의미, 가치, 성, 고통과 죽음은 거기에서 어떤 역할을 할까? 교회는 날로 비어가고 종교는 힘을 잃었기에 그녀는 알고 싶었다. 인간을 지탱하고 인간에게 의미를 부여하는 것이 무엇일까? 그녀는 트리어대학교의 심리학과 교수 페터 베커의 도움을 받아 광범위한 연구 프로젝트를 출범시킬 수 있었다. 그 프로젝트는 지금까지도 수많은 국내, 국제 연구의 기반이 되고 있다.

그때까지만 해도 의미를 경험적으로, 그러니까 학술 연구에 기반하여 접근하는 연구 활동은 개별적으로만 진행되었다. 따라서 슈넬은 심리학과에서는 흔히 그러하듯 한 가지 이론에서 시작하여 그 이론을 경험을 통해 검증할 수가 없었다. 직접 이론을 개발해야 했던 것이다. 그녀는 '근거 이론 Grounded Theory'으로부터 도움을 받았다. 근거 이론이란 사람들이 어떤 주제를 어떻게 바라보고 경험하는지를 공개적으로 조사하여 마지막으로 그 결과에서 이론을 도출하는 방법이다. 최대한 여러 집단과 작업하며 다양한 방법을 사용하는 것이 중요하다. 페터 베커의 전문 지식과 대학생 협력팀이 틀을 마련해준 덕분에 슈넬은 이 복잡한 기획을 실행할 수 있었다.

관련 자료들을 상세히 분석한 후, 슈넬은 첫 단계로 심층 인터뷰를 구상했다. 심리학에서 인간의 삶에서 중요하다고 보는 세 영역, 즉 사고, 행동, 감정을 아우르는 인터뷰였다. 무엇이 근본적인지, 무엇이 중심적인지, 무엇이 특별한지가 의미에서는 관건이므로, 사고와 행동과 감정의 비범한 형태들을 골랐다. 인간의 삶에서 특별한 것을 일상적인 것과 구별하는 그런 형태들 말이다. 사고의 경우 개인의 신화를 다루었다. 나는 무엇을 확신하는가? 세상이 어떠하며 어떠해야 한다고 믿는가? 행동의 경우 개인의 의식을 다루었다. 내가 칭송하고 강조하는 것, 내가 의도해서 만들 정도로 중요한 것은 무엇인가? 감정의 경우 초월성의 경험, 그러니까 자신을 넘어서는 경험을 다루었다. 자신을 까맣게 잊고 타인, 자연, 신 혹은 우주와 하나 되는 순간을 경험한 적이 있는가?

슈넬은 트리어대학교 곳곳에 실험을 알리는 포스터를 붙이고 병원에 안내 책자를 배포했으며 지역 신문에 광고를 냈다. 나이, 성별, 종교가 다른 많은 사람이 참여 의사를 밝혔다. 기독교, 이슬람교, 불교 신자가 있었고 알레비파(이슬람교, 조로아스터교, 기독교, 불교에 샤머니즘까지 혼합된 신비주의 이슬람교 종파—옮긴이), 무신론자, 불가지론자도 있었다. 독일에 이민을 온 외국인 가정의 자녀도 있었고, 일찍 학업을 중단한 사람도 있었으며, 대학을 졸업한 이도 있었다. 총 74명이 인터뷰에 참여했다. 질적 연구치고는 많은 숫자였다.

인터뷰 시간은 가장 짧은 사람이 두 시간, 가장 긴 사람이 여덟 시간이 걸렸다. 인터뷰는 자신의 삶 전체를 바라보도록 도와주는 질문으로 시작했다. 참가자들에게 자신의 삶을 영화나 책이라고 상상하라고 부탁한 후 이런 질문을 던졌다. '각 장에 어떤 제목을 붙이겠나요?' 이 질문으로 일단 전체를 조망한 후, 연이은 질문들로 개인의 신화, 의식, 초월성의 경험을 향해 더 깊이 들어갔다. 참가자가 대답하면 거기서 만족하지 않고 계속해서 질문을 던졌다. 그게 무슨 의미일까요? 그 뒤편에 숨은 이유가 있을까요? 그 근거가 무엇일까요? 학계에서는 이런 방법을 '사다리'라고 부른다. 말의 밑바탕에 깔린 진짜 의미에 도달할 때까지 질문자와 응답자가 함께 한 계단 한 계단을 내려가는 것이다.

가령 이렇게 진행했다.

"중요하게 생각하는 모임이 있나요?" 질문자가 물었다.

"가족 모임이요." 응답자가 대답했다.

"왜 그게 중요할까요?"

"저는 온 가족이 모이는 것이 좋습니다. 모이면 서로 좋거든요."

"그게 선생님께 어떤 의미가 있을까요?"

"모이면 재미있습니다. 정말 즐거워요. 긴장을 풀 수 있고요. 그러면서 동시에 서로에게 자극이 되지요."[2]

참가자 모두 이 방법에 거부감을 표하지 않았다. 대답하기가 힘들어 시간이 오래 걸리기도 했고 눈물을 쏟기도 했다. 그래도, 아니 그렇기에 더더욱 그들은 인터뷰를 높이 평가했다. 인터뷰가 끝난 직후 혹은 마음을 어느 정도 추스른 후에,

그들은 인터뷰가 참 좋았다고 말했다. 덕분에 추억과 생각에 잠길 수 있었고, 품고 있으면서도 미처 깨닫지 못했던 생각들을 마주할 수 있었다고 말이다. 한 남자는 인터뷰를 마친 후 "머릿속을 대청소한 것 같았다"고 말했다.

학자들은 녹음한 인터뷰 내용을 모조리 녹취했다. 이어 내용 분석에 들어갔고, 참가자와 함께 찾아낸 그때그때의 마지막 의미에 초점을 모았다. 사다리의 비유를 이용한다면 각 사다리의 맨 마지막 칸에 집중한 것이다. 가족 모임을 좋아한다는 그 남성은 '재미'가 중심 개념이었지만 가족 내부의 경쟁을 통한 '자극' 역시 중요하게 생각했다. 학자들은 자주 모여 결과를 나누고 비교했으며 비슷한 개념을 합쳐서 수천 개에 이르던 마지막 의미를 서른두 개의 개념으로 정리했다. 그리고 이것들을 두고 기억하기 쉽게 의미 원천이라는 이름을 붙였다.[3]

이제 이 서른두 가지 의미 원천이 실험 참가자들에게만 해당하는지, 아니면 다른 모든 이들에게도 적용할 수 있을지를 밝혀야 했다. 슈넬은 추가 연구를 진행했다. 먼저 사례 분석과 집단 토론을 거쳤고, 이어 설문지를 개발했다. 이름하여 '인생의 의미를 묻는 설문지'로, 학자들이 찾아낸 의미 원천 각각을 여러 문장을 이용하여 자세히 물었다. 이어 연구팀은 수백 명을 대상으로 설문 조사를 해서 이 개념들이 서로 겹치지 않는지 살폈다. 그렇게 몇 차례의 조사를 거친 후 마침

내 스물여섯 가지 의미 원천이 확정되었고, 그것을 바탕으로 최종 버전의 설문지가 완성되었다.[4]

이제부터 그 내용을 하나씩 살펴볼 것이다. 각 의미 원천 당 두 개의 인용문을 소개한다. 타트야나 슈넬의 추가 연구에서 고른 참가자들의 생생한 목소리이다.[5] 모두가 각 의미 원천에서 높은 점수를 받았고 추가 인터뷰에 동의한 사람들이다. 그러므로 그들의 대답은 의미 원천을 어떻게 실천할 것이며, 그것이 어떤 구체적인 태도와 행동과 경험을 동반하는지 궁금한 사람들에게 모범 답안이 되어줄 것이다. 스물여섯 가지라니 적지 않다. 이 사실부터가 인간의 다양성을 보여준다. 사람들은 모두 다르기에 어디에서 의미를 찾는지도 제각각이다. 다른 차원을 넘어 서로 충돌하는 일도 적지 않다.

종교성

- "힘들 땐 기도를 합니다. 물론 그렇지 않아도 기도는 하지요. 기도는 신과 나누는 대화이니까요. 정식으로 기도를 드리지 않더라도 생각으로는 신과 함께하는 겁니다."
- "저는 제가 어려운 사람을 잘 돕고, 주변 사람들에게 힘이 되어주는 사람이라고 믿습니다. 누군가를 돕는 마음과 사랑이 제 삶에서 가장 중요합니다."

영성

• "영성이란 길 위에 있다는 뜻입니다. 자기 인식, 발전, 변화, 고통, 행동, 삶과의 접촉을 상징하지요."

• "세상만사가 우연이 아니라고 마음 깊이 느낍니다. 우연히 일어나는 일은 없어요. 인간의 손길이 미치지 않는 곳에 에너지와 힘이 있어요. 그냥 '삶의 에너지'일 수도 있겠지요. 그런 것은 이해할 수는 없지만 느낄 수는 있다고 생각합니다."

사회 참여

• "우리 모두는 다른 사람이 필요합니다. 그래서 사회 참여가 중요하지요. 하지만 남들에게 보여주려는 목적으로, 또 자아실현을 목적으로 참여하는 사람들이 있어요. 저는 그런 사람들을 별로 좋아하지 않습니다. 사회적 약자는 목적이 없어도 당연히 도와주어야 마땅합니다."

• "다른 사람들도 복지의 혜택을 누릴 수 있도록 노력합니다."

자연과의 연결

• "자기 인식도 중요하지만, 그 못지않게 우리가 자연에서 산다는 사실을 인식하는 것도 중요합니다. 자연은 우리의 일부이고 인간 자체가 자연입니다. 이런 순환을 소중히 여겨야 합니다."

• "내가 거대한 전체의 일부라는 기분이 들지요."

자기 인식

• "자기 인식이란 쉬지 않고 자신을 의심하는 것, 혹은 자신이 누구이며 무엇을 원하는지, 어디로 가고 싶은지 끊임없이 생각하는 것입니다."

• "가끔 30분 정도 아무 소리도 안 들릴 때가 있는데, 정말로 좋습니다. 자동차 소리도 안 들리고 텔레비전이나 라디오도 없이 고요만 있는 시간, 그럴 때 자기 인식이 시작되지요."

건강

• "건강이란 일상에서 나 자신과 내 몸에 좋은 일을 하려고 신경 쓰는 겁니다. 몸과 마음에 무엇이 들어오는지, 무엇이 들어오지 않는지 살피는 것이지요."

• "건강을 위해 굳이 뭔가를 희생할 필요는 없어요. 포기할 필요도 없고요. 그냥 내가 오늘 또 산책을 거르지 않았다는 생각만 해도 벌써 마음이 흐뭇하니까요."

생성성

• "생성성Generativity(생성감, 생산성 등으로 번역되기도 한다—옮긴이)이란 남들에게 긍정적 결과를 안겨줄 일을 하는 것입니다. 그렇게 하여 다른 이들, 특히 고통받는 이들의 삶이 조금이나마 나아질 수 있게 만드는 것이지요."

• "내가 받은 것을 조금이나마 되돌려주려 합니다. 지금과 다

른 세상, 더 인간적인 세상을 만들고 싶어요. 사실 나는 이 세상이 정말 잔인하고 부조리하다고 생각합니다. 생성성은 이웃의 정을 실천하고 되살리는 방법입니다. 그리고 그를 통해 나 역시 살아 있다는 느낌을 받지요."

도전

- "도전을 하면 삶이, 성격이 재미있어집니다. 시도조차 해보지 않으면 나중에 후회할 거예요."
- "나는 도전에 에너지와 시간을 투자합니다. 도전할 때는 이를 악물게 되고 온몸에 힘이 잔뜩 들어갑니다. 신경이 곤두서고 초집중하게 되면서 긴장하지요. 스트레스를 받고 심장이 쿵쿵 뛰며 불안하고요. 그래도 의욕은 긍정적인 것입니다."

개인주의

- "자기 성격에 맞게 살려고 노력하는 겁니다. 취향대로 살고 재미난 일을 하고 남의 말에 너무 귀 기울이지 말며 자신을 억압하지 말고 항상 자기 생각을 말하라!"
- "쉽게 동조하지 않아요. 모나게 굴죠. 그러다 보니 주변 사람들이 싫어할 때도 있어요. 그래도 나는 그렇게 살아서 행복하고 만족하며, 내가 원만하고 특별한 사람이라고 생각합니다."

권력

• "내가 생각하는 권력은 남들이 나를 우러러보고 내 의견을 중요하게 생각하는 위치에 있는 겁니다. 우쭐거리겠다는 말이 아니라, 누군가 내 의견을 존중하거나 내게 조언을 구하는 것은 참 영광스러운 일이니까요. 어쩌면 이상한 방식의 권력일지 모르지만 나는 권력을 그렇게 해석합니다. 조종은 권력의 부정적 예일 텐데, 저는 그런 행동은 절대 하지 않을 거예요."

• "자신이 원하는 것을 당당하게 말하고 끝까지 밀고 나가야 합니다. 그래야만 원하는 것을 얻을 수 있어요. 남들보다 위에 서려는 시도를 조금이라도 해보지 않으면 늘 별 볼 일 없는 사람 취급을 받을 것이고 자신의 욕구를 참아야 할 겁니다. 남보다 위에 서면 자존감이 올라가고, 그건 좋은 것이니까요. 그럼 남들도 나를 우러러볼 겁니다."

발전

• "보통은 목표를 세우고, 그 목표를 통해 발전해나갑니다. 할 일과 목표가 없으면 삶이 참 따분할 거예요. 발전하지도 못할 테고요. 하지만 목표 그 자체뿐 아니라 목표로 가는 길도 발전입니다. 재미난 일이 있어 열심히 하면 발전은 저절로 따라옵니다."

• "저는 발전에 엄청나게 많은 시간을 투자합니다. 시간을 들여 배우고 발전하고 연구하지요. 사실 이건 풀타임 직업과

마찬가지예요."

성과

• "일이건 운동이건 게임이건 만남이건 성과가 중요합니다. 성과가 없으면 아무 소용이 없잖아요. 저에게는 성과가 최고 계명입니다."

• "열심히 해서 특별한 성과가 나면 기분이 좋고 자랑스럽지요. 인정은 꼭 필요한 것입니다. 다른 사람들한테서도 잘했다는 칭찬을 들어야 합니다. 그래야 행복하고 자신감이 생기니까요."

자유

• "내가 원하는 것을 할 수 있다는 기분이 곧 자유라고 생각합니다. 물론 정해진 사회 규칙을 지키고 하지 말라는 짓은 하지 않아요. 하지만 어쨌든 삶을 자기가 원하는 대로 살 수 있는 것, 그것이 자유입니다."

• "자유가 중요하다는 생각을 못하면 자신을 구속하게 됩니다. 기존의 규범에 맞추어 살 테고, 자기 삶을 비판적으로 성찰하지도 못할 테니까요."

지식

• "지식은 중요합니다. 지식이 있어야 다른 사람들의 생각을

알 수 있고, 어떤 일이 왜 일어나는지를 알 수 있거든요. 그럼 더 바람직한 판단을 내릴 수도 있을 테고요. 많이 알수록 이 사회에서 살아남을 기회도 커질 겁니다."

• "지식은 안도감과 이해를 줍니다. 자전거 바퀴가 서로 맞물리듯 세상만사가 어떻게 서로 얽혀 있고 조화를 이루는지 파악하게 되는 거죠. 그러면 안도감이 밀려오지만 잠깐씩 낭패감이 들기도 합니다. 깨달음과 함께 이런 생각이 들 테니까요. '이런, 난 그렇게 생각하지 않았는데!' 하고 말이죠."

창의성

• "사람들이 다양한 방식으로 창의성을 발휘할 수 있다고 봐요. 세상은 열린 시각으로 살아야 합니다. 그래야 창의성도 자라거든요. 또 그게 자신에게도 좋아요. 자신을 깊이 성찰하게 되니까요."

• "저는 창조적인 일을 시작하기 전에 대체로 불만이 많아요. 불만족스럽고 즐거움은 적고 부정적 감정이 많을 때 오히려 창의성이 생기죠. 그럴 때 그림을 그리거나 멋진 아이디어가 떠오르면 기분이 정말 좋아지고 환희를 느낍니다. 그 감정은 굉장한 희열이에요."

전통

• "부모님이 내게 물려주신 것이 전통입니다. 대부분 자기 자

식에게 전통을 물려줍니다. 자식에게도 그게 필요하지요. 우리는 전통이 닦아놓은 땅에서 살아가니까요. 우리 모두 전통을 잊지 말아야 합니다. 안 그러면 뿌리가 없어져요."

• "전통은 약간의 안정감도 줍니다. 생각의 안정감이지요. 예전부터 그랬고 지금도 그렇다고 말할 수 있는 관습이 든든한 뒷배가 되어줍니다."

토착성

• "토착성이란 내가 두 다리로 버티고 서 있다는 뜻입니다. 내가 원하는 것을 알고 거기에 만족한다면 지금 이 상태를 유지할 것이라는 뜻입니다."

• "나의 토착성은 가족을 지키는 것입니다. 나는 온 가족이 부담 없이 제 몫을 다 할 수 있도록 항상, 매일, 1년 내내 가족을 보호하고 지킵니다."

도덕

• "나라는 인간은 한마디로 예의와 도덕이라고 보면 됩니다. 약속은 반드시 지킵니다."

• "나는 정직하고 성실합니다. 늘 그 생각을 하면서 행동하지요. 항상 바르게 행동하고 올바른 일을 하려고 노력합니다. 그래야 주변 사람들에게 피해를 주지 않고 그들도 행복할 테니까요."

이성

• "항상 이성적으로 행동하려고 노력합니다. 최대한 감정은 배제하고 오래 고민해서 결정합니다."

• "경험상 감정적으로 결정하면 나중에 꼭 후회하더라고요. 그러니까 잘 생각해서 판단하고 행동해야 합니다."

공동체

• "내가 누군가를 위해 무언가를 한다는 기분도 필요하지만 누군가가 나를 위해 무언가를 해준다는 기분도 느낄 수 있어야 합니다. 정기적으로 사람들과 만나고 대화를 나누고, 서로 조언을 구하는 관계가 중요해요. 내 의견을 궁금해하는 사람이 있다는 느낌이 필요해요."

• "나는 다른 사람들과 함께 있을 때만 재미있고 즐겁습니다. 혼자 있으면 전혀 달라요."

재미

• "재미는 유머가 풍부한 거죠. 유머 넘치는 삶을 사는 것, 긍정적으로 생각하고 명랑하게 사는 것이 재미입니다."

• "늘 재미가 우선이에요. 재미가 있으면 삶이 덜 고단하거든요. 온종일 재미있게 살면 제일 좋겠죠."

사랑

- "사랑이란 서로 존중하고 이견을 조율하고 많이 나누는 것입니다."
- "사랑하는 사람과 그 사람을 향한 나의 사랑에 대해 많이 생각합니다. 온전히 그 사람을 위해 살고 싶습니다."

웰빙

- "웰빙이란 나에게 좋은 일을 하는 거죠. 직업, 가정은 아무래도 괜찮습니다. 그냥 스위치를 내리고 혼자 있을 수 있는 나만의 시간만 있으면 됩니다."
- "의무를 다 내려놓을 곳이 필요하다고 깨닫는 상황이 있습니다. '생산적'으로 활용할 수 있을 시간도 포기합니다. 해야 하는 일과 하고 싶은 일의 균형을 어느 정도 맞출 필요가 있어요."

돌봄

- "아이를 키우는 엄마이다 보니, 저는 남편과 아이들을 늘 곁에서 보살피는 것이 돌봄이라고 생각해요. 그들의 일상이 변함없이 척척 돌아가도록 최선을 다합니다. 집안일을 도맡아 하고 끼니를 챙기며 힘들어하는 것 같으면 고민 상담도 해주고요."
- "돌봄은 당연한 의무입니다. 가족과 주변 사람들을 위해 노

력하는 것은 삶의 일부니까요."

의식적 경험

- "의식적 경험이란 강렬한 경험입니다. 지금 여기에 있으면서 초롱초롱한 의식으로 지켜봅니다. 내가 지금 하는 일, 주변에서 일어나는 일을 최대한 또렷하게 알아차리는 것이지요. 강렬한 '순간에 머무르는 것'이라고도 할 수 있습니다."
- "사실 의식적 경험은 제 일상에 완전히 녹아들어 있습니다. 한마디로 사안을 대하는 관점이지요. 가령 내가 무엇을 했는지 아는 것, 지금 찻잔이 컴퓨터 왼쪽에 있는지 오른쪽에 있는지, 내 가방이 문 앞에 있는지 문 뒤에 있는지, 컴퓨터가 켜졌는지 꺼졌는지를 아는 거지요."

조화

- "서로를 잘 이해하고 좋은 관계를 맺는 것, 어떤 식으로건 긴장하지 않는 것이 조화이지요. 서로 대화를 나누어서 편안하게, 쉽게쉽게 가는 것, 서로에게 긍정적으로 반응하는 것이 조화랍니다."
- "조화로운 환경에서는 능률도 오르고 세상에 대한 흥미도 커집니다. 그렇지 않은 환경에선 몸도 마음도 편하지가 않아요."

최고의 의미 원천

20여 년에 걸쳐 매우 다양한 집단을 대상으로 이 스물여섯 가지 의미 원천을 조사했다. 남녀노소를 불문하고 심리적 문제가 있는 사람, 교도소 수감자, 알코올 중독자, 자원봉사자, 직장인, 실업자 등 참으로 다양한 사람들이 참여했다. 30개국이 넘는 많은 나라에서 수천 명이 설문지를 작성했다. 그 설문지를 분석하여 얻은 결과는, 사람들이 의미를 긷는 다양한 샘물 중에서도 가장 많은 이에게 의미를 선사하는 샘물이 무엇인지를 우리에게 알려준다.

인간은 어떻게 의미에 도달할까? 당연히 모두가 걸어가야 할 단 하나의 길은 없다. 많은 것이 각자의 상황, 성격, 자기 이해에 달려 있다. 하지만 힌트를 원한다면 아래의 상위 열 가지를 참고해도 좋겠다. 가장 큰 의미를 길어낼 수 있는 의미 원천 열 가지를 순서대로 적어보았다.

1. 생성성
2. 종교성
3. 의식적 경험
4. 영성
5. 조화

6. 돌봄
7. 공동체
8. 발전
9. 건강
10. 사회 참여

이 순서는 최근 자료를 참고했다. 그러나 사실 그동안 위의 열 가지는 순서상 큰 변화가 없었다. 특히 1위는 한 번도 달라진 적이 없다. 생성성은 처음부터 나이, 표본, 국가를 가리지 않고 1위였다. 이 말은 생성성을 추구하며 사는 사람이 자기 삶을 의미 있다고 볼 가능성이 크다는 뜻이다. 앞에서 스물여섯 가지 의미 원천을 소개하면서 생성성 역시 짤막하나마 두 가지 인용문을 첨가했다. 그러나 생성성에 대해서는 조금 더 자세히 살펴볼 필요가 있겠다. 하필이면 1등 자리를 차지한 생성성이 나머지 아홉 가지 의미 원천과 달리 무슨 말인지 쉽게 이해가 안 되기 때문이다.

'생성성'이라는 말은 발달심리학자 에릭 에릭슨이 만든 개념으로, 그는 이 말이 '사랑을 미래로 데려간다'라는 뜻이라고 정의했다. 다시 말하자면, 생성성이란 가치가 변함이 없는 일을 하거나 그런 일을 창조하려는 삶의 태도를 뜻한다. 수많은 방식이 가능하므로, 용어를 보고 단순히 아이를 낳아 미래 세대를 함께 만들어나간다는 뜻으로만 해석해서는 안 된다. 교육, 지식과 가치의 전달, 사회, 정치, 환경, 문화, 예술적 참여로도 무언가를 전할 수 있는 법이니 말이다.

그런데 이렇듯 세대와 국경을 넘어 생성성이 최고의 의미 원천이라면 의미 찾기란 식은 죽 먹기가 아닐까? 생성성에 전부를 투자하면 의미 가득한 인생을 살게 될 테니 말이다. 논리적인 결론 같아 보인다. 하지만 말처럼 간단하지가 않다. 타트야나 슈넬의 연구 결과들이 다른 사실을 말해주기 때문이다. 의미 가득한 삶을 살려면 한 바구니에 모두 담아서는 위험하다. 미래 세대만을 위해 헌신하고 자기 가족만 바라보며 직장에서만 자아실현을 추구해서는 위험하다는 말이다.

의미 원천의 폭

인간은 다채로운 존재이다. 여러 측면이 있고 여러 장점이 있으며 여러 동경을 품는다. 그것들을 삶으로 넓게 활짝 펼칠수록 삶으로 깊이 들어갈 것이고 의미를 쌓는 경험도 더 많이 할 것이다. 그러니까 의미 원천의 폭을 넓힐 필요가 있는 것이다. 내가 부모이자 배우자이며 배구팀의 트레이너이자 교사라면 수많은 상황에서 의미와 방향성과 소속감을 경험할 것이다. 앞에서 배운 이것들은 의미를 강렬하게 경험할 수 있게 해주는 네 가지 요인 중 세 가지이다. 그러나 마지막

네 번째, 즉 일관성도 놓치지 말아야 한다. 이 말은 다양한 역할들이 서로 충돌해서는 안 된다는 뜻이다. 저녁에 집에 와서도 수업 준비와 숙제 검사에 정신을 차릴 수가 없고 주말마다 농구팀 시합을 쫓아다닌다면 아이들, 배우자와의 관계가 좋을 수 없다.

여러 가지 원천에서 의미를 긷는 것이 좋은 이유는 또 있다. 온종일 모든 에너지를 커리어에 쏟아부었는데 해고를 당한다면 남는 것이 없을 것이다. 관계에 모든 걸 걸었는데 이별하게 되면 마음을 걷잡을 수가 없을 것이다. 정치 참여에 매진했는데 번아웃이 오면 내 마음을 붙잡아줄 것도 사라지고 만다. 여러 연구 결과가 입증하듯[6] 인간은 하나의 의미 원천이 사라지면 아주 능숙하게 다른 원천으로 그 결핍을 메운다. 하지만 그러자면 다른 원천들에 다가가 그것을 사용할 수 있어야 한다. 다른 원천이 미리 삶에서 제자리를 잡고 있어야 한다.

의미 원천의 균형

의미 원천의 폭보다 더 중요한 것이 균형이다. 이 말을 이해하기 위해서는 한 번 더 스물여섯 가지 의미 원천을 자세히 살펴보아야 한다. 통계 분석 결과가 말해주듯 스물여섯 가지 원천들은 순위를 매길 수 있을 뿐 아니라, 다섯 가지 상위 차원으로 묶을 수도 있다. 첫 번째 차원은 '더 높은 힘'으로, 여기에는 종교성과 영성이 포함된다. 두 번째는 '더 큰 전체'라고 부를 수 있을 차원으로, 사회 참여, 자연과의 연결, 자기인식, 건강, 생성성이 포함된다. 세 번째 차원의 이름은 '자아실현'으로, 도전, 개인주의, 권력, 발전, 성과, 자유, 지식, 창의성이 여기에 해당한다. 네 번째 차원은 '질서'로, 전통, 토착성, 도덕, 이성이 여기에 들어간다. 마지막 다섯 번째 차원은 '일체감과 쾌감'으로 공동체, 재미, 사랑, 웰빙, 돌봄, 의식적 경험, 조화가 포함된다.

여기서 우리가 균형을 말할 때는 이 다섯 가지 차원을 일컫는다. 타트야나 슈넬과 다른 학자들의 연구 자료를 보면, 이 다섯 가지 차원 중에서 최소 세 가지가 삶에 닻을 내릴 때 우리는 가장 강렬하게 삶의 의미를 느낀다.[7] 의자에 비유할 수 있을 것이다. 다리가 하나면 의자는 넘어진다. 두 개여도 넘어진다. 최소 세 개는 되어야 의자가 서 있을 수 있다.

내 삶이 균형을 이루고 있으면 나는 정말로 다양한 내 성격의 측면들을 끌어낼 수 있다. 나의 강점을 한껏 발휘하고, 사람들과 잘 어울리며, 주변을 넘어서 저 멀리까지 내다본다. 다양한 분야에 참여하면 풍요로운 삶이 펼쳐진다.

주잔 베보슈가 이루고 싶은 꿈도 바로 그러했다. 그렇기에 산과 크로스컨트리를 향한 그녀의 그리움은 단지 그리움으로 멈추지 않았다. 그녀는 무엇이든 하고 싶었다. 새로운 도전에 뛰어들고 싶었다. 다만 어떤 모습일지가 분명하지 않았다. 2년 동안 열심히 고민한 그녀는 마침내 행동에 나서자고 결심했다. 그녀는 사장에게 면담을 요청하고 구체적인 계획을 세웠다. "원하는 것이 분명했죠. 3개월 휴가, 그렇게 할 수 없다면 다른 일자리를 찾겠다." 베보슈가 사표를 던지지 않은 것만으로도 흡족했던 사장은 3개월 휴가를 허락했다. 베보슈는 꿈을 이룰 수 있게 되었다. "생각이 정리된 순간부터 알프스에 있는 여러 크로스컨트리 센터를 조사했습니다. 쥐트티롤의 안톨츠와 토블라흐를 집중 조사했지만 오스트리아 남부의 오버틸리아흐, 그리고 마지막으로 람자우 암 다흐슈타인까지 전부 다 살폈습니다. 람자우는 제가 바이애슬론(크로스컨트리 스키와 사격을 혼합한 경기—옮긴이) 광팬이라서 알게 된 장소였죠."

그녀는 람자우에서 스키 학교를 찾아냈고, 1년 후 그곳에서 크로스컨트리 트레이너 교육 과정을 시작했다. 그리고 트레이너 자격 시험에 합격했다. 그때부터 그녀는 겨울 석 달 동안 그곳에서 살면서 일을 하고 있다. 그곳이 좋은 점은 무엇보다 함부르크와 대비되는 생활이다. 딱 정해진 5일 근무 대신 6일 동안 시간을 바꾸어가며 크로스컨트리 코스에서 학생들을 가르친다. 또 도시에선 허둥지둥 바쁘게 살지만, 그곳에선 여유 있게 자연을 누린다. 사무실에서는 매일 똑같은 동료들과 부딪쳐야 하지만, 거기선 학생이 매일 바뀌니 늘 새로운 사람을 만난다.

학생들을 가르치려면 매일 최고의 컨디션을 유지해야 하지만, 그녀의 말마따나 그녀가 되돌려받는 것도 적지 않다. "마리라는 일곱 살 여자아이가 있었어요. 크리스마스에 특강을 신청했죠. 온 가족이 알파인스키만 타는데 혼자 크로스컨트리를 배우겠다고 와서는 크로스컨트리 코스에서 아침부터 저녁까지 환하게 웃었답니다." 알프레트라는 이름의 한 남자도 다시 와서 개인 교습을 받을 것이다. "정신지체 장애가 있어서 제가 코스 내내 옆에 붙어 있어야 해요. 욕심이 많은 사람이라서 상급 스키어들도 겁내는 활강코스를 막 내려가거든요." 저녁에 가끔 산장에서 학생들을 만날 때도 있는데, 다들 거기서도 그녀에게 감사의 인사를 전한다. "소소한 표현이지만 저에겐 정말 큰 의미가 있어요." 주잔 베보슈는 말한다.

베보슈는 전문용어를 쓰자면 다중취업 모델을 선택했다. 1년을 함부르크와 알프스를 오가며 보내는 것이다. 그러나 의미 연구의 관점에서 본다면 그녀의 삶에는 그 이상의 많은 일이 일어났다. 그녀는 크로스컨트리를 통해 두 가지 의미 원천, 즉 자연과의 연결과 재미의 문을 새롭게 열어젖혔다. 그것만이 아니다. 그녀는 트레이너로서 열정을 뿜어내고 도전에 임하며 꾸준히 발전하고 있다. 매일 새로운 지식을 섭

렵하고 하루하루를 매우 충실하게 살아가며 학생들과 조화롭게 지내고 자유를 느끼며 공동체의 일원으로서 살아간다. 건강을 위해서도 노력한다. 그러니까 세 가지 의미 차원을 아우르는 열한 가지 의미 원천을 경험하는 것이다.

물론 그 열한 가지 모두를 똑같이 열정적으로 실천하지는 않는다. 그것들을 똑같이 중요하다 생각하는 것도 아니다. 하지만 그녀는 삶을 바꾸는 선택을 통해 새로운 경험들을 폭넓게 만났다. 그러니까 인생관을 바꾸어 얻은 그녀의 행복은 학문의 관점에서 보면 절대 의외의 결과가 아니다. 함부르크에 있을 때도 그녀는 예전보다 훨씬 더 행복하다. "사무실로 돌아오면 활력이 넘치고 예전보다 더 감사할 줄 압니다. 저번에 돌아왔을 때도 누가 별것 아닌 일로 화내는 모습을 보며 생각했지요. 이 사람들아, 여기가 얼마나 좋은 곳인데."

주잔 베보슈는 변화가 필요하다는 사실을 깨닫고 안팎으로 해결책을 찾아 나섰고 행동했다. 전자상거래 분야의 직장에만 집중하던 삶으로는 충분치 않다고 느껴서 자신에게 맞는 새로운 모델을 찾아냈다. 그녀의 삶은 의미 원천의 또 다른 두 가지 특징을 가르쳐준다. 즉 의미 원천은 성격과 밀접한 관계가 있고, 또 변할 수 있다.

성격이 다르면 의미 원천도 다를까?

성격심리학에서 가장 유명한 모델은 '빅 파이브Big Five'이다. 이에 대해서는 앞에서 이미 배웠다. 신경증성, 외향성, 개방성, 수용성, 성실성이 바로 그 다섯 가지이다. 이 다섯 가지 성격은 사람마다 드러나는 정도가 다르며, 같은 사람이라 해도 삶의 시점에 따라 특징한 패턴을 띤다. 그 패턴에 따라 우리가 이 세상과 상호작용을 하는 것이다.

심리학에서는 새로 개발한 성격 특징은 모조리 이 '빅 파이브'와 연관을 짓는 것이 유익하다고 생각한다. 둘은 서로 어떤 관계가 있을까? 거기서 어떤 인식을 끌어낼 수 있을까? 타트야나 슈넬과 페터 베커도 다른 나라의 동료들처럼 의미 원천으로 같은 작업을 했다.[8] 그 결과 많은 의미 원천이 성격과 밀접한 관련이 있다는 사실을 밝혀냈다. 그리 놀랄 일은 아닌 것이, 성격 특징은 무의식적으로 특정 행동을 추구하며 다른 행동은 피하도록 만든다. 따라서 특정 의미 원천에는 매력을 느끼지만, 다른 의미 원천에는 별 흥미를 느끼지 못하는 것이다.

가령 성격 구조가 개방적인 사람은 질서와 안전을 추구하기보다 자아실현을 더 바랄 것이다. 외향적인 사람은 도전과 권력, 공동체와 재미를 추구하며, 붙임성이 좋은 사람은 공동체와 돌봄, 조화를 바란다. 성실한 사람은 건강, 성과, 도덕,

이상을 추구할 것이고, 정서적으로 불안한 사람은 사랑을 지향하는 경우가 많다.

하지만 이런 연관성이 있다고 해서 반드시 그 연관 관계를 방향등으로 삼아야 한다는 말은 아니다. 연관성은 오히려 특정 경험을 회피하는 이유를 이해하는 데 더 도움을 준다. 가령 전통을 좋아하는 사람이 왜 발전, 지식, 창의성 같은 의미 원천을 추구하기 힘들어하는지, 내향적인 사람이 왜 도전과 공동체를 추구하지 않는지 그 이유를 이해하게 해준다. 물론 이런 이유가 있다고 해서 죽을 때까지 그래야 하는 것은 아니다.

내 인생에 의미가 없다는 기분이 들면, 스물여섯 가지 의미 원천을 두루 살피면서 나의 본성과는 맞지 않지만 그래도 의미가 있어 보이기에 내 마음을 끄는 의미 원천이 무엇인지 곰곰이 생각해볼 수 있겠다. 그런 다음 그 의미 원천에 도전해본다. 가령 내가 내향적인 사람이어서 친구들을 집으로 잘 부르지 않았다면, 기존의 패턴을 깨고서 과감히 친구들을 초대해보는 것이다. 무슨 음식을 만들고 어떻게 집을 꾸밀지, 무슨 옷을 입고 어떤 음악을 틀지 곰곰이 생각해보자. 친구들이 와서 웃고 떠드는 동안 정작 나는 신경이 곤두서고 잔뜩 긴장해서 재미나게 놀지 못할 수도 있다. 그러나 심리학의 연구 결과가 말해주듯 변화를 바란다면 그것이 옳은 길이다.[9] 자신에게서 벗어나면 자신을 자립적이고 유능하며 사람들과 잘 어울리는 사람이라고 느낄 확률이 높아진다. 그리고 그 느낌은 일반적으로 상당히 유쾌한 경험이다. 안전지대를 떠난 보상인 셈이다. 그렇게 시간이 가면 변화도 점점 더 쉬워지고, 멀게만 보이던 의미 원천에 느리지만 꾸준히 다가갈 것이다. 달라지고 넓어지며, 그를 통해 더욱 의미로 가득 찬 자신을 만날 것이다. 이는 타트야나 슈넬과 다른 학자들의 연구 자료가 입증하는 사실이다. 그리고 주잔 베보슈의 인생사가 대표적인 예이다.

그녀는 크로스컨트리를 통해 새로운 직업에 도전했다. 그 전에는 한 번도 누구를 가르쳐본 적이 없었기에 먼저 익숙하지 않은 역할을 익혀야 했다. "크로스컨트리를 가르치면서 그동안 품었던 선생님 이미지가 완전히 바뀌었어요. 선생님은 침착해야 해요. 열두 명이 앞에 서서 나만 쳐다보고 있잖아요. 선생님은 좋은 날이든 궂은 날이든 동기부여자에 엔터테이너이고 트레이너에다 심리학자여야 하죠." 베보슈는 용감하게 걸음을 내디뎌 새로운 직업 세계와 만났다. 그뿐 아니라 지금껏 몰랐던 자기 성격의 일부를 발견하고 실천했다.

의미 원천은 어떻게 변할까?

성격은 안정적이지만 변할 수 있다. 의미 원천도 비슷하다. 하지만 의미 원천은 다양한 삶의 단계에서 요구되는 사항들과 밀접한 관련이 있다. 이에 대해 조금 더 알고 싶다면 앞에서 소개한 심리학자 에릭 에릭슨과 그의 아내 조앤 에릭슨의 연구 결과를 살펴볼 필요가 있다. 두 사람은 인간이 삶의 단계마다 처리해야 하는 과제를 심도 있게 연구했다. 그리고 그 결과를 바탕으로 심리학 연구에 큰 영향을 미친 '심리사회 발달 모델'을 만들었다. 그 모델에 따르면 유년기에는 무엇보다 기본적 신뢰와 자율성 발달, 주도성 및 역량 함양이 중요하다. 청소년기에는 자아상을 구축해나가고 이 과정에서 자신의 정체성을 찾아야 한다. 청년기에는 친밀함과 사랑이 중심이 된다. 중년이 되면 생성성이 중요해진다. 노년이 되면 모든 것을 받아들이는 마음으로 자신의 삶을 되돌아보아야 평화롭게 죽음을 맞이할 수 있다.[10]

에릭슨의 모델은 이해하기 쉽다. 하지만 20세기 중반에 만들어졌기 때문에 지금 우리가 사는 사회에서는 그 단계들을 명확히 구분할 수가 없다. 무엇보다 청년기가 눈에 띄게 길어졌다. 혹은 사회학자 베라 킹의 말대로 우리는 지금 "청소년 단계의 탈경계화와 성년의 청년화"를 목격하고 있다.[11] 어떨 때는 서른이 되어도, 아니 서른을 넘겨도 성년이 되지 못한다. 심리학자 제프리 아넷은 이를 '성인 모색기emerging adulthood' 라고 개념화했다. 독일에서는 18세에 공식적으로 성인이 되지만, 요즘은 그 나이가 되어도 자신을 어른이라고 생각하지 않는다. 그들의 생활이 그런 생각을 반영한다. 한편으로는 가족이나 성장해온 장소로부터 떠나기 시작하지만, 또 한편으로는 많은 이들이 여전히 오랜 시간 과도기에 머무른다. 정확한 수치를 알기는 힘들어도 학교를 졸업하고 대학이나 직장에 들어가기 전까지 작전타임을 요구하는 젊은이의 비율이 상당하다. 물론 요즘 젊은이들도 일하고 여행하고 FSJ(독일과 오스트리아에서 만 15~27세의 청소년과 젊은 성인이 참여할 수 있는 자원봉사형 사회복지활동 프로그램으로, 정부 수당을 받으면서 6~18개월가량 병원, 유치원, 노인요양 시설, 장애인 시설, 문화기관 등 다양한 사회복지 기관에서 일한다—옮긴이)도 한다. 혹은 일자리 교육을 받거나 대학에 들어가서 훗날의 직업을 준비한다. 그러나 이런 젊은이들 역시 '정식 성인'이라 부를 수 있을 삶에는 아직 당도하지 못했다. 또 막상 그 삶이 시작된다 해도, 그러니까 직장에 들어간다 해도 이들은 계속해서 다른 직장을 찾고 다른 시도를 하고 여기저기 직장을 옮겨 다닌다. 최대한 유연해야 한다고 배웠기 때문이고 완벽한 일자리를 찾고 싶기 때문이며 계약직이어서 불안하기 때문이다.

이제 우리는 이런 바뀐 현실을 고려하여 다섯 가지 상위의 의미 차원이 에릭슨 부부가 구분한 여러 인생 단계와 어떤 관계가 있는지를 살펴보고자 한다. 타트야나 슈넬은 이를 위해 16세에서 85세 사이 793인의 자료를 분석했다.

심리사회 발달 모델과 '성인 모색기' 개념에서도 그러하듯 16세에서 29세 사이의 청년에게서는 삶의 의미와 관련해서도 정체성과 친밀함이 중심 주제이다. 이 사실은 '일체감과 쾌감' 및 '자아실현' 차원의 비중이 매우 높은 것에서도 알 수 있다. 30세에서 60세까지의 연령대에서는 이 두 의미 차원의 중요성이 조금 떨어지지만, 60세 이후 은퇴를 하면 약간 올라간다. 이런 변화는 21세기 초에 진행한 연구에서는 나타나지 않았다. 따라서 이런 변화는 은퇴 이후의 단계를 적극적 불안의 시기, 즉 다시 한번 자신을 발견할 수 있는 시기로 보게 된 현대인들의 생각을 반영한다고 할 수 있다.

마흔 무렵부터는 '더 큰 전체'의 중요성이 커진다. 여기에는 생성성도 포함된다. 이는 안정감을 느끼고 정체성과 친밀함을 다 갖춘 순간부터 인간은 자신보다 더 먼 곳을 바라보게 된다는 에릭슨의 주장과도 일치한다. 그러나 요즘엔 그보다 더 젊은 사람들도 '더 큰 전체'를 상당히 많이 지향한다. 연구 자료에서도 입증되듯 아주 구체적으로, 즉 기후 정책에 반대하는 시위를 하고 먹고 입는 것을 꼼꼼히 따지며, 이 세상을 더 살 만한 세상으로 만들고자 노력하는 청소년과 청년들이 대표적인 증거이다. 에릭슨 부부는 '질서'와 '더 높은 힘'은 다루지 않았다. 그러나 타트야나 슈넬의 연구 자료를 보면 우리 사회에서 질서가 차지하는 의미는 무시할 수가 없다. 서른에 가까워지면 질서는 중요한 자리를 차지한다. 서른이면 대다수가 직업 활동을 시작한 지 얼마 되지 않았고 이제 막 부모가 되었거나 앞으로 부모가 될 예정인 나이이다.

이런 일에는 책임이 따르기 마련이므로 이들은 예전보다 합리적으로 변한다. 또 현실적 자세가 필요하므로 꿈이나 낙원은 저 멀리로 밀려난다. 이들 연령대는 아이들과 함께 전통을 이어나가며, 어떤 도덕관을 아이들에게 물려주고 싶은지 고민한다. 그러다 쉰이 가까워지면 다시 한번 '질서'의 중요성을 깨닫는다. 이는 이 연령대가 이미 이룬 것을 잘 지켜야 하는 시기라는 사실을 말해준다. 성장과 발전이 더는 중요한 목표가 아니므로, 가볍고 충동적인 삶, 혼란과 꿈에 내줄 자리는 없다.

'더 높은 힘'의 의미 차원은 우리 사회에서 더는 큰 역할을 하지 못한다. 하지만 이 차원 역시 나이에 따라 중요도가 달라진다. 서른 즈음부터 중요도가 살짝 올라가기 시작해서 10년을 주기로 조금씩 더 올라간다. 이런 경향은 아주 늦은 나이까지 유지되므로, 그때는 다시 에릭슨 부부의 모델을 참조할 수 있다. 그들은 이 '성숙한 성인기'의 과제는 지나온 삶을 받아들이고 죽음을 두려워하지 않는 것이라고 보았다. 그럴 수 있도록 종교성과 영성이 큰 도움을 줄 수 있다.

그렇다면 '성인 모색기'는 어떨까? 타트야나 슈넬의 연구 결과를 보면 16세에서 24세 사이의 청년과 25세에서 29세까지의 청년은 다섯 가지 의미 차원에서 별 차이를 보이지 않는다. 이 사실은 앞서 살펴본 '청소년기의 탈경계화'를 입증하는 또 하나의 증거라 하겠다.

의미와 성별의 관계

이렇듯 의미 원천은 삶의 단계에 따라 달라진다. 그것이 성격 특징과 어떤 관련이 있는지는 앞에서 이미 살펴보았다. 마지막으로 성별 차이가 남았다. 남성과 여성의 의미 실현 정도는 큰 차이가 없다. 타트야나 슈넬과 전 세계 다른 학자들이 20년 이상 수집한 연구 자료를 보면, 남성과 여성의 의미 실현 수치는 모두 평균적으로 늘 약간 긍정적이다. 즉 대부분의 여성과 남성은 자신의 삶을 의미 있다고 생각한다. 성 정체성에 따른 의미 경험의 차이에 관해서는 비교 연구 자료가 아직 나와 있지 않다.

그러나 의미를 길어내는 원천은 남녀의 차이가 확실하다. 남성은 도전, 권력, 자유, 성과, 지식에 힘을 쏟지만, 여성은 돌봄과 공동체를 더 중요하게 생각한다. 이런 패턴은 케케묵은 '인간 실존의 이중성'을 반영한다. 미국 심리학자 데이비드 바칸의 표현을 빌린다면 '힘 대 교제Agency versus Communion', '독립 대 공동체'를 반영한다.[12] 남성은 홀로 자아를 실현하고, 여성은 서로 어우러져 살아간다.

그러니 해묵은 클리셰는 절대 변하지 않을 것인가? 어쩌면 그럴지도 모른다. 오스트리아 람자우 암 다흐슈타인에 있는 크로스컨트리 코스를 마지막으로 바라보면, 그 답을 알 수 있을 것이다. 주잔 베보슈는 그곳에서 학생들을 가르치면서 고정관념의 패턴을 깨트리고 있다. 그녀가 택한 새 직업, 스키 강사는 권력을 추구하지 않는다. 그녀는 자신의 한계에 도전하고 있고 새로 발 들인 스키의 세계에서 모든 것을 알고 싶다. 그러면서도 돌봄과 공동체라는, 다른 여성들이 중요하게 생각하는 의미 원천도 소중히 여긴다. 베보슈는 성별에 따른 고정관념과 의미 원천들 사이를 넘나드는 경계인이다. 그녀는 삶을 바꿨고 이를 통해 자신을 재정비할 기회를 스스로에게 선사했다. 지금까지의 삶을 불만족스럽게 느꼈고 새로운 곳에서 새로운 사람들과 풀어갈 새로운 숙제를 찾아냈다.

그렇기에 그녀의 삶은 우리 모두에게도 해당하는 사실을 입증한다. 우리는 의미를 추구한다. 모두가 저마다의 의미를 찾고 있다. 하지만 늘 공동체 안에서 의미를 찾는다. 그것이 우리에게 어떤 영향을 미치며, 공동체가 우리의 의미 경험에 어떻게 이바지할지는 다음 장에서 알아보자.

8

누구와 함께 갈까?

공동체가 중요한 이유

이 방에 모인 사람들은 처음 보는 사이이다. 모두가 실험 참가를 위해 이곳에 왔다. 그 사실은 다들 알고 있다. 다만 실험 목적이나 진행 방식은 아무도 모른다. 심리학자가 참가자들을 작은 집단으로 나눈다. 참가자들은 그 안에서 자기소개를 하고 서로 질문을 던지며 살아온 이야기를 털어놓는다. 잠시 후 심리학자가 참가자들에게 쪽지와 펜을 나누어준다. 그리고 계속해서 같은 집단에 있기를 바라는 사람 두 명의 이름을 쪽지에 적으라고 부탁한다. 심리학자가 쪽지를 거두어간다. 하지만 실제 그는 쪽지를 아예 펴보지도 않는다. 그는 임의로 뽑은 참가자 절반에게 그들의 이름이 모든 참가자의 쪽지에 적혀 있었다고 알려준다. 나머지 절반에게는 누구의 쪽지에도 이름이 적혀 있지 않았다고 거짓말한다.

이제 사람들에게 인정을 받은 참가자들은 어떤 행동을 취

할까? 거부당했다고 느낀 사람들은 또 어떤 반응을 보일까? 심리학자 진 트웬지, 캐슬린 카타네즈, 로이 바우마이스터가 알고 싶었던 사실은 바로 그것이었다. 따라서 그들은 참가자들에게 거짓말을 한 후 곧바로 설문지를 나누어주고 문제를 풀게 했다. 그 결과는 배척당했다는 기분이 어떤 작용을 하는지를 매우 인상적으로 알려준다.[1]

모든 참가자에게 시작 시점과 종료 시점을 일러주고 그 둘의 시간 간격을 추정해보라고 부탁했다. 시작 시점과 종료 시점까지 얼마나 걸렸을까? 거부당했다고 느낀 사람들은 인정받았다고 믿는 사람들보다 시간이 더 길다고 추정했다. 또 학자들은 설문지를 이용해서 참가자들의 자기통제력도 조사했다. 가령 이런 질문을 하는 것이다. 지금 10유로를 받을 것인가 아니면 참았다가 다음 주에 12유로를 받을 것인가? 거부당했다고 느낀 사람들 중에는 지금 돈을 받겠다고 대답한 이들이 많았지만, 인정받았다고 느낀 사람들은 기다리는 데 아무 문제가 없었다. 보상을 연기할 수 있는 능력은 심리학에서 어떤 사람이 단기적 충동을 따르느냐 아니면 미래를 생각하느냐를 판단하는 지표로 쓰인다. 과거 몇십 년의 연구 결과를 보면 충동 조절은 성공, 건강, 돈, 만족은 물론이고 심지어 수명에도 이바지하는 것으로 드러났다. 마지막으로 학자들은 모든 참가자에게 자신의 결정을 얼마나 확신하느냐고 물었다. 이 질문에서도 두 집단은 현격한 차이를 보였다.

인정을 받은 사람들은 자기 대답에 상당히 확신한다고 대답했지만 거부당한 사람들은 자기 대답이 옳은지 확실치 않다고 대답했다.

사실 다른 사람이 무슨 생각을 하건 참가자들에게는 아무 상관이 없었다. 서로 잘 아는 사람들이 아니었다. 어쩌면 평생 두 번 다시 마주칠 일이 없을지도 모른다. 이 방에서 일어난 일은 사실상 그들의 인생에 아무런 의미가 없다. 그런데도 효과는 대단했다. 인정은 물론이고 거부도 그들에게 큰 영향을 미쳤다. 따라서 트웬지, 카타네즈, 바우마이스터가 2003년에 〈성격과 사회심리학 저널〉에 발표했고, 수많은 추가 연구를 통해서도 인정을 받은 이 연구 결과는 여기서도 언급할 만한 가치가 있다. 인간에게 사회 환경이 얼마나 중요한지를 이 결과가 잘 보여주기 때문이다. 인간관계가 얼마나 우리 인간에게 큰 영향을 미치는지를 말이다.

나와 우리의 상호관계에 대해서는 앞서 자아로 가는 여정에서 이미 고민해보았다. 이제는 의미 원천으로 가는 기나긴 여정까지 다 마쳤으니 '우리'를 보다 집중적으로 살펴보자. 무엇이 삶에 의미를 주느냐는 질문에 세계 어디서나 가장 많이 들은 대답이 바로 사회적 관계를 가리키는 개념들이었기 때문이다. 가족과 친구는 우리에게 매우 중요하다. 사실 그리 놀라운 대답은 아니다. 인간 역시 인간의 친척들인 여러 동물처럼 무리를 지어 살기 때문이다. 인간은 무리가 필요하다.

무리에 있을 때 책임을 나누고 단결하여 서로 도울 수 있다. 그뿐 아니라 우리는 공동체에서, 역사와 문화에서 자신을 발견하여 펼쳐나갈 수 있다. 우리 안에서 내가 되기 때문이다.

공동체는 세 가지 차원으로 구분할 수 있다. 첫째, 가족과 친구처럼 사랑으로 맺어진 가장 좁은 범위의 공동체이다. 둘째, 그보다 조금 더 넓은 범위의 공동체, 즉 마을, 도시, 지역, 국가이다. 마지막은 세계 공동체이다. 이제부터 이 세 가지 차원을 하나씩 살펴보자. 경험적 연구는 이 공동체들이 성공적 삶에 어떻게 이바지하는지에 관하여 놀라운 깨달음을 준다.

가족과 우정

가족과 친구는 전 세계인의 삶에서 대부분 근본적으로 중요한 역할을 한다. 특히 청소년기와 청년기에 큰 영향력을 행사한다. 나는 누구이며 어디에 소속될 것인가? 앞에서도 살펴보았듯 이 두 시기에는 이 질문에 관심의 초점이 맞추어져 있다. 가족에게 받아들여지면서도 떨어져 나와 자신의 인생을 건설하는 것이 중요한 시기이기 때문이다. 하지만 가족을 자신의 근본적인 일부라고 보면서 동시에 가족과 거리를 취한다니, 모순이 아닌가?

미국 심리학자들이 이 질문의 답을 찾기 위해 연속 실험을 해보았다. 첫 실험에서는 18세에서 27세까지의 대학생들에게 인생이 의미가 있으려면 무엇이 가장 필요할지 한 가지를 고르라고 부탁했다. 그랬더니 가족이나 가족 구성원 개인을 선택한 비율이 70퍼센트에 육박했다. 두 번째 실험에서는 대학생들에게 의미 원천 열두 가지를 고른 후 순위를 매기라고 부탁했다. 이 실험에서도 가족은 1위를 차지했다. 가족의 뒤를 이어 행복과 우정이 2, 3위를 차지했다. 세 번째로는 대학 새내기들을 대상으로 설문 조사를 했다. 그랬더니 가족과 사이가 좋다고 대답한 학생들이 삶의 의미도 가장 많이 느낀다고 대답했다.[2] 실험을 진행한 심리학자들은 이 실험 결과를 바탕으로 가족은 독립의 시기에도 주요한 의미 원천이라는 결론을 내렸다. 독일에서는 비텐/헤르데케대학교의 학자들이 비슷한 결과에 도달했다. 이들은 사람들에게 삶에서 가장 의미 있는 것이 무엇이냐고 물었다.[3] 2021년에 발표한 이들의 연구 결과에서 12세에서 29세까지는 물론이고 30세에서 49세까지의 참가자들 역시 가장 자주 입에 올린 단어가 바로 '가족'이었다. 다만 참가자들이 말한 가족이 원가족인지 아니면 자신이 꾸린 가족인지는 불명확하다.

이처럼 가족은 인간에게 중요한 의미가 있다. 그런데 우리가 가족이라고 말할 때는 과연 무엇을 염두에 두는 것일까? 많은 이가 전통적인 가족상을 떠올릴 테지만, 사실 이 가족

이미지는 현실을 적절히 반영하지 못한다. 가족은 아빠, 엄마, 아이만이 아니다. 가족심리치료사 재클린 후닥과 숀 지아마테이의 말대로 가족은 가족으로 살아가는 곳이다.[4] 그러니까 가족은 사람들이 서로에게, 그리고 낳거나 입양한 자녀에게 의식적으로 책임과 돌봄의 의무를 질 때 생겨난다. 모든 가족은 복잡할 수 있다. 전통적 가족 이미지에 맞는 가족이라고 해서 다를 것이 없다. 하지만 이런 전통적인 가족 모델 밖에서도 서로에게 소속감을 느낄 수 있고 서로를 지원하고 행복을 느끼며 가족의 의미를 체험할 수 있다. 독신도, 입양가정에서도, 퀴어 보호자를 둔 가정에서도 인간은 의미를 느낄 수 있는 것이다.

상황이 어떻든 가족은 정말로 중요하다. 이유가 무엇일까? 가족이 우리에게 무엇을 주기에 그럴까? 왜 친족과 친구와의 관계는 보편적으로 그렇게나 큰 의미를 띨까? 타트야나 슈넬이 트리어대학교에서 실시한 인터뷰 연구는 몇 가지 설명의 실마리를 제공한다. 이 실험에서도 16세에서 29세까지의 청소년과 청년들은 가족과 우정, 사랑을 중요한 의미 원천으로 꼽았다. 이들은 이런 관계의 가치를 높이 평가했고, 일상에서 이런 관계를 맺으려 노력했으며, 이런 관계가 정서적 차원과 실존적 차원에서 긍정적 경험을 보장한다고 생각했다. 가령 그들은 부모와 형제자매 혹은 친구들과 같이 있으면 혼자 있을 때보다도 더 "온전히 자신이 될 수 있다"고 대답했다. 물론 그렇다고 해서 혼자만의 시간이 필요 없다는 말은 아니다. 하지만 기본적으로 그들은 가족과 친구와의 유대를 진정한 인생 경험이라 느꼈다.

그들은 우정을 새로운 일을 시도할 수 있고 안전하다고 느끼는 장소로 표현했다. 함부로 평가하지 않고, 무엇보다 무시하지 않으며, 그들을 있는 그대로 받아주는 장소, 그러면서도 그들 스스로가 배려와 사랑을 마음에 품을 수 있는 장소라고 말이다. 스무 살의 한 청년은 이런 감정을 표현하려 애쓰다 결국 이렇게 말했다. "누군가 나와 우정을 맺으면 그건 예사로운 일이 아니에요. 그게 우정이거든요."[5]

열일곱 살의 한 소녀는 우정과 가족의 의미를 이렇게 표현했다. "가족은 정말 중요해요. 서로를 보듬고 곁을 지키는 친구도 마찬가지로 중요하지요. 정말 좋을 때도 나쁠 때도 그 사람들 앞에서는 진짜 내 감정을 숨기지 않아도 됩니다. 그들은 나를 진정으로 이해하고 내 곁에 있어주거든요. 나를 사랑하고, 내게 관심을 보이고, 나를 지켜주며, 곁에 남아 지지해주는 사람들, 한마디로 문제를 해결해주고 서로를 위해 존재하는 사람들입니다."[6]

그러나 장년기가 되면 이런 관계들의 중요성이 약간 떨어진다. 어쩌면 믿을 수 있는 친구나 가족이 이미 존재하고, 그것을 당연하다 여기기 때문일 것이다. 어쩌면 삶의 우선순위가 직장에 가 있기 때문일 수도 있다. 반복되는 일상이 삶으로 밀고 들어와서 공동체에서 겪은 경험의 강도가 약해진다. 그래도 연구 결과들을 보면 가족과 우정은 결코 중요성을 잃지 않으며, 인생의 모든 시기에서 중심 자리를 차지하는 의미 원천이다.

파트너 관계와 낭만적 관계

한 사람과 평생 살지는 않겠다고 생각하는 사람들이 있다. 폴리아모리의 삶을 살겠다고, 다시 말해 여러 명의 파트너와 함께 살며 관계의 문을 활짝 열어놓거나, 우정을 육체적 애정과 결합하는 '프렌즈 위드 베네핏friends with benefits'을 실천하겠다고 생각하는 사람들이다. 안타깝게도 이런 새로운 형태의 관계와 관련해서 삶의 의미를 조사한 연구 결과는 아직 나와 있지 않다. 그러나 고정 파트너 관계 및 결혼과 관련해서는 파트너가 있는 사람이 독신보다 삶의 의미를 더 많이 느낀다는 연구 결과가 이미 나와 있다. 또 단순한 동거 관계에 있는 사람보다는 정식으로 결혼을 한 사람들이 의미를 더 많이 느낀다고 한다. 그러니까 결혼은 낡아빠진 이상이 아니라, 여전히 의미를 보장해주는 진정한 의미 보증서일까?

문제가 그렇게 간단하지만은 않다. 따지고 보면 삶을 의미 있다고 생각하는 사람들이 결혼의 뜻을 품을 확률이 높을 수도 있으니 말이다. 심리학자 올가 스타브로바와 마이케 루만의 연구 결과가 그렇다고 주장한다. 2016년에 발표한 논문에서 그들은 1991년에서 2009년까지 해마다 시행한 설문 조사 '영국 가구 패널 조사'의 자료를 분석했다. 그리고 2001년에 삶이 의미 있다고 대답한 사람이 그렇지 않다고 대답한 사람보다 이후 7년 동안 결혼을 더 많이 했다는 사실을 밝혀냈다.[7]

그렇기는 해도 결혼 자체가 삶을 더 의미 있게 만들 수 있다는 증거도 있다. 자신의 삶을 의미 있다고 보는 사람들의 네 가지 경험을 앞에서 이미 살펴본 바 있다. 소속감, 일관성, 방향성, 유의미성이 그것이다. 결혼에는 기대감과 권리와 의무가 따르고, 이것들은 네 가지 경험 모두를 더 키울 수 있다.

결혼은 기본법 6조에(기본법은 독일의 헌법에 해당한다—옮긴이) 명시된, 국가가 보장하는 제도라는 차원에서 이미 그 자체로 뜻이 깊다. 결혼은 제도적 지원과 법적 보호를 받기에 소속감의 안정적 형태로 여겨진다. 물론 2023년 독일의 이혼율은 약 36퍼센트로, 이런 생각에 의문을 제기할 계기가 되고도 남지만, 그래도 결혼은 여전히 소속을 수월하게 만들어주는 특정한 행동 형태로 통한다. 가령 결혼을 했다면 초대를 받아도 고민할 필요가 없다. 남편이나 아내를 데리고 가면 그뿐이다. 하지만 결혼을 하지 않았다면 문제가 복잡해진다. 혼자 가야 하나? 파트너가 여럿이면 누구를 데려가야 하나? 여자친구나 남자친구를 데려가도 괜찮은가? 유산 상속도 결혼을 하면 간단하게 해결된다. 배우자에게 무슨 일이 생겨도 병원에서 보호자를 헷갈릴 일이 없다. 두 사람의 실제 사이가 좋건 나쁘건 관계없이, 이 모든 상황은 일관성을 선사한다. 더구나 여전히 많은 사람이 아이를 키우기에는 결혼이 이상적인 환경이라고 생각한다. 그러니까 결혼은 다른 세대로 향하는 방향성의 공식적인 틀을 마련해준다. 그리고 앞서 배웠듯 생성성은 가장 강력한 의미 원천이다.

이렇듯 결혼하면 삶이 의미 있기에, 의미 있는 삶을 살려면 꼭 결혼해야 하는 걸까? 그런 말은 아니다. 하지만 결혼이라는 틀 안에 들어가면 소속감과 유의미성과 일관성과 방향성을 경험하기가 훨씬 수월해 보인다. 우리 사회에서 다른 형태의 파트너 관계에 있는 사람이나 싱글들은 결혼한 사람과 비슷한 정도의 의미를 느끼기 위해서는 훨씬 더 노력해야 한다. 가령 싱글의 경우 결혼한 사람보다 훨씬 단체활동이 많고, 활동 참여도도 높으며, 친구를 많이 사귄다. 이 사실은 보스턴칼리지와 매사추세츠대학교 애머스트 캠퍼스의 연구진이 2016년에 실시한 연구로 입증한 바 있다.[8]

우리 현대 서구인은 여러모로 낭만적인 사랑을 이상화하고, 사랑에 큰 기대를 건다.[9] 따라서 엘리자베트 베크-게른스하임, 울리히 베크와 이전에 에바 일루즈 같은 사회학자들이 그랬듯, 철학자 캐리 젠킨스 역시 사랑을 새로운 관점에서 바라보아야 한다고 주장한다.[10] 그녀는 사랑의 관계를 행복과 만족을 주는 공급처로 오해해서는 안 된다고 호소한다. 그보다는 우리가 앞서 배운 관점, 에우다이모니아의 관점을 키워야 한다고 말한다. 그런 태도로 살아가면 감정보다 행동에 더 큰 가치를 두게 된다. 소비보다 창조하고 베푸는 것이 더 중요해진다. 그 결과 부정적인 감정도 긍정적인 감정 못지않게 인정하고 받아들이는 법을 배울 것이다. 그러면 배우자 혹은 파트너와의 관계도 계속해서 달라질 수 있다. 특히 아이가 태어나면서 관계가 근본적으로 바뀔 때는 더욱더 그러하다.

자식: 부모 되기의 역설

아이가 없는 삶은 상상도 할 수 없다는 사람들이 적지 않다. 가정을 꾸려 자식을 낳고 그 아이에게 많은 것을 물려주고 싶고, 훗날 세상을 떠날 때 나를 대신할 누군가를 남기고 싶다. 아이를 삶의 목표라고 생각하는 사람들도 많다. 하지만 부모 되기란 쉬운 일이 아니다. 아이가 생기면 고단하고, 배우자와의 관계도 힘들어지며, 직업적 경력에도 방해가 된다. 2015년에 나온 독일연방 인구연구소의 한 연구 결과를 보아도 공식 담론에서는 두 번째 시각, 다시 말해 부정적 시각이 지배적이라는 사실이 확인된다.[11] 자식에 관해서는 우려와 의심, 걱정의 문화가 지배적인 것이다.

실제로 우려는 근거가 없지 않다. 2012년에 기존의 모든 연구 결과를 검토한 메타 분석의 결과를 보아도 아이가 태어난 후 몇 년 동안에는 삶의 만족도와 부부 관계의 만족도가 점점 더 낮아진다.[12] 그러나 엄마 아빠들이 내내 불행하다는 말은 아니다. 오히려 수많은 연구 결과는 자식이 있는 사람이 그렇지 않은 사람보다 의미를 더 많이 느끼고[13] 쾌락은 줄어도 행복은 증가한다고 말한다. 부모들에게 일반적으로 삶이 어떠냐고 묻지 않고 구체적인 각 순간에 어떠냐고 물으면 아이가 없는 사람보다 스트레스를 더 많이 호소한다. 그러나 그 못지않게 기쁨도 더 많이 느낀다고 대답한다.[14]

미국 사회학자 켈리 무시크는 동료들과 함께 2016년에 이런 상황을 더욱 구체적으로 입증하는 논문 한 편을 발표했다.[15] 연구진은 1만 2,000명 이상의 부모가 일상의 경험을 적은 일기를 연구한 결과를 활용했다. 일기 내용을 보면 아이와 함께 있는 시간에 부모는 아이가 없는 사람에 비해 더 행복하고 덜 슬프며 덜 스트레스를 받았다. 또 아이와 보내는 시간을 더 의미 있다고 느꼈다.

결국 부모가 불만족스러움을 느끼는 지점은 아이 자체가 아니라 부모가 겪는 경험이다. 연구진은 성별에 따른 유의미한 차이를 확인했다. 아빠와 엄마 모두 아이와 보내는 시간을 그렇지 않은 시간보다 더 긍정적으로 평가했다. 하지만 이 시간 동안 엄마가 아빠보다 스트레스를 더 많이 받았다.

이유는 아빠는 아이들과 주로 같이 놀고 바깥에서 시간을 보내지만, 엄마는 집에서 밥을 하고 청소를 하는 등 일상생활을 꾸리는 데 시간을 썼기 때문이었다. 스트레스는 아이의 유무보다 일상에서 누가 무엇을 담당하느냐의 문제였던 것이다.

우리의 중요성

우리 인간은 사랑과 우정을 나누며 살아간다. 또 그 못지않게 집단 속에서, 대가족과 지역 공동체, 단체, 협회와도 관계를 맺으며 산다. 우리는 한데 어울리기도 하고 서로 충돌하기도 하며 최선의 경우 함께 성장해나간다. 그렇기에 미국 심리학자 에이브러햄 매슬로는 "우리는 반드시 서로가 필요하다"고 말했고, 집단 소속감, 인간적 교류, 상호 인정과 지원과 같은 사회적 욕구를 결핍 욕구라고 불렀다.[16] 그러니까 그 욕구가 충족되지 않으면 뭔가 잘못되었다는 기분이 들고, 그런 기분 탓에 그 결핍을 채우기 위해 안간힘을 쓴다. 꼭 그렇지 않더라도 행복해지려면 우리는 자신보다 더 큰 어떤 것의 일부가 되어야 한다. 아주 친밀한 관계를 넘어서는 커다란 집단의 일부가 되어야 하는 것이다.

사회적 소속감이 인간에게 얼마나 실존적인지는 앞서 소

개한 심리학자 진 트웬지, 캐슬린 카타네즈, 로이 바우마이스터의 실험이 잘 보여준다. 우리의 정서, 균형, 능력, 세계관은 타인이 우리를 바라보는 시각, 그들의 행동과 반응, 그들의 인정 및 거부와 밀접한 관련이 있다. 소속감이 삶의 의미와도 관련이 깊다는 사실은 앞에서 소개한 두 여성 심리학자 올가 스타브로바와 마이케 루만이 영국과 미국의 자료를 분석하여 입증한 바 있다.[17]

그들은 삶의 의미와 사회적 소속의 관계를 파악하기 위해 양국에서 실시한 대형 장기 실험 연구의 결과를 분석했다. 그랬더니 둘은 확연한 연관 관계를 보였다. 그리고 그 연관 관계는 오랜 시간에 걸쳐 지속되었다. 연구 초기에 사회적 환경에 소속감을 느낀 사람일수록 10년 후 삶의 의미를 더 많이 느꼈다. 흥미로운 사실은 소속감만 보고도 훗날의 의미를 예상할 수 있다는 점이다. 배우자와 친구 사이에서는 이런 효과가 나타나지 않았다. 연구진은 그 이유가 친밀한 개인 관계보다 집단 관계가 개인의 자존감과 자기효능감을 더 높일 수 있고, 나아가 삶의 의미를 더 많이 부여할 수 있기 때문이라고 보았다.

나아가 이 효과는 일방적이지 않다는 사실도 입증했다. 초기에 삶이 의미 있다고 대답한 사람이 10년 후에 소속감도 더 많이 느꼈고, 우정, 파트너 관계, 가족, 사회 등 여러 차원에서 소속감을 느꼈다. 따라서 이런 사람들은 이웃의 일, 운동 동호회, 노동조합, 환경 단체의 일에도 손발을 걷어붙였다. 환경이 중요하므로 행동에 나섰고 이런 행동을 의미 있다고 생각했다. 이들은 적극적으로 참여했고, 생산적으로 활동했다.

이와 같은 경험 연구들은 생성성이 삶의 의미에 얼마나 소중한지를 잘 보여준다. 그러나 요즘은 생성성 있는 삶을 살기가 쉽지 않다. 현대화 과정에서 많은 것이 직접적 연관성을 잃어버렸다. 조직은 무너지고 대가족은 희귀한 존재가 되어버렸으며 마을 공동체는 여러모로 성격이 달라졌다. 단체를 비롯해 여러 다른 형태의 공동체들도 중요성이 약해졌다. 독일에서 자원봉사에 참여하는 인구는 약 2,900만 명으로 여전히 적지 않지만, 오래 한곳과 관계를 맺으며 책임을 지는 사람은 날로 줄고 있다. 그때그때 상황이 되는 대로, 건별로 돕는 경우가 더 많다.[18] 이런 변화를 한탄할 이유는 없다. 밀접해서 구속력을 갖는 공동체의 강제와 강요가 사라졌기 때문이다. 이는 자유와 유연성을 선사한다. 물론 이 역시 대가가 따른다.

앞에서 살펴보았듯 이제는 공동체의 일원이 되자면 개인의 자발성이 필요하다. 적극적이어야 하고 정보를 수집해서 결단을 내려야 하며, 그 이후의 일은 타인의 반응에 좌우된다는 사실도 받아들여야 한다. 그들이 나를 원할까? 내게 그만큼 자질이 있을까? 용기를 내어 걸음을 내디뎌야 하고 노력해야 한다. 걱정이 되어도 참고 견뎌야 한다. 그 모든 일이 늘 쉽지만은 않다. 그러다 보니 아예 시도조차 하지 않거나 실패를 겪은 후 낙담하여 밖으로 나오지 않는 사람들이 적지 않다.

2021년 2월 심리학 전문잡지 〈성격과 개인차〉에 6인의 연구팀이 작성한 논문 한 편이 실렸다. 제목은 "전 세계의 고독: 고독의 나이, 성별, 문화적 차이"였다.[19] 연구진은 237개국에 사는 16세에서 99세까지 4만 6,000명 이상의 데이터를 분석했다. 그 규모부터가 대단하고 결과 역시 인상적이다. 고독은 전 세계에 널리 퍼진 현상이다. 개인주의 성향이 강한 지역에서 더 심하며, 남성이 여성보다, 젊은이가 노인보다 고독을 더 심하게 느낀다. 젊은 남성들의 고독이 특히 심하다.

이 연구 결과를 보완하고 정밀화하기 위해 독일연방 인구연구소가 나서서 조사를 했다.[20] 조사 결과를 보면, 18세에서 53세까지의 독일인 중 3분의 1이 적어도 조금은 고독하다고 느낀다. 특히 사회경제적 지위가 낮은 사람들, 독일 국적이 아닌 외국인들과 한 부모가 외로움을 심하게 느낀다.

외로움은 개인의 문제로 그치지 않는다. 사회적 문제로 자라기도 한다. 많은 이가 끈 떨어진 신세라고 느끼면 공동체가 뿔뿔이 흩어질 것이다. 시민 사회가 무너지는 곳에서는 다른 상품들이 매력을 뿜어낸다. 포퓰리즘 정당과 극우 단체가 고독한 사람들을 향해 유혹하는 약속들을 내세우며 손을 뺀는다. 이들이 일체감과 소속감을 느끼는 장소를 제공하고, 외부와 선을 그어 결속력을 다진다. 그것이 어떤 결과를 초래하며, 우리의 의미 이해에 얼마나 대단한 영향을 미치는지는, 다음 장에서 살펴볼 것이다.

위대한 전체의 중요성

우리가 사는 세상은 점점 더 서로 얽히고 있다. 하지만 이상하게도 외로움을 느끼는 사람은 점점 더 늘어만 간다. 우리가 입는 바지, 우리가 문을 여는 냉장고, 우리가 글을 쓰는 컴퓨터, 우리가 마시는 커피… 우리가 살고 일하고 소비하는 방식은 세계 곳곳에 사는 사람들의 생활 조건에 직접 영향을 미친다. 다만 우리는 그 사실을 거의 깨닫지 못한다. 3차원 공동체, 즉 인류 전체에 대한 인식을 키우기가 말처럼 쉽지 않기 때문이다.

대부분의 사람은 가족, 친구와 긴밀한 관계를 맺는다. 어쩌면 자신이 사는 도시, 지역, 국가와도 그런 관계를 맺을 수 있을 것이다. 하지만 인류 전체와는 어떨까? 너무도 추상적이어서 말만 들어도 벌써 어지러울 수 있다. 하지만 언제 어디서나 인류 전체를 생각하라는 말이 아니다. 그건 정신적으로도, 정서적으로도 우리 능력 밖의 일이다. 그보다는 우리 모두가 인류의 일부라는 사실을 이해하라는 말이다. 우리 모두를 한데 묶는 그 무언가가 있다는 사실을 잊지 말라는 말이다. 우리 모두는 인간으로 존재하며 콘디티오 후마나conditio humana, 즉 인간의 기본 조건과 씨름해야 한다. 그 사실을 깨달으면 특별한 형태의 소속감 곧, 의미를 만드는 거대한 소속감이 생겨난다.

2차 세계대전 당시 목숨을 걸고 유대인을 도왔던 사람들을 나중에 인터뷰했을 때, 왜 그랬냐는 질문에 그들은 당연히 도와야 한다고 생각했다고 대답했다. 박해받는 사람들도 자신과 똑같은 인간이라면서 말이다.[21]

코로나 팬데믹 동안 학자들은 여러 차례에 걸쳐 인류 전체와의 동일시가 구체적 행동에 어떤 영향을 미치는지를 연구했다. 그 결과를 보면 인류 전체와 자신을 동일시하는 사람들이 세계보건기구의 지침을 더 잘 지켰다. 또 타인을 돕겠다는 마음도 더 커서, 남는 마스크를 마스크가 부족한 병원에 기부하고, 아픈 가족을 대신해 장을 봐주었다.[22]

타인을 아끼고 존중하는 사람은 유전자, 종교, 국적이 같지 않아도 단결한다. 이것이냐 저것이냐, 미국 우선주의냐 독일 우선주의냐를 따지지 않는다. 그보다는 이 지상의 삶을 함께 만들어나가는 것이 더 중요하다고 생각한다.

물론 내 바깥은 모조리 무시할 수도 있다. 그러고 싶은 마음을 이해 못 할 바도 아니다. 커다란 전체를 바라보려고 하면 아름다운 일 못지않게 고통과 아픔과 부정도 많이 경험한다. 스트레스를 받기도 하고 개인의 작은 힘으로 무엇이 바뀔지 회의가 밀려올 수도 있다. 그러나 그런 회의에 나는 이런 답을 해주고 싶다. 우리는 상당히 많은 일을 할 수 있다! 바라보는 것도 활동이다. 나는 외면하지 않고 고통스럽더라도 참고 견딘다. 물론 모두가 남의 고통을 지켜보며 같이 고통스러워하자는 말이 아니다. 굳이 연대를 외치며 타인의 고통을 억지로 같이 겪을 필요는 없다. 그보다는 공감을 높이는 쪽이 어느 모로 보나 더 낫다. 공감이란 어려움에 부닥친 인간이나 다른 생명체를 따스한 눈으로 바라보고 걱정하며 내가 할 수 있는 선에서 상황 개선에 이바지하자는 마음을 내는 것이다.[23]

바라보는 행위는 나를 흔들어 깨운다. 그것은 내 시야를 넓히는 동시에 내 문제가 덜 중요하게 느껴지는 부작용을 수반할 수도 있다. 나아가 우리 인간의 삶 및 고통이, 동물과 식물의 세계에서 그들의 삶 및 고통과 비교했을 때 칼로 베듯 확실히 나눠지 않는다는 사실을 깨닫게 한다. 생태학자 로빈 월 키머러는 "자연에 대해 말하기"라는 제목의 에세이에서 북아메리카 포타와토미족이었던 할아버지의 언어에 대해 이렇게 적었다. 이 언어는 "주로 살아 있는 존재를 묘사하는 동사로 이루어진다. 명사와 동사 모두 두 가지 형태, 즉 생물과 무생물의 형태가 있다. 사람들은 큰어치의 소리는 비행기 소리와는 다른 동사로 말한다. 생명의 특성을 갖춘 것을 단순한 사물과 구분하는 것이다. 새와 딱정벌레, 딸기 이야기를 할 때도 사람 이야기를 할 때와 똑같이 존중의 문법을 사용한다. 우리 모두는 같은 가족 구성원이기 때문이다. 우리가 그것이기 때문이다".[24]

거대한 전체의 의미를 깨달으면 자신에게서 눈을 돌려 자신보다 더 큰 것을 책임진다. 이런 "자기 뛰어넘기"를 실천하면 많은 의미를 경험한다. 경험 의미 연구가 밝힌 사실이다. 큰 전체에 내 삶의 공간을 내어주면 가족이나 친구, 자기 집단만 생각하는 사람들보다 훨씬 의미 있는 삶을 살 수 있다. 의도하지는 않았어도 헬레나 슈타인하우스는 자신의 삶에서 이를 경험했다.

슈타인하우스가 문을 열자 그녀 뒤편으로 넓은 방이 보인다. 방에는 탁자와 의자, 칸막이가 많다. 주방을 지나 왼쪽으로 꺾어 들어가자 널찍한 유리 칸막이 방이 나온다. 베를린 노이쾰른 시구에 자리한 공유 오피스의 상담실이다. 이곳은 작은 회사나 단체들이 그때그때 프로젝트를 추진하기 위해 큰 면적을 나누어 쓰는 곳이다. 헬레나 슈타인하우스의 프로젝트는 비영리단체인 '제재 없는 협회'이다. 그녀가 설립자이자 운영자이다. 그녀는 시민수당(기초 생계 지원 제도로서 이전에 하르츠 IV로 통칭되던 제도가 시민수당으로 대체되었다—옮긴이)을 받긴 하지만 여러 이유로 국가의 제재를 받아서 전액을 받지는 못하는 독일 전역의 사람들을 이 단체를 통해 지원한다. 그녀는 2015년부터 이 일을 해오고 있는데, 어떤 계기로 이 일을 삶의 과업으로 삼게 되었을까? 그녀의 이야기를 들어보자.[25]

그녀는 루르 지방에서 성장했다. 그녀를 홀로 키운 어머니는 유치원에서 일했지만 번아웃으로 일을 그만둘 수밖에 없었고, 다시는 일터로 돌아가지 못했다. 실업자가 된 어머니는 먼저 실업급여를 받다가 나중에는 하르츠 IV를 받았다(실업급여는 자신이 납부한 보험료에 기반한 수당인 반면, 하르츠 IV는 기초생활수급비에 해당한다—옮긴이). "급격하게 아래로 곤두박질쳤지요." 슈타인하우스는 당시의 가정 형편을 이렇게 표현했다. 아직 학교에 다닐 때였지만, 집에서 독립하고 싶어서 당시 제일 친하게 지내던 친구와 집을 구하러 다녔다. 하지만 하르츠 IV를 받는 부모의 자녀에게는 별도의 규정이 있어서 독립이 생각처럼 간단하지 않았다. "그래도 난 해냈어요. 잡센터(취업 지원 및 생계비 지원을 하는 정부 기관—옮긴이)의 허가를 받아냈고 작은 집도 구했죠. 월세가 별로 비싸지 않아서 친구와 나는 우리만의 작은 낙원을 만들었답니다. 가진 것은 없어도 둘 다 아무렇지 않았거든요."

어머니와 절친한 친구. 그들이 헬레나 슈타인하우스의 전부였다. 사는 것이 호락호락하지 않았고 돈을 쓸 때마다 고민에 고민을 거듭했다. 하지만 소중한 사람들이 그녀를 에워

싸고 있었다. 그들이 그녀의 기반이었다. 그녀가 그들에게서 멀리 떠났을 때도 그 기반은 남아 있었다. 슈타인하우스는 여기저기 여행을 많이 다녔고, 프랑크푸르트에서 대학에 다녔으며, 베를린에 터를 잡고부터는 타인을 위해 헌신하는 이들과 어울렸다. 이들은 처음에는 무조건적 기초 생활 보장을 외치다가 이후 하르츠 IV 수급자들을 지원해오고 있었다. 슈타인하우스는 활동 반경을 넓혔다. 자신과 자신의 형편만 살피지 않고 눈을 들어 더 큰 변화를 추구하게 되었다. 나중에 커서 가난한 사람들을 위해 살겠다던 청소년 시절의 꿈 때문만은 아니었다. "그건 맞아요. 가난한 사람들의 근심에 공감하는 것은 제 인생사 덕분이죠." 그러나 연신 강조하듯 그녀가 이 일을 하는 것은 그 사람들 틈에서 자신을 보기 때문이 아니다. 어려운 처지에 놓인 그들을 보면 마음이 너무 괴로운 탓이다. "정의와 자유라고 하면 너무 과격한 말이겠지만, 사실 그것이 저의 기반이지요." 그녀는 말한다.

그녀가 만든 협회에 들어오는 기부금은 10만 유로가 넘는다. 그 돈은 협회에 도움을 청한 사람들에게 돌아간다. 가령 시민수당 연장신청 처리가 너무 오래 걸려서 그사이에 쓸 돈이 없는 사람들이다. 혹은 신청 후 승인은 받았지만, 주거비는 인정받지 못한 사람들이다. 혹은 전기가 곧 끊기게 생겼는데 잡센터로부터 대출을 거절당한 사람들이다. 슈타인하우스의 협회에서 도움을 받는 이들 중 개인적으로 그녀를 아는 사람은 없다. 그녀가 그들을 직접 대면할 일도 없다. 전화는 직원들이 처리하고 절차는 변호사가 맡는다. 슈타인하우스가 이 일을 하는 이유는 그것이 중요하고 옳은 일이라고 믿어서이다. 그녀가 돕는 사람들은 그녀와 출신이나 세계관이 같은 사람들이 아니다. 시스템의 잘못으로 차별당하는 사람들이다. 그녀는 그렇게 생각한다.

일은 고되다. 가끔은 심하게 고될 때도 있다. 그녀는 삼십대 중반으로, 협회를 함께 만들어나갈 시기에 쌍둥이의 엄마가 되었다. "더는 못하겠어. 이러다 쓰러지겠어. 그런 생각이 들었던 순간도 있었습니다." 하지만 어찌 보면 전보다 더 편해졌다고도 말할 수 있다. "제 인생이 더 아름다워졌거든요. 종착역에 도착했다는 기분이 들어요. 이 사회에서 내가 있을 자리가 어디인지 이제는 아니까요." 그녀는 참여하고 투쟁하며 자신을 넘어선다. 달리 바라는 것이 없기 때문이며, 또 어느 정도는 달리 할 수 있는 일이 없기 때문이기도 하다.

"삶이 의미 있다고 생각하시나요?" 인터뷰를 마치며 킬리안 트로티어가 그녀에게 묻는다. 지금까지는 늘 질문이 떨어지기 무섭게 바로 대답하던 그녀가 이번에는 입을 다문다. 잠시 후 그녀가 말한다. "(보편적 의미가 아니라) 저 자신의 삶이 의미 있느냐는 질문일 때에만 대답할 수가 있겠어요. 가끔은 그렇지 않다는 생각이 들기도 하지만 그러다가도 또 이런 생각이 들죠. '그래, 의미가 있지.' 제가 생각하는 의미는 완전히 쾌락주의처럼 들릴 수 있어요. 저는 살면서 재미와 기쁨을 느끼고 싶거든요. 하지만 주변 사람들도 그럴 수 있을 때만 저도 그 둘을 느낄 수가 있어요. 그러니까 혼자 사는 삶은 아예 선택지에 없다고 봐야죠."

슈타인하우스는 자신만, 자기 주변 사람만 생각하는 삶을 상상할 수 없다. 도움이 필요한 사람들은 어디에나 있고, 그녀는 그 사실을 잘 안다. 그렇기에 외면하지 못한다. 그녀는 마음을 활짝 열고 다른 이들의 삶이 나아지도록 노력한다. 그녀를 둘러싼 사람들이 재미와 기쁨을 느끼는 것, 그것이 그녀의 바람이다. 당연히 그녀가 말하는 주변 사람들은 가족과 친구, 동료만이 아니다. 우리 모두이다.

9

의미가 나에게 요구하는 것은?

무관심한 상태에 대하여

20세기 초에 오스트리아 빈에 삶의 의미에 대해 말하고 쓰는 한 남자가 살았다. 그의 이름은 빅터 프랭클로, 신경학자이자 정신과 의사였다. 정신분석의 창시자인 지그문트 프로이트와 개인심리학의 창시자 알프레트 아들러도 그 무렵에 빈에 살았다. 세 사람은 서로 잘 알았고 심지어 잠깐이지만 함께 연구를 하기도 했다. 하지만 프랭클은 금방 프로이트에게 등을 돌렸다. 인간을 주로 쾌락에 휘둘리는 존재로 보는 그의 인간관을 받아들일 수 없었기 때문이다. 알프레트 아들러는 연구 내용 면에서 더 가까워서 두 사람 모두 의미 문제에 관심을 가졌지만, 아들러는 사회적 차원에 초점을 맞추었고 프랭클은 실존적·영적 측면에 중점을 두었다. 하지만 프랭클이 프로이트에게 금방 등을 돌렸던 것처럼 아들러 역시 프랭클을 자기 무리에서 배제했다. 그리하여 프랭클은 매우 독자적인 형태의 "의미를 중심에 두는 심리치료"를 개발하게 되었다.

프랭클은 빈 정신병원의 전문의였고 자살 위험성이 높은 여성들을 담당했다. 그런데 그런 환자들을 접하다 보니 자살 충동의 이유는 심리적 문제가 아니라 의미의 결핍일 때가 많다는 것을 알게 되었다. 그는 모든 사람에게 삶의 의미가 있다고 굳게 믿었다. 그래서 그것을 찾도록 사람들을 돕고 싶었고 실제로 그렇게 했다. 그의 인생에서 가장 끔찍했던 시간에도 말이다. 프랭클은 유대인이었기에 온 가족이 수용소로 끌려갔고, 그곳에서 매일 언제라도 죽을 수 있다는 공포에 시달렸다. 그런 비인간적인 상황에서도 그는 수용소의 유대인들과 의미에 대해 이야기하면서 인간성을 지켰다.

2차 세계대전이 끝난 후 발간되어 밀리언셀러가 된 그의 책《죽음의 수용소》의 한 대목에서 그는 이렇게 말했다. "기회 될 때마다 수감자들에게 삶의 '이유', 삶의 목표를 알려주어야 합니다. 그래야 현 존재의 끔찍한 '상태', 수용소 생활의 참혹함을 마음으로 이겨내고 버틸 수 있습니다."[1] 1997년 세상을 떠날 때까지 프랭클은 인간의 기본 동기는 의미에의 의지라고 믿었다. 그 의미가 채워지지 않으면 우울증, 공격성, 중독 행동을 동반하는 '실존적 진공'이 생기고, 결국 의미 상실병인 '누제닉 노이로제' 그러니까 심각한 인생의 위기를 겪게 된다.[2] 의미냐 위기냐, 그것이 빅터 프랭클 이론의 요지였다.

의미와 위기를 분리하여 연구할 수 있게 된 것은 2007년 타트야나 슈넬과 페터 베커가 인생의 의미에 관한 설문지를 만들면서부터이다. 이 설문지는 빅터 프랭클의 주장이 현실에 맞지 않는다는 사실을 입증했다. 적지 않은 수의 사람들이 의미를 보지 못하면서도 그것이 그리 나쁘지 않다고 생각하기 때문이다. 2000년대 초반에 시행한 설문 조사 결과, 독일 인구의 3분의 1이 그런 태도를 보였다. 타트야나 슈넬은 이런 현상을 '실존적 무관심'이라 부른다. 삶에서 의미를 보지 못하지만, 그로 인해 문제를 겪지 않는 사람들은 큰 질문들에 무관심하다. 그 대신 세상의 기대에 부응하거나 그냥 되는 대로 산다.

특히 후자의 경우, 아주 매력적인 인생 같다. 흐르는 대로 살면서 아무 요구도 하지 않는 편이 더 쉽다면 굳이 인생에서 의미를 찾으려 노력할 이유가 무엇인가? 이 질문에 대한 답을 찾기 위해서는, 실존적 무관심의 태도로 일관하는 사람들의 경험과 사고 세계로 풍덩 빠져볼 필요가 있겠다. 일단 극단적인 사례로 시작해보자. 그 사례가 그런 태도의 몇 가지 이유를 알려줄 수 있을 것이다. 우리의 시선은 일본으로 향한다. 그런 태도가 별도의 이름이 붙을 만큼 사회적 현상으로 번져나가서 숫자도 많고 영향력도 크기 때문이다. 그 현상의 이름은 '히키코모리'로, '방에 틀어박히다', '물러나다'라는 뜻이다.

히키코모리란 집 밖으로는 한 발자국도 나가지 않거나, 아주 가끔만 나가는 사람을 일컫는다. 부모에게 얹혀살면서 외부 세상과 담을 쌓고 지낸다. 심리학자 사이토 다마키가 20세기 말에 이 현상을 처음으로 연구했다. 그는 은둔의 이유를 두 가지로 들었다. 첫째, 사회의 과도한 능력 압박이다. 히키코모리는 그 압박감에서 벗어나고자 방에 자신을 가둔다. 둘째, 끈끈한 가족애이다. 자식이 자기 방에 틀어박혀 나오지 않아도 부모는 자식을 너무나 사랑하기에 다 참고 먹여 살린다. 문제는 그사이 이 은둔형 외톨이들이 나이를 많이 먹어버리는 것이다. 그리고 어느덧 이들의 머리에도 흰 눈이 내리다 보니 고령의 부모가 계속해서 이들을 부양할 수 없게 된다. 이런 현상 역시 '8050 문제'라는 이름이 붙었다. 80대의 부모가 50대의 자식을 부양하고 있다 보니, 날이 갈수록 버티기 힘들어지는 것이다.[3] 그사이 히키코모리의 내면세계를 연구했더니 다각도의 양상이 드러났다. 일부는 은둔 생활이 상대적으로 좋다고 대답했다.[4] 그러나 매우 외롭다고 말한 이도 있었다. 자해를 하고 자살을 생각하는 이들도 있었는데, 그 원인은 마음 밑바닥에 깔린 불안과 우울일 수 있다.[5] 어쨌든 공통점은 이들 모두가 실패의 가능성을 피하고자 극단적인 은둔의 길을 택했다는 점이다. 세상으로 나가기보다는 차라리 젊은 시절에 문을 닫아걸고 방 안에서 머무르기를 택하는 것이다. 많은 이들이 텔레비전을 보고 컴퓨터 게임을 하는 등 주의를 딴 곳으로 돌린다. 주변 사람들의 일상에도, 사회에도 전혀 참여하지 않는다.

이런 삶의 형태는 일본에 국한되지 않는다. 세계 곳곳에서 같은 현상이 목격된다. 홍콩에서는 이들을 '히든 유스Hidden Youth'라 부르고, 미국에서는 '성인청소년adultolescent'이라고 부른다. 몸은 다 자랐지만 하는 행동은 아직 청소년이라는 뜻이다. 스페인에서는 이것도 저것도 아니라는 뜻의 '니니Ni-ni'라 부르며, 영국에서는 '니트족NEETs'이라 부른다. '교육도, 고용도, 직업훈련도 받지 않는 사람들not in education, employment or training'이라는 뜻이다.

OECD는 회원국을 대상으로 15세에서 29세 사이의 니트족 비율이 얼마나 되는지 조사하여 정기적으로 발표한다. 2024년 보고서를 보면 독일은 8.9퍼센트이다. 네덜란드와 노르웨이, 아이슬란드, 룩셈부르크, 스웨덴에서 비율이 특히 낮고, 남아프리카공화국, 튀르키예, 콜롬비아의 비율이 특히 높다. 가난한 나라의 경우 이들에게는 선택지가 별로 없다. 돈이 없어 학교에 다니지 못하고 직업 교육을 받지 못하며 대학 등록금을 감당할 수 없다. 잘사는 나라에선 상황이 다르다. 돈이 결정적 역할을 하는 경우가 많지 않다.

실존적 무관심

히키코모리를 포함하여 비슷한 형태의 은둔 생활을 하는 사람들의 삶을 통해 실존적 무관심을 조금 이해해 보았다. 독일어권 국가들에서는 타트야나 슈넬을 중심으로 몇몇 심리학자들이 지난 몇 년간 이 현상을 연구하여 검증 가능한 인식에 도달할 수 있었다.

실존적 무관심에 빠진 사람들은 자신에게도, 타인에게도, 큰 전체에도 관여하지 않고 참견하지 않는다. 그러니까 이들은 이기적인 것이 아니다. 의도적으로 거부하는 것도 아니다. 오히려 이들은 주변의 요구에 부응하고자 하고, 남들처럼 행동하고 싶어 하며, 최대한 잘 해내고 싶어 한다. 그러나 자신에 대해 깊이 생각하고, 자신의 장단점을 고민하며, 가치관을 확립하고 목표를 세우고픈 마음이 없다.[6] 자기 삶에 대한 자신의 책임을 낮게 평가하며, 대신 과학과 기술을 더 신뢰한다.[7]

실존적 무관심에 빠져 있다고 해서 모두가 히키코모리만큼 세상에 등을 돌리지는 않는다. 하지만 이런 사람들은 대체로 사회에서 눈에 잘 띄지 않는다. 앞에 나서거나 참여하지 않기 때문이다. 그래서 이들을 찾아다니다 보면 어쩔 수 없이 자본주의 서구 사회의 이분화를 맞닥뜨리게 된다. 한편에는 참여하고 자아를 실현하는 사람들이 있다. 그 반대편에는 그럴 의욕이나 용기, 관심도 없는 사람들이 있다.

이 두 현실은 젊은 사람들을 분석한 결과를 통해서도 뚜렷이 확인할 수 있다. 흔히 Y세대라 부르는 지금의 20대 후반에서 40대 초반까지의 다수가 그 한편을 차지한다. 이들은 교육 수준이 높고 기술을 잘 활용하면서도 기술에 휘둘리지 않는다. 또 자신의 가치관을 삶의 지침으로 삼고, 신분과 커리어를 추구하기보다 의미 있고 균형 있는 삶을 살고자 한다.[8] 하지만 이 세대와 그 뒤를 이은 Z세대(1996년생~2012년생) 중에는 어떻게 살아야 할지 몰라 허둥대는 사람들도 많다. 영국 작가 클라이브 마틴의 글을 빌려 그들의 자기 비판적이고도 인상적인 목소리를 한번 들어보자.

"진짜 삶에서 달아나려는 이들은 10대와 대학생들로 그치지 않는다. 이제는 20대에서 40대까지도 그렇다. 원래는 더 많은 것을 알아야 마땅한 나이인데도, 그들은 이런 인생관 말고는 아무 대안이 없는 것 같다. (…) 이것이 나의 세대이다. 어른이 되어야 하는 실질적 동기가 없는 세대. 죄책감을 안기는 자식도 없고, 갚아야 할 주택담보대출도 없다. 의료 시스템 덕분에 생명을 유지할 수 있고, 직장이 있어서 먹고살고 집을 구하고 몸을 깨끗이 씻을 만큼 충분한 돈도 번다. (…) 우리 부모는 우리보다 수월하게 어른이 되었다. 어른이 되지 않을 수 없었다. 마음에 들건 안 들건 사회가 그들을 길렀으니 말이다. (…) 노동자 계급조차도, 대학 졸업장이 없어도 수입 좋은 일자리를 구해서 언젠가 집을 사고 결혼을 해서 아이를 낳을 수 있는 시절이었다. (…) 우리는 어찌할 바를 모르는 세대이다. 이제 우리는 우리 부모에게 상대적 안정과 품위를 선사하던 그 위대하고 포괄적인 신화보다 현실을 더 좋아할 수밖에 없기 때문이다. 길잡이가 되어주던 신화가 사라졌으니 숙취를 겪고 술이 깬 후 다시 일상으로 돌아가려 할 때 무엇을 보고 방향을 잡을 수 있겠는가?"[9]

언뜻 보면 실존적 무관심은 무척 매력적이다. 한 번쯤 숨을 크게 들이쉬고 내쉬면서 세상의 모든 문제를 저만치 밀어버린다. 아무것도 생각하지 않아도 되고 아무것도 하지 않아도 된다. 그냥 있으면 된다. 하지만 다시 한번 들여다보면 이런 세계관은 개인에게도 사회에게도 그리 바람직하지가 않다. 도덕적인 평가가 아니다. 경험 연구 자료가 입증하는 사실이다.

실존적 무관심에 빠진 사람들은 못 살지는 않아도 정말 잘 살지도 못한다. 체념 상태이거나 과도한 스트레스에 시달리는 경향이 높고 도전을 겁낸다. 친밀한 관계를 회피하는 경우도 더 많다.[10] 특별히 염세적이이거나 낙관적이지 않으며 특별히 희망에 차거나[11] 회복탄력성이 높지도 않아서[12] 적당히 만족해하고 행복해한다. 고통스럽다는 느낌은 없다. 정신

장애를 의심할 만한 특징을 더 많이 보이지도 않는다.[13] 젊은 이들의 경우 의미를 느낀다고 말하는 사람들보다 마약을 더 자주 하거나 흡연이나 음주를 더 많이 하지도 않는다.[14] 그러나 스스로 능력과 효율이 떨어진다고 생각하고[15] 자신의 행동이 성공하리라 믿지 않기에 활동이 적다.[16]

민주주의 사회에서는 체념적이자 수동적이라 부를 수 있을 이런 태도가 문제를 일으킨다. 민주주의는 최대한 많은 시민이 적극적으로 참여할 수 있고 참여하고 싶다고 느껴야 꾸려지는 제도이기 때문이다. 2019년에 작고한 연방헌법 재판소 판사 에른스트볼프강 뵈켄푀르데는 이런 말로 정곡을 찔렀다. "자유주의, 세속주의 국가는 스스로 보장할 수 없는 조건을 먹고 산다."[17] 민주주의의 성공을 책임질 이는 시민들이다. 그들의 참여, 그들의 논쟁과 열정, 실천이 없다면 민주주의는 무너지고 만다. '시민'이란 자신을 바쳐 구조의 뒤를 캐고 건설적 변화에 이바지한다는 뜻이기 때문이다.

무관심을 넘어 삶의 중심으로

그렇기에 이 질문은 개인의 문제일 뿐 아니라 사회적으로도 중요하다. 어떻게 해야 무관심의 상태에서 벗어나 한가운데로 들어갈 수 있을까? 이번에도 마르틴 하이데거에게서 영감을 얻을 수 있겠다. 그는 '본래의 것das Eigentliche'이라는 개념을 새롭게 정의하여 유익한 사고 작업의 본보기를 보여주었다. 우리는 대부분 이 말을 상대화하기 위해 사용한다. "본래는 오늘 쓰레기를 버리려고 했거든, 그런데…." 반대로 하이데거는 '본래의 것'에 담긴 '자기 것das Eigene'에 주목한다. 이미 내 안에 있는 본질이라는 뜻이 아니라 자기 결정이라는 뜻에서 나의 것을 향해 눈길을 돌린다. 요즘 말로 우리는 그것을 '진정하다authentisch'라고 부른다.

하이데거는 본래의 진정한 존재와 비본래의 존재를 대비한다. 비본래의 것은 '대중'이 하는 일을 지향한다는 특징을 지닌다. '대중'은 다수이고 평범하다. 그러므로 비본래적이라는 말은 무엇보다 순응하고 남의 기대에 부응한다는 뜻이다. 이런 태도는 실존적 무관심과 관련이 많다. 비본래적인 것이 본래적인 것이 되는 과정을 하이데거는 이렇게 적었다. "우선 현존재인 대중이 있고 대개 계속 그 상태로 살아간다. 그 현존재가 세상을 몸소 발견하고 배울 때, 즉 현존재가 스스로에게 자신의 본래적인 존재를 개시開示할 때, 이러한 '세상'의 발견과 현존재의 개시는 항상 감추고 숨기기를 멈추고, 현존재가 스스로를 차단하기 위해 사용하는 가면을 부순다."[18]

그러나 부수고 발견하는 과정이 저절로 일어나지는 않는다. 인간은 "대부분" 순응 상태에 머물러 있다고 하이데거가 말했을 때 그는 정말로 염세적이었다. 그러나 그는 우리를 그 상태에서 가장 잘 빠져나오게 만들 수 있는 것이 무엇인지도 알았다. 긍정적 환상으로 가는 길에서 우리도 이미 배운 사실, 즉 자기 유한성을 인식하는 것이다. 자신의 죽음을 깨달으면 인생관이 완전히 바뀐다. 하이데거는 그렇게 확신했고 그의 확신은 훗날 경험 연구로도 확인되었다. 삶의 끝자락으로 달려가서 뒤를 돌아보면 나의 눈이 활짝 열리고 나는 이렇게 묻는다. 어떤 기준에 맞추어 살아야 했을까? 히키코모리들이 거부했던 성공과 능력만이 진정으로 올바른 기준이었던가? 아니면 다른 기준도 있을 수 있었을까?

그런 상상이 자극제가 되어 삶의 속도를 늦추고 손발을 옭아매는 사슬을 부술 수 있을지 모른다. 무엇보다도 자신이 의미 있다고 느낀 경험이 의욕의 불을 지필 수 있다. 내가 존재할 필요가 있다고 느낀 그런 경험 말이다. 이는 1970년대 미국 심리학자 주디스 로딘과 엘렌 랭어가 입증한 사실이다. 양로원에 사는 노인들을 무작위로 두 집단으로 나누었다. 한 집단에게는 방에 화분을 놓아주면서 직원이 관리할 것이라고 말했다. 다른 집단에게는 직접 식물을 고르게 한 후 잘 키워달라고 부탁했다. 그랬더니 책임을 맡은 집단이 훨씬 활동적이고 긍정적이었으며 우울감도 덜했다.[19] 이 실험은 작은 변화만으로도 태도의 변화를 끌어낼 수 있다는 사실을 잘 보여준다. 내가 맡아 처리해야 할 일이 있고 누군가 나를 신뢰하며 내 행동이 결과를 낳는다. 이것이 시작이다. 나를 옭아

매는 코르셋을 찢고 밖으로 나올 수 있는 출발점이다.

삶의 끝자락에서 뒤를 돌아보면 새로운 시야가 열린다. 그뿐 아니라 우리가 너무 오래 무관심의 상태에서 나오지 못했던 이유, 그 메커니즘까지도 이해할 수 있게 된다. 의미와 행복이 다르듯, 어느 한순간에 느끼는 감정은 오래 영향을 미치는 감정과 다르다. 구체적인 한순간에는 아무것도 하지 않는 것이 편할 수 있다. 나서지 않아도 되고 용기를 내지 않아도 되며 입장을 정하지 않아도 된다. 잠자코 기다릴 수 있다.

무관심에는 여러 이유가 있을 수 있다. 편해서, 실수할까 봐 겁이 나서 그럴 수 있다. 1980년대 초 심리학자 대니얼 카너먼과 아모스 트버스키는 아무것도 하지 않는 편이 더 나은 결정이라고 믿게 되는 이유가 이런 두려움이라는 사실을 확인했다.[20] 그러나 시간의 지평을 넓히면 상황이 근본적으로 달라 보인다. 장기적으로 보면 행동했을 때보다 아무것도 하지 않았을 때 더 후회하기 때문이다.[21] 지금은 아무것도 하지 않는 편이 제일 나은 선택 같을지도 모른다. 하지만 나중에 돌아보면 지금의 결정을 후회하며 행동하지 않았던 자신에게 화가 날 가능성이 크다.

실존적 결집?

지금까지의 연구 결과로 볼 때, 실존적 무관심은 특별히 바람직한 상태는 아니다. 따라서 그 상태가 20년 전보다 눈에 띄게 줄었다는 소식은 일단은 좋은 뉴스처럼 보인다. 타트야나 슈넬이 실시한 대규모 설문 조사를 보면 실존적 무관심 상태에 있는 인구 비율이 2020년에는 35퍼센트였는데 현재 18퍼센트로 줄었다. 거의 절반이 준 셈이다. 젊은이들의 변화는 더 극적이다. 2000년대 초만 해도 18세에서 29세 사이의 젊은이 중에서 절반이 실존적 무관심 상태였지만 지금은 그 비율이 20퍼센트밖에 안 된다.[22] 그러니까 우리 사회에서 실존적 각성 비슷한 것이 일어났다는 말이다. 삶에서 의미를 보거나 의미를 찾는 사람들이 더 많아졌다는 뜻이다. 환영할 만한 소식이다. 그렇지 않은가?

한편으로는 그렇다. 실존적 무관심은 관심과 확신을 잃은 체념 상태이므로 미국 심리학자 에이브러햄 매슬로는 다음과 같은 말로 그 상태를 요약했다. "무엇에도 감탄하지 않는다. 무엇을 위해서도 희생하고 복종하며 목숨 바치지 않는다."[23] 그러나 매슬로의 말은 이런 변화가 문제가 될 수도 있는 이유 역시 밝히고 있다. 열정과 참여는 그 자체로 좋은 것인가? 누군가 사람들에게 전쟁이 옳다는 확신을 심어준다 해도 과연 그에 복종하는 것이 바람직한가? 민주주의를 망가뜨리고 음모론을 퍼트리거나 극우 구호를 외치며 거리로 달려 나가게 한다 해도? 시민들이 희생하지 않는 편이 사회에 더 유익하지 않을까? 지난 몇 년간 독일이 경험한 '실존적 결집'이 얼마나 의식적으로 이루어졌는지도 의심스럽지 않은가? 사회는 둘로 나뉘었다. 토론의 논조도 거칠다. 진지한 토론보다 공포나 감정이 앞설 때가 많다. 그러다보니 쉽게 휩쓸려서, 나도 모르는 사이 목소리 크고 선동적이며 공격적인, 참여가 아니라 복종을 요구하는 입장 편에 서게 된다.

실존적 무관심에서 벗어나 마르틴 하이데거가 말한 '본래의 것'으로 다가가는 걸음은 위대하다. 용기가 필요하고 벽을 뛰어넘어야 하며, 삶이 단순한 존재 이상일 수 있음을 신뢰해야 한다. 그러나 외부의 영향, 그리 반갑지 않은 영향이 그 걸음의 자극제가 되기도 한다. 사랑하는 사람의 죽음이나 중병, 실직이나 이별과 마찬가지로 사회의 위기가, 기후 변화와 전쟁이 자극제가 될 수 있다. 무슨 일이 일어나서 그 영향이 내게 직접 타격을 주면 대부분 무관심하기가 힘들다. 무관심이 고통으로 변하고, 그러면 사람들은 단단한 의미의 토대 위에 서 있던 사람들과 마찬가지로 절로 묻게 된다. 이 모든 일은 대체 무슨 의미가 있을까? 그럴 때 우리는 의미 위기에 빠진다.

10

고통의 의미는 무엇인가?

의미 위기의 중요성

마지막 날은 넷이서 함께했다. 그보다 더 아름다운 출발은 없었을 것이다. 일요일이었고 가을 방학의 첫날이었다. 모두 일어나 거실에 모였다. 그녀와 남편, 두 아이. 큰아이는 열여섯 살, 작은 아이는 세 살이었다. 그들은 음악을 들었다. 레너드 코언의 〈할렐루야〉와 루트비히 판 베토벤의 〈월광 소나타〉였다. 오후에 아들의 여자친구가 집에 놀러왔다. 잠시 후 둘은 밖으로 나갔다. 〈브리짓 존스의 일기〉 3편을 보러 극장에 가겠다고 했다. 베로니크 엘링은 소파에 누워 책을 읽었다. 날이 어두워져도 아들이 돌아오지 않았다. 불안해진 그녀가 메시지를 보냈지만 답장이 없었다. 한 번 더 보냈지만 연락이 없었다. 아들답지 않았다. 그녀는 남편에게 지금 경찰에 신고하면 너무 지나친 행동인지 물었다. 잠시 후 초인종이 울렸다. 인터폰에서 목소리가 들렸다. "경찰입니다." 그녀는 현관으로 달려갔다. 그리고 계단을 오르는 사람들을 바라보았다. 솔직히 아무것도 기억나지 않는다. 나중에 남편이 들려준 이야기대로라면 그녀는 비명을 질렀다. 비명만 질러댔다. "빅토르 엘링의 어머니 되십니까?" "네." 베로니크 엘링이 대답했다. "유감스럽게도 아드님이 사망했습니다."[1]

베로니크 엘링은 함부르크 아바톤 극장의 식당에 앉아 있다. 이곳에서 킬리안 트로티어를 열 번째 만나고 있다. 항상 점심시간이다. 그녀는 목소리를 낮추어 조곤조곤 말하고 신중하게 단어를 고른다. 그 순간이 아프면서도 아주 소중한 기억이기 때문이다.

경찰과 함께 온 목사. 아마 그녀가 그들을 데리고 집으로 들어갔을 것이다. 어쨌든 그들이 거기에 서 있었다. 제복과 반사안전조끼를 입은 사람들. 빅토르가 칼에 찔렸다고 그들은 말했다. 아우센알스터 호숫가에서, 함부르크 도심에서, 일요일 오후에. 잠시 후 그들은 그녀를 병원으로 데려갔다. 그곳에서 그녀는 아들을 보았고 아들 곁에 주저앉아서 아들의 머리카락을 쓰다듬었으며 아직 온기가 남아 있는 아들의 손을 붙잡았다. 그녀는 몇 시간 동안 그대로 앉아 있었다. 두 번 다시 일어서고 싶지 않았다. 그러나 일어서야 했다. 사흘 밤낮을 한숨도 자지 못했다. 몇 년이 지난 지금 그녀는 말한다. "비현실적이었어요. 너무 비현실적이어서 몇 주 동안 아침에 눈을 뜨면 그저 모두 악몽이었기를 바랐어요. 내가 세상에서

뜯겨나간 것 같았어요. 영혼이 얼어붙었죠."[2]

자식의 죽음보다 더 나쁜 일은 없을 것이다. 그것도 아직 어린 자식의 죽음이라면. 베로니크 엘링에게 그 일은 낭떠러지와 같았다. 그녀는 남아프리카공화국에 사시는 부모님을 불렀고 남편의 가족들도 불렀다. 혼자였다면 아마 목숨을 끊었을지도 모른다. 숨을 쉴 수 없었고 아무것도 기억할 수 없었다. 평생 지켜볼 수 있을 줄 알았던 사람의 장례식을 준비해야 했다. 아이가 입을 옷을 골랐고 영안실에 안치된 아이 옆에 앉아 있었다. 아직 수사가 마무리되지 않아 늘 안전요원이 함께 있었다. 그 안전요원 비용은 그녀가 지급해야 했다.

장례식이 끝나자 허무가 앞을 막아섰다. 이제 어떻게 살지? 살고 싶지 않은 삶, 거부하는 삶은 어떤 모습이어야 하나? 베로니크 엘링은 위기에 빠졌다. 더없이 심각한 위기였다. 아무것도 보이지 않았다. 그러니 의미 따위가 보일 리 없었다.

실존적 고통

의미를 의심하게 만드는 일은 많고도 많지만, 그중에서도 베로니크 엘링이 겪은 일은 너무도 잔혹했다. 적어도 우리가 사는 세상에서는 그런 극단적 고통을 겪는 사람은 그리 많지 않다. 그래도 사랑하는 사람을 잃는 고통은 우리 모두가 언젠가는 감당해야 할 일이다. 가까운 가족이나 친구가 병에 걸릴 수도 있고 우리가 큰 병을 앓을 수도 있다. 일자리를 잃을 수도 있고 사랑하는 사람과 헤어질 수도 있다. 삶에서 무언가가 부서질 때마다 의미에 의문부호가 찍힌다. 앞에서 이미 배운 의미는 건강과 같다. 있을 때는 소중함을 모른다. 하지만 사라지면 고통스럽다. 그렇게 되면 살던 대로 계속 살 수가 없다. 적어도 한동안은, 심할 때는 영원히.

의미가 위태로우면 확신이 흔들리거나 무너지기에, 그런 상태에 있는 사람들은 대부분 몸도 마음도 편치가 않다. 회복탄력성은 떨어지고 불만이 차오르며 희망이 사라져서 온 세상이 암흑으로 변하고, 불안과 우울감이 밀려드는 경우도 적지 않다.[3] 의미 위기 자체는 진단이 내려지는 임상적 장애가 아니다. 삶을 방해하지만, 일반 정신 질환처럼 기능 장애에서 비롯하지 않는다.[4] 물론 그렇다고 해서 아픔이 덜한 것은 아니다. 너무도 고통스럽기에 마음의 문을 닫을 수밖에 없다. 내 심정을 표현할 말이 없다. 아무도 나를 이해하지 못할 것 같다. 의미 위기는 우리 사회에서 눈에 잘 띄지 않는다. 그래서 위기를 겪은 수많은 사람이 생각한다. 나만 이런 기분이구나.

의미 위기가 심리학에서 말하는 자살의 예측 변수라는 사실은 여러 연구 결과로도 입증되었다.[5] 그러니까 의미 위기에 빠진 사람들은 삶을 서둘러 끝내고 싶다는 생각을 더 자주 한다. 이런 충동은 바깥을 향할 수도 있다. 모교에서 살인극을 벌인 18세 소년은 유서에 이렇게 적었다. "이게 다 무슨 소용이지? 내가 왜 일을 해야 하지? 뼈 빠지게 일하다가 65세에 은퇴하고 5년 후에 뒈지려고? 언젠가는 죽을 거고 어차피 다 빌어먹을 짓인데 뭐라도 이루려고 노력이란 걸 해야 해? 집 짓고, 애 낳고, 온갖 짓을 할 수 있겠지. 하지만 다 무슨 소용이야? 언젠가 집은 부서지고, 아이들도 죽을 거잖아. 도대체 인생이 무슨 의미가 있다는 거야?"[6]

의미 위기에 빠진 사람이 늘어난다

독일에서 지난 20년간 의미 위기는 크게 늘었다. 타트야나 슈넬과 페터 베커가 2000년 초에 시행한 설문 조사 결과를 보면 응답자의 4퍼센트가 의미 위기를 겪고 있는 것으로 의심되었다.[7] 그런데 이 비율이 2021년에 14퍼센트로 증가했다.[8] 그러니까 시점 유병률, 다시 말해 특정 시점에 해당 특징을 보이는 숫자가 세 배 이상 늘어난 것이다. 여러 연령대를 살펴보면 이 숫자는 더욱 불안감을 안긴다. 18세에서 29세 사이의 젊은이 중 4분의 1가량이 의미 위기를 겪고 있었기 때문이다. 나이가 들면 의미 위기는 줄어든다. 중년이 되면 20퍼센트 아래로 떨어지고, 70세가 넘어가면 2퍼센트로 크게 줄어든다.

왜 의미 위기에 빠졌냐고 물었더니 연령대에 따라 이유가 달랐다. 16세에서 39세까지는 주로 과도기에 위기를 겪었다. 이들은 무언가 결정하기가 고통스럽고 어떻게 살아야 할지 모르겠다고 대답했다. 40세에서 50세 사이의 중년층은 관계의 단절과 직장 문제가 자주 위기를 가져왔다. 50세가 넘으면 질병과 가족 갈등이 위기의 주요 원인이었다.

이렇듯 지난 20년간 위기의 수치가 유례없이 높아졌다고 하니, 위기에 대처하는 방법을 알고픈 바람도 더욱 절실해진다. 어떻게 하면 위기를 극복할 수 있을까?

의미 위기에 대처하는 법

끔찍한 일을 겪으면 누구나 전형적인 반응을 보인다. 이렇게 묻는다. 왜 나인가? 왜 하필 지금인가? 내가 무엇을 잘못했을까? 이런 반사적 반응은 너무도 인간적이지만, 우리를 궁지로 몰고 간다. 특히 나와 상관없이 일어난 일에서 의미를 묻는 짓은 정말로 아무런 의미가 없다. 심지어 위기에서 빠져나갈 길을 막을 수도 있다. 그런데도 수많은 자기계발서가 그런 식의 조언을 던진다. 사건의 의미를 찾으라고, 장점을 보라고, 그 일을 기회로 삼으라고 말이다. 물론 나중에 돌이켜보면 위기에서 많은 교훈을 얻을 수 있다는 말이 옳겠지만 이런 식의 조언은 매우 위험하다. 위기 자체 그리고 그 원인과 부수 현상에 적절히 대응하지 못하게 방해할 수 있기 때문이다. 이런 시각은 위기를 도구화한다. 나는 위기를 이용해야 한다. 내게 득이 되도록 활용해야 한다! 그런 태도는 안 그래도 힘든 시기에 그릇된 압박감을 조장한다.

의미 위기는 정상이다. 많은 사람이 겪는 일이고, 자주 겪는 사람도 많다. 실존철학과 실존심리학은 의미 위기를 자신과 세상을 상대로 싸우는 중요하고도 비판적인 한판 대결의 표현이라고 본다. 진정으로 살기 위해서는 꼭 필요한 대결의 표현이라고 말이다. 의미 위기는 불안과 두려움을 받아들이도록 용기를 준다. 나의 실존과 대결할 때면 거의 어쩔 수 없이 불안과 두려움이 나타나기 때문이다.

뿌리 깊은 희망

물론 그 사실을 안다고 해서 이 시기의 일상이 더 수월해지지는 않는다. 의미가 사라지면 삶의 토대가 흔들린다. 마르틴 하이데거의 표현을 빌리면, 현존재가 '섬뜩un-heimlich'해지는 것이다(독일어 unheimlich는 '집'이라는 뜻의 das Heim에서 나온 말이다. heimlich는 '집 같은', '친숙한'이라는 뜻이고, 여기에 부정 접두사 un-이 더해져서 unheimlich는 '섬뜩하다', '으스스하다'라는 뜻이 되었다. 뒷 문장의 '집을 잃고'는 여기서 나온 말이다—옮긴이). 나는 집을 잃고 안식을 잃고 정상성을 잃는다. 한때 거처가 되어주던 곳이 더는 존재하지 않는다. 이 얼마나 섬뜩한가! 이런 경험은 충격을 안길 수 있다. 사람을 미치게 만들 수 있다. 움쭉달싹 못하게 만들 수도, 영혼 없이 기계적으로 살게 만들 수도 있다. 하지만 그 안에는 미처 기대하지 않았던 것이 숨어 있다. 바로 희망이다. 의미를 잃은 사람은, 상황이 달라질 수 있다고 생각하기 때문이다. 의미가 가능하다고 생각하기 때문이다.

모순처럼 들린다. 위기를 겪고 있거나 겪은 후 그런 희망을 품기까지는 오랜 시간이 걸릴 수 있다. 그러나 생각만으로도 관점이 바뀔 수 있다. 내가 의미를 갈망한다는 사실은 의미 있는 삶이 어떤 모습일지 나름의 아이디어가 있다는 뜻이다.[9] 그 사실이 우리에게 영향을 미친다. 경험 연구는 의미 위기에 빠진 사람이 실존적 무관심에 빠진 사람보다 삶에 더 많은 것을 투자한다는 것을 보여준다. 그들은 거의 모든 의미 원천에 더 맹렬히 참여한다.[10] 환상을 버리고 결과에 연연하지 않으며 의미를 찾아 나선다. 우리는 알고 싶다.[11] 내 인생을 무너뜨린 그 사건에 의미를 부여하는 것으로 그치지 않는다. 삶의 의미를 찾고 싶다. 각각의 사건이 벌어진 이유를 알 수 없고 이해할 수 없다 해도, 또 고통을 부정할 수 없다 해도 인생에 담긴 의미를 찾고 싶다.

베로니크 엘링은 지난날을 돌아보며 그 과정을 이렇게 표현한다. "감사한 일이지요. 차츰차츰 시간과 세상의 리듬에 다시 적응할 수 있었으니까요." 어떻게 해야 할지 몰랐어도, 막내딸을 위해 해내야 한다는 것은 알았다. 이튿날 아침에 꼬마 여자아이가 굳은 표정으로 거실에 서 있었다. 아이는 무슨 일이 일어난 것인지 도통 이해할 수 없었다. "아이가 나를 쳐다봤고… 그 눈길이 결정적이었어요." 엘링이 말한다.

이겨내야 한다는 것은 알았다. 하지만 어떻게? 생각도, 감정도 없었다. 한순간도 사그라지지 않는 고통뿐이었다. 그 고통에 몸을 던질 수도 있었다. 그러나 그녀는 싸웠다. 삶과 자신과 예술과 맞붙어 싸웠다. 직업 가수이자 노래 교사인 그녀에게 예술은 계속해서 숨 쉬는 방법이었다. 그녀는 밤낮을 가리지 않고 책상에 앉아 가사를 썼다. 썼다 지우고 종이를 구겨서 버렸다. 그녀는 아들의 방으로 들어가 아들의 의자에 앉았다. 장소를 바꾸자 처음으로 마음이 조금 안정되었다. 거기 있으니 아들이 더 가깝게 느껴졌다.

매일, 숨이 막힐 것 같으면 노래를 불렀다. "노래를 부르면 영혼이 몸과 다시 맞물리지요. 영혼이 호흡을 만들고 호흡이 감정과 하나 되어 모든 것이 물 흐르듯 흘러갑니다." 아들이 죽고 몇 달 후 그녀는 처음으로 다시 무대에 올랐다. 자신이 잘 알던 함부르크의 작은 무대였다. 그녀는 노래했다. 〈날 버리지 말아요Ne me quitte pas〉와 〈사랑만 있어도Quand on a que l'amour〉라는 곡은 모두 자크 브렐의 곡이었다. 그다음으로 그녀는 네덜란드 가수 헤르만 반 빈의 노래 가사를 읊었다.

"예전에는 늘 생일이었어. 아무도 죽지 않았지. 지금은 매주 이런 말을 들어.

- 자크, 폐암이야.

- 장, 계단에서 굴렀대.

- 에디트, 상사병이야.

- 조르주, 뼈 빠지게 일만 하다 죽었지.

- 이렌, 제대로 살아보기나 했나.

프랑수아도 벌써 죽었어. 그랬기를 바라. 어제 땅에 묻었거든. 그래 좋아. 삶은 흘러가는 것이니. 하지만 겨우 열여섯 살이라면…"

마지막 문장의 원래 가사는 "하지만 겨우 열여덟 살이라면…"이다. 그녀의 아들이 열여섯에 죽었다.

어찌해야 할지 감도 잡히지 않았지만, 베로니크 엘링은 길을 나섰다. 모든 것을 부숴버릴 수 있었을 인생 최대의 위기에서도 그녀는 지금껏 버팀목이 되어주던 것을 생각했다. 의도적으로 한 행동은 아니었다. 그저 지난날들을 버티게 해준 단 하나의 것을 부여잡았다. 의미 연구의 관점에서 보면 바탕이 튼튼했다고 말할 수 있을 것이다. 그녀가 아들의 죽음이라는 끔찍한 일을 겪기 전 다양한 의미 원천에서 의미를 길어냈기에 그런 일을 겪은 후에도 곧바로 그 원천에 다가갈 수 있었던 것이다.

우리 모두는 삶에 의문부호가 찍힐 때 각자의 방식으로 대처한다. 문득 의미가 사라졌다는 깨달음이 밀려들 때, 중요한 변화를 앞두었거나, 사랑하는 사람 혹은 자신에게 무슨 일이 일어났을 때, 우리 모두는 각자의 방식으로 외로움, 공허, 절망을 느낀다. 그러나 위기가 아무리 개별적이라고는 해도, 의미의 원천이 베로니크 엘링에게 조용한 구원의 손짓이었다면 우리 모두에게도 의지처가 될 수 있지 않을까? 지금껏 내게 힘을 주는 것이 무엇이었을까? 내 인생의 의미는 무엇이었을까? 정말 모든 것이 사라졌을까? 아니면 그 와중에도 내 삶에 의미가 될 무언가가 어딘가에서 희미하게나마 반짝이고 있지 않을까? 우리 모두에게는 정체성의 일부가, 여전히 우리를 이루는 그 무언가가 고통 곁에 나란히 놓여 있다.

의미는 사치가 아니다

의미는 사치가 아니라는 사실은 의미가 위태로울 때 더욱 뼈저리게 다가온다. 의미는 케이크를 장식한 크림이 아니다. 우리 삶을 풍성하게 만드는 보너스가 아니다. 의미는 근본적이다. 아침마다 우리가 눈을 뜨는 이유이다. 물론 다르게 살 수도 있다. 기계처럼 움직이고 필요한 일만 하며, 그 외의 시간에는 최대한 즐기며 살 수도 있다. 그러면 무관심해도 어느 정도는 잘 살 수 있다. 그러나 발 딛고 선 땅이 너무 얕다. 조금만 부하가 걸리면 금방 무너진다. 그럼 정말로 많은 것이 흔들린다. 지금껏 나는 나의 삶을 살았던가? 아니면 그저 떠밀려 살아온 것일까?

삶을 주체적으로 꾸리고, 살아갈 이유를 찾겠다는 마음은 보너스가 아니다. 무관심하지 않으며 자신과 잘 지내고 자기만의 길을 가며 이 세상에 제 자리를 만들고 싶은 욕망은 예쁜 액세서리가 아니다. 따라서 그 욕망대로 되지 않는다는 느낌이 들면 조금 더 자세히 들여다보아야 한다. 물론 말처럼 쉽지는 않다. 하루하루 일상이 있고 의무가 있다. 대부분의 경우 무작정 일상을 박차고 나와 자신을 새롭게 정의하기는 어렵다. 그러나 정반대로 행동한다면, 다시 말해 실존적 의문을 무시한 채 살던 대로 살면서 절로 해결되리라 기대한다면 대부분 사태는 더 나빠지기만 할 것이다. "세월이 약이다"라는 속담이 있다. 하지만 세월이 간다고 의미 위기가 절로 해결되지는 않는다. 위기는 무언가 행동하라는 호소이다.

철학자 마르틴 하이데거는 이 고단한 저항의 행동에 이름을 붙였다. 바로 '필수not-wendig' 과정이라는 이름이다. 내가 느끼는 어려움Not을 뒤집을wenden 필요가 있다. 따라서 위기는 기회이다. 세상 모든 것이 절로 긍정적인 쪽으로 뒤집힐 수 있어서가 아니라, 위기를 통해 내가 삶을 전체로 바라보는 법을 배우기 때문이다. 의미 위기는 정직을 가르친다. 그것이 내 눈을 활짝 열 수 있다.

의미 위기에서 벗어나는 법

어려움이 해결된 지점에 도달하고 싶다. 하지만 너무 힘들어 조금도 움직일 수 없는데 어떻게 그럴 수 있을까? 덴마크 철학자 쇠렌 키르케고르가 이런 상황에서 벗어날 실마리를 제공한다. 그는 사고와 삶을 하나로 보았다. 철학은 순전히 이성적인 담론이 아니라 인간의 경험과 떼려야 뗄 수 없는 담론이다. 여기에 이론이 있고 저기에 인간이 있는 것이 아니다. 그는 확신했다. 주체가 객체를 인식하면 그 자체로 이미 관계가 성립하므로 주체와 객체는 칼로 자르듯 나눌 수 없다고 말이다.

이런 인식이 심리학에서도 매우 중요하다는 사실은 이미 많은 경험 연구로 입증되었다. 특정 순간에 나는 누구이며, 내 상태는 어떤지에 따라 우리는 세상을 다르게 인식한다. 그리고 그 인식, 그렇게 얻은 이미지는 우리 자신, 우리 몸과 상태에 영향을 미친다. 이에 대해서는 뒤에서 의미와 건강을 다룰 때 자세히 살펴볼 것이다. 지금은 이 사실을 이해하는 것이 중요하다. 세계적 위기이건, 개인이 힘든 상황이건, 운명의 장난이건, 어떤 객관적 사건이 내게 어떤 영향을 미칠지는 미리 예측할 수 없다. 결과는 내가 그 사건에 어떻게 대응하느냐에 달려 있다. 문제, 위기, 고난이 닥친다. 그것들이 존재한다. 하지만 나는 다르게 반응할 수 있다. 무시하려 애쓸 수도 있고 적극적으로 대처할 수도 있다. 그럴 때 고난은 고생이 된다. 내가 행동하는 어떤 것이 된다.

'고생하다Leiden'는 동사이다. 이는 중세 고지 독일어(고대 독일어와 현대 독일어 사이에 존재했던 언어 형태—옮긴이)에서 온 말로 '길을 떠나다', '고난을 견디다'라는 뜻이다. 그것은 내가 고난을 받아들일 때 하는 행동이다. 나는 미지의 세상으로 나아간다. 이제 더는 어떤 일을 당하기만 하는 사람이 아니다. 나는 고생하는 사람, 어떤 일에 적극적으로 나서는 사람, 행동하는 사람이다. 위기를 향해 내디딘 이 발걸음이 이미 위기에서 빠져나올 첫걸음이다. 키르케고르 전문가인 알무트 푸르헤르트 말처럼, 내가 뛰어들고 고생을 허락하기에 결국 고생에서 벗어날 수 있다.[12]

우리는 의미를 찾는 여정 초반에 의미 개념의 유래를 알아보았다. 의미라는 말은 원래 '방향을 잡다', '여정을 찾다'라는 뜻이다. 그러므로 의미와 고생 모두가 출발이요 시작이다. 방향을 정하고 아직 확정되지 않은 올바른 길을 찾는 것이다. 나를 도전으로 이끌어갈 수도 있는 그런 길 말이다.

고생도 삶이다. 현대사회는 최대한 고생을 피하려 한다. "고생하지 마." 이 말이 신조가 되어버렸다. 물론 이 신조 덕분에 인류는 많은 성과를 거두었다. 의학이 발전했고 복지국가를 이룩했다. 그러나 이 역시 대가가 없지 않다. 우리는 편리와 안전을 추구하며 조금의 고생도 부담스럽다고 느낀다. 따라서 피할 수 있다면 최대한 피하는 것이 옳다고 생각한다. 고생하는 사람은 이 신조와 맞지 않는다. 분위기를 망치고 기분을 망치며 효율성을 떨어뜨린다.

이런 관점도 일면 타당하다. 누가 고생을 좋아하겠는가? 그러나 어떻게든 고생을 피하려는 생각은 비현실적이다. 아무리 발전하고 진보한다 해도 고생하지 않는 삶은 없다. 고생을 쫓아버리려는 바람이 고생을 덜어주지는 않는다. 오히려 내가 고생을 인정할 때, 고생을 허용할 때 비로소 그 원인에 다가갈 수 있고 변화를 꾀할 수 있다.

변화를 일으키는 의미 위기의 힘

삶에 의미가 없어서 뼈저리게 의미가 그립다는 사실을 깨달았다면, 이제 그 갈망의 뿌리로 내려가야 한다. 그러면 몇 가지 일이 일어날 것이다. 지금과 같은 시각은 나의 발전에 아무런 도움이 안 될 수도 있다. 나의 확신과 지식, 권력이나 기술력이 유익하지 않을 수도 있다. 온 세상을 내 손아귀에 넣고 휘두를 수는 없다. 그것이 의미 위기가 주는 가르침이다. 위기에는 변화의 힘이 숨어 있다. 그 힘 모두를 내 마음대로 할 수는 없지만 어쨌든 힘이 숨어 있다.

무언가를 향한 기대는 길을 열어줄 수도 있고 길을 막을 수도 있다. 그러니 어느 날 우연히 보석을 찾듯 위기가 의미를 찾게 해주리라 기대해서는 안 된다. 의미는 공산품처럼 제작할 수 없다. 의미를 갈망할 때는 내게 무엇이 부족한지 이해하는 것이 우선이다. 어디에서 의미가 부족한지, 머릿속으로 상상하는 삶과 실제 삶의 틈이 어디에서 생겼는지부터 알아내야 한다. 정직한 시선은 가혹할 수 있지만, 그럴 때만 변화의 충동이 일어난다. 현실의 모습과 미래의 모습 사이의 차이를 깨달을 때 말이다.

나는 정직하게 나 자신과 세상을 바라보고 자기 이해를 명확히 하며 의미 있게 잘 사는 삶이 어떤 삶인지 나름의 인생관을 확립한다. 그것이 의미 위기를 겪으며 새롭게 형성되는 나의 기초이다. 과정이 길어질수록 더욱 나를 성장시키고 내게 힘을 줄 수 있는 과정이다. 하지만 전혀 다른 식으로 흘러갈 수도 있다. 의미를 묻게 되면 일단은 주변이 더 암울하게 느껴질 수 있다. 많은 사람이 그런 경험을 한다. 개신교 신학자 폴 틸리히 역시 길을 잃은 듯한 기분에 빠졌지만, 거기서 멈추지 않고 깊이 있는 선善을 끌어냈다. 그의 말대로 '절망할 용기'를 내면 존재의 용기가 생긴다. 이 삶에 나를 맡기고 끝까지 내려가보겠다는 각오 말이다. 그렇기에 라이너 마리아 릴케는 말했다. "우리의 심장은 깊으나 그 안으로 파고들지 않으면 절대 바닥까지 가지 못합니다. 그러나 바닥에 있어 보아야 합니다. 그것이 중요하지요."[13]

바로 그곳, 바닥에서 말로 표현하기 힘든 일이 일어난다. 말로 표현할 수는 없어도 수많은 사람이 경험한 일이다. 나는 부서져 바닥에 흩어져 있다. 하지만 여전히 나는 존재한다. 존재라는 이 추상적인 것, 내가 살아 있다는 경험은 사라지지 않는다. 오히려 정반대이다. 바로 그곳, 어둠 속에서 의미 있는 삶의 가능성을 향한 새로운 신뢰가 싹튼다. 그러면 나는 그 어두운 곳에서 한때 내게 의미를 선사하던 원천으로 돌아갈 수 있다. 혹은 새로운 원천을 찾으려 노력할 수도 있다. 나만의 속도로 나의 길을 닦으려 노력할 수 있다.

첫 만남 후 몇 년이 흘렀다. 베로니크 엘링과 킬리안 트로티어가 다시 만났다. 트로티어가 동료 메를레 슈말렌바흐와 함께 함부르크로 왔다. 그녀의 아들 빅토르가 살해당한 후 그녀의 삶과 삶의 의미에 관해 이야기를 나누고 싶었다. 사건이 벌어진 지 5년이 지났지만 범인은 잡히지 않고 있다. 엘링은 가수이자 노래 교사로 계속 일하며 여전히 함부르크에서 살고 있다. 삶이 크게 달라지지는 않았지만 마음은 머나먼 길을 걸어왔다.

그녀는 고통 자체가 깨달음을 주지는 않는다는 사실도 배웠다. "하지만 고통에서 벗어나는 길이 많은 것을 가르쳐줍니다."[14]

그녀는 어떻게 고통에서 벗어났을까? 슈말렌바흐와 트로티어가 물었다.

"저는 연기를 공부했는데 거기서 정말 멋진 비유를 배웠죠. 감정에 휩쓸리지 말고 파도를 타듯 감정 위에서 서핑을 해야 한다고 말이에요. 파도가 나를 덮쳐 물을 삼킬 때면 늘 그 말을 나 자신에게 했답니다. 해일 위에서 서핑을 하려고 한 거예요. 정말 쉽지 않았어요."

파도에 부서지는 사람들이 적지 않다고, 슈말렌바흐와 트로티어가 말한다.

"어디가 위고 어디가 아래인지를 모르면 부서져요. 위로 올라가려고 노력해야 해요. 빛을 향해, 숨 쉴 수 있게 공기를 향해 올라가야 해요."

어디가 위인지 모르면요?

"놓아주어야죠."

뭘 놓아주나요?

"싸움을요. 싸우느라 힘을 다 쓰면 물에 빠져 죽고 말아요. 힘을 빼면 몸이 저절로 수면으로 올라가거든요. 우리 인간은 그렇게 만들어진 존재예요. 물질 세계에서요. 하지만 비유적으로도 그래요."

무엇과 싸우나요?

"일어난 일에 맞서 싸우죠. 운명에 맞서 싸워요. 그게 처음으로 느끼는 충동이거든요."

어떻게 이런 깨달음에 이르게 되었나요?

"빅토르가 죽고 1년쯤 지났을 때 꿈을 꾸었어요. 어두운 바닷속이었는데 어디가 해변인지 모르겠는 거예요. 그런데 물과 싸우면 안 되겠다는 생각이 들었어요. 물을 받아들이고 물에 나를 맡겨야 해변으로 갈 수 있겠다고 생각했죠. 아마 그 꿈이 생존본능을 깨웠던 것 같아요. 어떻게 해야 슬픔을 이길 수 있을지, 그 꿈이 가르쳐주었던 것 같아요. 그 점은 지금도 진심으로 고마워요. 안 그랬으면 아마 지금 저는 여기 없었을 거예요. 그날 잠에서 깨자마자 글을 쓰기 시작했어요. 코르크 마개가 뻥 하고 열리는 듯했어요. 몇 달 동안 정말 많은 노래가 탄생했어요. 뮤지션인 남편 헨리크와 같이 빅토르에게 바치는 앨범을 만들었답니다. 그게 구원이었죠."

그 앨범에는 〈다정한 소년Le garçon tendre〉이라는 곡이 실려 있다. 소년은 빅토르이다. 노래는 이런 가사로 끝을 맺는다.

"마지막으로 그가 내게 말하지.
눈을 감아.
마음으로 보면
더 잘 보여.
너를 에워싼 행복이."

열여섯 살 아들을 범죄로 잃은 여자가 행복을 노래한다. 가장 어두웠던 순간에 행복을 다시 받아들이는 법을 배웠기 때문이다. 그렇게 하여 그녀는 아들 곁에 머문다. 그렇게 하여 그녀는 위기에 작별을 고했다.

11

의미는 좋은 것인가?

의미와 건강의 관계

라이너 칼문트가 오후 두 시에 집으로 오라고 했다. 자를란트주에 있는 한가한 도시 자를루이의 조용한 거리 끝에 그의 집이 있었다. 킬리안 트로티어가 초인종을 누르자 그의 아내 질비아가 문을 열어주며 그가 아직 헬스장에서 안 왔다고 말한다. 이보다 적절할 수는 없다. 5분 후 검푸른 운동복을 입고 운동 가방을 든 칼문트가 나타난다. "이리 와. 테라스에 앉지." 보자마자 말을 놓으며 그가 우리에게 묻는다. "뭐 좀 드실까?" 말이 끝나기 무섭게 그의 아내가 렌틸콩 수프를 들고 테라스로 나온다. 그가 조금씩 두 번 덜어서 먹더니 접시를 옆으로 밀어버린다. 위를 절제한 후로 많이 먹지 못한다.

거대한 배는 그의 트레이드 마크였다. 지난 몇십 년 동안 그랬다. 바이에르 레버쿠젠 단장이 되어 축구단을 크게 키우던 시절부터 그랬다. 레버쿠젠은 한동안 분데스리가에서 제일 매력적인 경기를 선보였고, 6년 동안 네 번이나 준우승을 했다. 한번은 챔피언스리그 결승전에서 레알 마드리드에게 패했다. 패배의 순간 칼문트는 울었지만 1976년부터 2004년까지 그가 키운 축구단을 자랑스러워했다.

정기적으로 텔레비전 쇼에 출연하기 시작했을 때도 그의 배는 산더미만 했다. 그는 〈알프레디시모〉, 〈코흐아레나〉, 〈그릴 덴 헨슬러〉 같은 프로그램에 출연했다. 모두가 그를 칼리라고 불렀다. 분위기 메이커 칼리. 기회만 생기면 명언을 내뱉는 칼리. 기분 좋은 남자 칼리. 틀림없이 생크림케이크 한 조각을 더 먹는 칼리. 그렇게 그는 전설적인 존재가 되었다.

배는 남산만 했고 몸무게는 180킬로그램이었다. 그랬던 그가 과감한 결심 끝에 병원에서 수술을 받았다. 지금 자를란트에 있는 그의 집 테라스에는 날씬한 남자가 앉아 있으며, 그 결심의 이유를 들려주기 시작한다.[1]

2019년 여름 미국으로 떠난 휴가에서 모든 일이 시작되었다. 캘리포니아 최남단에 사는 지인에게 들렀다가 샌프란시스코로 가던 중이었다. 비행 시간은 짧았고 그는 아내와 딸과 함께 공항으로 향했다. "거기서 시작되었지. 교통약자 전용 카운터 직원이 내 엉덩이에다 휠체어를 쓱 밀어넣었어. 샌프란시스코에 도착했을 때도 똑같은 일이 벌어졌고." 처음에는 그냥 참 친절하고 편하다고만 생각했다. 그런데 갑자기 반발심이 일었다. "휠체어를 타지 않으려고 온갖 짓을 다 하는 사람이 얼마나 많은가? 아이, 젊은이, 늙은이까지 말이야. 그런데 나는 필요도 없는 휠체어를 타고 있으니. 아냐, 이럴 수는 없어!"

오래 세월 그는 살을 빼려고 노력했다. 음악그룹 켈리 패밀리의 싱어였고 지금은 익스트림 스포츠 선수인 친구 조이 켈리와 함께 30킬로그램을 뺀 적도 있었다. 하지만 매번 요요 효과에 지고 말았다고 그는 말한다. 캘리포니아에서 독일로 돌아온 그는 바이에른 뮌헨의 전직 단장이었던 울리 회네스를 만났다. 축구 이야기를 하기 위해서였다. 대화를 마치고 돌아가려 할 때 회네스가 말했다. "칼리, 그 배 어쩔 거야? 그대로 놔둘 거야?" 그날에 대한 칼문트의 기억이다. 회네스가 추천해서 만난 의사는 칼문트에게 말했다. "칼문트 씨, 위절제술밖에 방법이 없습니다." 얼마 후 칼문트는 수술실로 들어갔다. 그때 그의 나이가 71세였다.

그의 배는 그의 트레이드 마크인 동시에 그의 문제였다. 그것을 너무 늦게 깨달았다. 그의 말대로라면 수십 년 동안 건강 지표들이 대체로 좋았기 때문이다. 심장, 혈관, 모든 것이 정상이었다. 그러나 그가 이 시절 문제를 깨달은 데에는 다른 이유도 있었다. 아직 어린 딸아이 때문이었다. 그는 아내 질비아와 함께 딸을 입양했다. "그래서 수술을 받았지." 그는 불과 몇 초 만에 친절한 수다꾼에서 조용조용 이야기하는 생각 깊은 가장으로 변신했다. "최대한 오래 살고 싶어. 아내 곁을 지키고 싶고, 우리 딸이 처녀가 되는 걸 지켜보고 싶거든."

라이너 칼문트는 사랑하는 가족 곁에 최대한 오래 남고 싶다. 근본적 변화의 의지는 거기에서 나왔다. 그러기 위해서는 예전보다 더 책임감 있게 살아야 한다. 그 사실을 그는 깨달았고 따라서 행동했다. 심리학의 관점에서 보면 이렇게 표현할 수 있을 것이다. 칼문트가 자기 삶에서 큰 의미를 보았다고 말이다. 그에게는 의미를 길어내는 다양한 의미 원천이 있고, 그중 최고의 원천은 바로 가족이다. 그사이 이 방향성이 그를 더 건강하게 살도록 이끌어주었다. 건강이 너무도 많은 것의 기반이기 때문이다.

의미와 건강, 이 둘은 서로 떼려야 뗄 수 없는 관계이다. 라이너 칼문트야말로 그 사실을 입증하는 산증인이다. 다만 문제는 방법이다. 정확히 어떻게 해야 할까? 무엇이 먼저인가? 의미? 아니면 건강? 건강한 사람들은 의미를 잘 찾을까? 아니면 의미를 찾으면 저절로 건강이 좋아질까?

건강을 선사하는 의미

의미 관련 주제 중에서 지난 몇십 년간 이보다 더 많이 연구된 주제는 없었다. 전 세계에서 이 문제를 다룬 수백 건의 연구 결과가 발표되었다. 일부는 매우 복잡한 실험을 몇 년에 걸쳐 진행한 끝에 나온 결과이다. 결과를 종합하면 놀랍도록 명확한 그림이 그려진다. 자기 삶이 의미 있다고 생각하는 사람이 몸과 마음 모두 더 건강하다. 그리고 이 건강의 적잖은 부분이 의미 덕분이다.

물론 의미를 느낀다고 해서 병에 안 걸리지는 않는다. 하지만 의미를 못 찾는 사람보다 병에 걸리는 빈도가 낮다. 설사 병에 걸리더라도 병을 다르게 경험한다. 여러 연구 결과를 보면 삶이 의미 있다고 생각하는 사람은 여러 질환에서 증상이 덜하며 통증도 덜하다고 한다. 그러니까 의미가 질병으로부터 나를 무조건 지켜주지는 못하지만, 그 질병에 대처하는 방법을 바꾸어주는 것이다.

연구 결과들이 워낙 다채로워서 여기서는 간단하게만 살펴볼 것이다. 21세기 초에 일본에서 질병보험 가입자를 대상으로 몇 년에 걸쳐 주기적으로 건강 상태를 물어보았다. 총 4만 3,000명 이상이 응답했다. 처음 설문 조사에서 인생이 의미 있다고 대답한 사람들은 그렇지 않다고 대답한 사람들보다 7년 후에 훨씬 더 건강했고 통증도 덜했다.[2] 수많은 연구 결과를 종합하여 분석한 메타 연구 결과도 비슷했다. 의미가 있다고 생각하는 사람들이 심혈관계 질환을 앓는 확률이 눈에 띄게 낮았다.[3] 미국에서 실시한 한 연구 결과를 보면 의미를 느끼는 사람이 알츠하이머병에 걸릴 확률이 더 낮았다. 신경심리학자 퍼트리샤 보일이 동료 학자들과 함께 해마다 1,000명 이상을 인터뷰하여 심리적·신체적 건강 상태를 조사했다. 참가자 다수가 사망 후 두뇌 해부에도 동의했다. 그에 따라 사망 후 그들의 뇌를 해부했더니 삶이 의미 있다고 대답한 사람들의 정신적 능력이 훨씬 느리게 퇴화했다. 심지어 알츠하이머병을 앓았지만 생전에 아무 증상이 없었던 사람들도 있었다.[4] 이들 역시 인생이 의미 있다고 대답한 사람들이었다.

삶이 의미 있다고 생각하는 사람이 더 오래 산다는 사실을 여러 대학교의 여러 팀이 동시에 입증했다. 2015년 미국의 한 연구 결과에 따르면 삶이 의미가 있다고 대답한 사람은 사망 위험이 23퍼센트나 낮았다.[5] 반대로 삶이 의미 없다고 대답한 사람은 사망 위험이 2.5배 더 높았다. 50세 이상 성인 7,000명을 상대로 조사한 한 미국 연구의 결과도 그렇다고 주장한다.[6] 앞에서 소개한 일본의 대규모 연구 결과에서는 7년의 연구 기간 동안 삶에 의미가 거의 없거나 아예 없다고 대답한 사람들의 사망 위험이 50퍼센트 더 높았다.

이렇게 이의를 제기할 수도 있다. 삶의 의미는 멋지고 좋은 것이다. 하지만 수명을 삶의 의미와 건강 자체가 아니라, 그 둘에 영향을 미치는 다른 요인으로 설명할 수 있지는 않을까? 결혼 여부, 교육, 수입, 스트레스, 병력, 수면 시간, 체질량 지수, 운동과는 어떤 관계가 있을까? 모든 연구가 이를 검토했고, 의미는 그 모든 요인과 관계없이, 아니 그 모든 요인을 뛰어넘어 수명을 예측한다는 사실을 확인했다. 왜 그럴까? 자를루이의 테라스로 돌아가면 그 이유를 알 수 있다.

우리가 사는 능력 지향적 사회의 기준으로 보면 라이너 칼문트는 많은 것을 이루었다. 직장에서 최고의 자리에 올랐다. 그는 분데스리가의 혁신적인 축구단 단장이었다. 이미지 관리도 잘해서 축구계를 넘어 전국의 유명인사가 되었고 돈도 많이 벌었으며 인기도 많이 누렸다. 그건 그도 잘 아는 사실이다. 하지만 그가 생각하는 그의 인생은 그것만이 아니다. "인생이 꽃밭만 있는 게 아니거든. 햇살만 비추는 게 아니야." 칼문트는 아주 심각하게, 느릿느릿 이야기한다. 텔레비전에서 보던 그와는 완전 다른 모습이다. "나쁜 순간도 있었지. 혹독한 나날들, 슬픈 경험, 끔찍한 일도 있었어."

칼문트는 일찍부터 삶을 가혹함을 맛보았다. 아버지가 돌아가셨을 때 그의 나이는 겨우 여섯 살이었다. 그러니까 아버지를 거의 몰랐다고 할 수 있다. 가정 불화로 집을 나간 아버지는 프랑스 외인부대에 입대했고 베트남 전쟁에 참전하여 그곳에서 사망했다. 그로부터 50년 후 칼문트는 아버지의 무덤을 찾았다. 그 여행 이야기를 하는 그의 눈에 눈물이 고였다. "슬플 줄 알았는데, 그 기분은 말로 표현할 수가 없어. 그때 찍힌 사진을 보면 눈동자가 완전 텅 비어 있거든. 베트남으로 간 아버지를 책망한 게 아니라 그냥 깊은 슬픔을 느꼈던 거지."

사생활은 바람과 달리 원만하지 못했다. 첫 번째 부인과 이혼했고 두 번째 부인과도 마찬가지였다. 그는 당시에 "축구가 사랑을 잡아먹었다"고 말했다. 칼문트는 지금처럼 가정적인 남자가 아니었다. 화려한 스포츠 세계에 푹 젖어 성공을 갈망했고 승리, 승리, 또 승리를 욕심냈다. "결국 게임에 불과한 것에 내 인생 대부분을 쏟아부었구나, 하는 생각을 해본 적이 있으신가요?" 킬리안 트로티어가 묻자 칼문트는 대답한다. "그건 아니야. 나는 완전히 몰두했었어. 늘 제정신이 아니었지." 그럼 지금은? "나이 먹고 정신이 들었어. 아내와 아이들이 1순위야. 2순위도 가족이지. 그다음은 손주들과 친구들이고."

뒤돌아보면 후회되는 일이 많다. 70대 중반인 지금의 그가 보기에 그는 그릇된 우선순위대로 살았다. 이제는 무엇이 중요한지 안다. 그는 그 깨달음을 실천하려 한다. 그 깨달음이 그에게 동기를 부여한다.

동기 부여로서의 의미

동기 부여. 바로 앞에서 이야기한 이 말은 중요하다. 우리는 성격으로 향하는 첫 여정에서 우리를 떠미는 동력이라는 뜻으로 이 말을 자세히 살펴보았다. 바로 이러한 동기 부여가 자기 인생이 의미 있다고 생각할 때 건강이 좋아지는 첫 번째 이유를 설명한다.

이 효과를 조금 더 잘 이해하기 위해 1970년대로 여행을 떠나서 에런 안토놉스키라는 이름의 학자를 만나보자. 뉴욕에서 태어난 그는 2차 세계대전이 발발하자 미군에 입대했다. 그는 제대 후 사회학을 공부했고 몇 년 후 이스라엘로 떠났다. 그는 건강의 탄생이라는 뜻의 '살루토제네시스Salutogenesis'라는 개념을 개발해 세계적으로 유명해졌다. 안토놉스키는 이 개념을 통해 관점을 바꾸었다. 무엇이 한 사람을 병들게 하는지보다 무엇이 그 사람의 건강을 유지하는가로 눈길을 돌린 것이다.[7]

그는 자신이 평생 연구할 주제를 우연히 만났다. 사실 그는 여러 문화권의 여성들이 어떻게 갱년기를 통과하는지 알고 싶었다. 실험 참가자 중에 1914년에서 1926년 사이에 유럽 중부에서 태어났고 지금은 이스라엘에 사는 유대인 여성 몇 명이 끼어 있었다. 설문 조사 항목에는 나치 수용소에 있었는지 묻는 조항이 있었다. 그런데 설문 조사 결과를 살피던 그는 놀라운 사실을 발견했다. 나치의 참상을 겪고 살아남은 여성의 29퍼센트가 심리적으로 건강하다고 대답한 것이다.[8] 그는 이 사실을 쉽게 이해할 수 없었다. 그런 끔찍한 일을 겪고도 잘 살 수 있다고? 그 후 몇 년 동안 그는 이 문제에 관심을 쏟았고, 결국 '일관성Sense of Coherence' 모델을 만들었다. 그는 이를 자기 삶을 이해하고 감당하며 의미를 찾을 수 있다는 '신뢰'로 정의했다.

내 삶의 기본 특징을 이해하면 나는 내 경험을 정리정돈할 수 있다. 온갖 경험을 이해할 수 있으니 경험에 휩쓸리지 않는다. 내 삶을 감당할 수 있다고 느끼면 어떤 일이 일어나더라도 내 능력을 동원하건 외부의 도움을 받건 그 일을 척척 처리할 수 있다고 자신한다. 내가 하는 일에서 의미를 발견하면 내 삶을 살 만한 가치가 있다고 느낀다. 안토놉스키는 이 중에서 세 번째 요소인 의미가 가장 중요하다고 보았다. 내 삶이 살 만한 가치가 있다는 생각이 들어야 비로소 나는 건강하게 살아야겠다는 의욕을 느낀다. 의미는 저항에 부딪혀도 꺾이지 않고 계속 나아가게 만든다.

건강하게 살기는 쉽지 않다. 건강을 정의하기부터가 쉽지 않다. 나는 늘 어느 정도는 건강하거나 덜 건강하다. 이는 여러 차원에서 그러하다. 몸은 건강해도 마음이 아플 수 있고, 거꾸로 몸은 아프지만 마음이 건강할 수 있다. 하지만 이 모든 형태의 건강은 '마음속 게으름뱅이'를 물리쳐야만 유지할 수 있다. 다시 말해 충분히 몸을 움직이고 균형 잡힌 식사를 하며 술과 담배, 마약을 멀리해야 한다. 이에 대한 동기 부여는 내가 나에게 주어진 삶을 살고 싶기에 그렇게 하는 것이 가치 있다고 믿을 때 이루어진다. 여러 연구가 이 이론의 정당성을 입증했다. 다시 말해 의미를 아는 사람은 사는 것이 가치 있다고 생각하고, 따라서 삶을 유지하는 데 시간과 에너지를 투자한다. 이들은 자기 건강을 책임진다.[9] 그리고 그 결과 더 건강하게 산다.

이 뒤편에 숨은 역학을 미국의 한 연구팀이 추적했다. 이들은 심장질환을 앓는 130명의 남녀 환자에게 자신의 건강 상태를 평가해보라고 부탁했고, 또 삶이 얼마나 의미 있다고 느끼는지도 물었다. 그랬더니 삶이 의미 있다고 대답한 사람들이 더 건강하다고 느꼈고, 나아가 운동도 더 많이 했다. 삶의 의미가 신체 활동을 하도록 동기를 부여했고, 이것이 다시금 더 건강하다는 느낌을 선사했다.[10]

독일에서는 심리학자 울리히 비스만과 한스 요아힘 한니히가 평균 나이가 67세인 170명 중 상대적으로 건강한 성인을 대상으로 연구를 했다. 이들에게 병원에 가는지, 식사는 잘하는지, 운동은 많이 하며 잠은 푹 자는지, 술과 담배는 절제하는지 물었다. 이번에도 역시 삶에서 의미를 느끼는 정도가 얼마나 건강한 생활을 하는지를 가장 정확하게 예측했다.[11]

방금 소개한 연구들은 모두 참가자들에게 한 번만 질문하는 단면연구법을 사용했다. 그와 달리 루마니아에서는 청소년들에게 시차를 두고 두 차례에 걸쳐 비슷한 질문을 던지는 실험을 진행했다. 그 실험 결과에서도 역시 첫 번째 대답 당시 의미를 느낀 정도에 따라 13개월 후의 식습관 및 운동 여부를 예측할 수 있었다.[12] 50세 이상의 미국인 7,000명을 대상으로 6년 동안 진행한 미국의 한 대표 연구에서도 결과는 동일했다. 6년 후 건강 관리 여부를 가장 정확하게 예측한 요인은 삶의 의미였다. 즉 삶이 의미 있다고 대답한 사람들이 6년 후에 콜레스테롤 수치를 주기적으로 검사하고 장 내시경과 전립선 검사를 잘 받고 있었다. 나아가 병원 입원 횟수도 훨씬 적었다.[13]

내가 하는 일의 이유를 알면 힘들어도, 하기 싫어도, 고단하고 괴로워도 그 일을 한다. 수많은 연구 결과가 이를 보여준다. 즉, 의미는 동기를 부여한다. 아니, 그 이상이다. 의미는 중재도 할 수 있다. 전문용어를 쓰자면 스트레스 요인과 스트레스 경험을 중재한다. 이것이 무슨 말인지는 라이너 칼문트의 위절제술 이야기를 들어보면 알 수 있다.

중재자로서의 의미

병원으로 가던 이야기부터 시작해보자. "가면서 걱정이 이만저만이 아니었지." "무슨 걱정을 그렇게 하셨습니까?" "불안했지. 내가 어떻게 해볼 수 있는 일이 아니니까." 칼문트라서 더 힘든 상황이었다. 늘 앞장서 행동하던 사람이 아무것도 할 수 없는 상황에 부닥쳤다. 겁이 났지만 물러서지 않은 건, 그렇게 결정한 이유를 정확히 알았기 때문이다. 그는 허리둘

레를 줄이고 싶었다. 하지만 더 깊이 들어가면, 가족과 더 많은 시간을 보내고 싶었다.

이 동기가, 이 의미가 스트레스 요인과 스트레스 경험의 관계에 영향을 미쳤다. 수술은 스트레스 요인이고, 스트레스 경험은 그의 감정이다. 그로서는 쉽지 않은 결정이었다. 익숙지 않은 상황인 데다 위험하기까지 했으니 말이다. 그래도 그는 뜻을 굽히지 않았다. 그것이 목표에 도달할 유일한 길이었기 때문이다. 수술실로 들어가기 직전 그는 안정을 찾았다. 그의 변호사이기도 한 절친한 친구가 곁을 지켰다. 수술실로 들어가며 그가 친구에게 물었다. "무슨 일 생기면 어떻게 할지 아내, 아이들을 위해 다 잘 대비해놨지?" 그렇다는 대답이 돌아왔다. "친구의 대답 덕분에 마음의 부담이 줄었어."

수술은 잘 되었다. 칼문트는 깨어났다. 그리고 새로운 신체 감각으로 새 삶을 맛보았다. 그는 가벼워졌고 새로 태어났다. 텔레비전에서도 쾰른 사투리로 좌중을 휘어잡던 옛 모습을 금방 되찾았다. 그의 인생 전체를 돌아보면 이 패턴이 반복된다는 사실을 알 수 있다. 라이너 칼문트는 아버지 무덤 앞에 울며 서 있었다. 그러고는 다시 명랑한 칼리로 돌아와 가던 길을 계속 걸어갔다. 그는 1990년대 말에 어머니를 여의었다. 오랜 시간이 흐른 지금도 아픔은 여전하다. "가장 큰 소망이 있다면요?" 이 질문에 그는 망설임 없이 대답한다. "지금 가족과 사는 모습을 어머니께 보여드리고 싶지." 그때도 그는 다시 명랑한 칼리로 돌아와 가던 길을 계속 걸어갔다. 첫 번째 아내와 이혼하고 나서도, 두 번째 아내와 이혼하고 나서도 그랬다. 라이너 칼리는 자신의 공식적인 역할이 무엇인지 잘 알았다. 그는 그 역할에 최선을 다했고, 그 역할이 무엇보다 삶의 위기에서 튼튼한 버팀목이 되어주었다. 그는 한 번도 삶의 의미를 잃은 적이 없다. 적어도 그는 그렇게 말한다. 그는 삶의 의미를 계속 발전시켜나갔다. 지금 그가 실천하고자 하는 보살핌과 생성성에 이르기까지.

난관과 가혹한 운명, 트라우마를 마주하는 방식은 사람마다 다르다. 사회학자 에런 안토놉스키 역시 홀로코스트 생존자를 대상으로 연구를 하여 그 사실을 보여주었다. 이 연구 결과에서도 의미는 중재자로, 완충재로 활약할 때가 많았다. 고통은 사라지지 않는다. 하지만 살 만한 가치가 있다고 느끼는 삶으로 그 사건이 녹아들면 고통은 훨씬 줄어든다. 라이너 칼문트도 그랬다. 수많은 연구 결과가 이를 입증한다.

건강을 연구하는 학자 닐 크라우스는 미국인 1,000명 이상에게 성폭력, 치명적 사고, 자연재해 등 트라우마를 초래할 만한 사건을 겪은 적이 있는지 물었다. 그와 함께 삶이 의미 있다고 느끼는지, 또 우울증에 시달리는지도 물었다. 그러자 끔찍한 사건을 겪은 사람들 중 삶을 의미 있다고 생각하는 경우 눈에 띄게 우울 증상이 적다는 사실이 밝혀졌다. 즉, 의미가 트라우마의 나쁜 결과를 보상할 수 있는 것이다.[14]

2010년 딥워터 호라이즌 폭발 사고(미국 멕시코만에서 석유 시추 시설이 폭발하고, 이후 5개월 동안 대략 7억 7천만 리터의 원유가 유출된 사고—옮긴이)로 직접적 피해를 입은 미국 미시시피 주 해안의 주민 1,110명을 대상으로 연구한 결과 역시 같은 결론에 도달했다. 심리학자 배서니 아이에나가 이끄는 연구팀이 조사한 바에 따르면 응답자의 3분의 1이 트라우마를 호소했다. 주로 삶에서 의미를 찾지 못한 사람들이었다.[15]

암 연구에서 얻은 조사 결과가 특히 인상적이다. 암으로 인한 신체적 고통은 심리적 고통을 동반하는 경우가 많다. 심리학자 조셉 윙거가 동료 레베카 애덤스 및 캐서린 모셔와 힘을 모아, 모든 면에서 너무도 힘든 이런 투병기의 의미를 조명한 62건의 연구 결과를 평가했다. 이번에도 역시 삶이 의미 있다고 생각한 사람들이 불행에 훨씬 잘 대처했다.[16] 그뿐 아니라 의미가 있다고 생각하는 사람들은 병 자체의 의미를 많이 묻지 않았다. "왜 하필 나인가?"라고 되뇌지도 않았다. 앞에서도 살펴봤듯, 인간은 이런 질문을 반복해서 던지지만, 대부분은 더 캐봤자 아무 소용 없는 질문이다.

의미는 동기를 부여할 수 있다. 의미는 아픔을 줄여줄 수 있다. 심지어 앞서 자아로 가는 여정에서 배웠듯이 의미는 면역계를 강화하고 염증을 줄인다. 우리는 유전자에만 좌우되는 존재가 아니다. 우리의 태도를 통해 유전자의 영향력을 조절할 수 있다. 그러니까 의미는 거의 모든 상황에서 해결

책이 될 것 같다. 그렇다. 맞는 말이다. 삶이 의미 있다고 생각하는 사람에게는 의미가 유익하고 소중하다. 의미는 건강을 촉진하고 삶을 풍성하게 채우며 실존적 의미에서 삶을 가치 있게 만든다. 그렇지 않다면 우리도 굳이 의미를 찾는 이 머나먼 여정에 아예 오르지도 않았을 것이다. 하지만 이 과정을 바라볼 때는 조심해야 한다. 이유는 두 가지이다.

먼저 앞에서도 보았듯 건강에 미치는 의미의 그 모든 유익한 영향력에는 이면이 있다. 의미를 열심히 찾지만, 여전히 발견하지 못해서 힘든 사람들에게는 오히려 해가 될 수 있다. 의미 위기를 겪는 동안에는 많은 것이 스트레스로 다가온다. 마음은 불안하고 도무지 앞이 안 보인다. 한마디로 잘 먹고 열심히 운동해서 건강을 지키겠다는 의욕이 불타오르는 그런 상황이 아니다. 그러므로 지금 의미의 위기를 겪고 있는 모든 사람에게 '위기 후에도 삶은 계속되며, 건강한 생활 방식은 그 길을 가는 데 좋은 지원이 된다'는 생각은 큰 도움을 줄 수 있다.

둘째로, 유익하다는 이유만으로 의미가 무조건 다 좋은 것은 아니다. 의미 그 자체가 좋은 것은 아니기 때문이다. 이런 깨달음이 당황스러울 수 있다. 따라서 그것이 가져올 결과를 우리의 여정이 끝나기 직전인 지금, 반드시 짚고 넘어가야 할 것 같다.

12

의미는 항상 좋은가?

도덕적 질문에 대하여

아돌프 히틀러는 자신의 행동에서 큰 의미를 보았다. 이오시프 스탈린도 그랬다. 마오쩌둥이나 알렉산드로스 대왕도 그랬으며, 처형 명령을 내릴 때는 늘 노란색 옷을 입는 것으로 악명이 높았던 모로코의 술탄 물레이 이스마일도 마찬가지였다. 그들의 통치 아래 수백만이 목숨을 잃었지만, 그들은 자신과 자신의 결정에 양심의 가책을 느낀 적이 없어 보인다. 그들의 업적은 위대한 대의, 곧 인종과 이데올로기와 종교의 지배에 바쳐진 것이었다. 다른 것은 모두 그 대의에 복종해야 했다.

그래도 의미는 좋은 것이다. 그렇지 않은가? 맞는 말이다. 개인의 차원에서는 어쨌든 좋은 것이다. 행동에 동기를 부여하고, 행복을 주며, 더 건강하게 살고 더 슬기롭게 위기를 극복하도록 도와준다. 여기까지 오는 내내 우리는 그렇게 배웠다. 사회적으로도 의미는 유익할 때가 많다. 우리가 참여하고 헌신하며 큰 전체에 이바지한다면 말이다. 이것 역시 앞에서 배웠다. 그러나 이 세상의 독재자들을 보면 의문이 생긴다. 참여한다? 그게 무슨 의미일까? 그런 참여로 대체 어떤 형태의 사회를 만들겠다는 말인가?

폭군은 극단적인 사례이다. 그러니 편히 의자에 등을 기대고 앉아서 이렇게 말할 수도 있겠다. '나는 일말의 가책도 느끼지 않는다.' '나랑은 무관한 일이다.' 그러나 이런 태도는 우리가 논하는 내용이 몇몇 미치광이가 아니라 우리 모두에게 해당하는 현상이라는 사실을 간과한 것이다. 언뜻 보기에 너무도 깨끗해 보이는 의미에는 사실 어두운 면이 있기 때문이다. 심지어 이런 어두운 면을 통해 의미가 더 강렬하게 다가올 수 있다.

2022년 캐나다 워털루대학교의 심리학자 압도 엘나쿠리, 캔디스 허블리, 이언 맥그레거가 전문잡지 〈실험 사회심리학 저널〉에 논문을 한 편 발표했다.[1] 이 논문에는 총 847명을 대상으로 2회 연속 시행한 실험 결과가 담겨 있었다. 이들은 각 실험마다 참가자를 두 집단으로 나누었다. 그리고 한 집단에는 좋아하지 않는 것, 다른 집단에는 증오하는 것을 생각하라고 요청했다. 추가로 그 거부감이나 증오가 특정인을 향하는지, 집단이나 기관 혹은 사회 현상을 향하는지도 물었다. 이어 그 감정이 어디에서 왔는지, 그런 기분이 들 때마다 어떻게 대처하는지도 물었다. 학자들은 대답을 마친 참가자들에게 두 가지를 더 주문했다. 첫째, 대답을 적는 동안 어떤 기분이 들었는지 물었다. 의욕이 넘치고 마음이 굳건했으며 열정적이고 신이 났는지, 아니면 혼란스럽고 당황스러웠는지 물었다. 마지막으로는 자기 삶이 얼마나 의미 있다고 느끼는지도 물었다.

학자들은 설문지를 평가하여 확실한 효과를 확인했다. 증오가 개인이 아니라 집단, 기관, 사회 현상을 향할 경우, 활성화라고 부를 수 있는 감정이 동반되었다. 즉 평균 이상으로 의욕이 넘치고 마음이 굳건했으며 열정적이었다. 혼란과 불안은 전혀 느끼지 않았고 모순을 느끼지도 않았다. 단순히 좋아하지 않는 것을 적은 사람들의 감정은 눈에 띌 정도로 강렬하지는 않았다. 이 실험이 의미와 무슨 상관일까? 집단 증오에 빠진 사람은 더 강력하게 의미를 느낀다.

우리 인간은 네 가지 요인이 갖추어질 때 의미를 느낀다. 앞에서 살펴본 대로 방향성, 일관성, 유의미성, 소속감이다. 캐나다에서 나온 연구 결과를 보면 파괴적인 의미인 경우에도 이 네 가지 요인이 모두 등장한다. 집단 증오는 동기를 부여하고 활동을 자극한다. 여성, 유대인, 환경운동가, 외국인, 워크(Woke, '인종적 편견과 차별에 대한 경계'라는 뜻의 형용사로, 사회적 이슈에 민감하고 정치적으로 올바른 태도를 지향하는 사람을 뜻하는 용어로 사용—옮긴이) 등을 향한 이런 식의 증오는 확실한 방향을 제시한다. 그러면 모든 정보가 그 방향성에 무릎을 꿇는다. 그리하여 일관성이 탄생하고 모든 것은 그 안에서 자체적으로 논리성을 정립한다. 증오는 말이나 행동으로 표현되고, 그럼으로써 중요성을 느끼게 만든다. 그들은 무언가를 움직이고 있다고 생각한다. 그리고 자신들의 증오를 대부분 뜻이 같은 동지들과 공유하기에 소속감을 느낀다.

이런 식의 자기 강화는 불확실하고 모호하며 날로 복잡해져가는 이 세상에서 큰 매력을 발산하는 것 같다. 특히 소외감에 시달리는 사람들은 포퓰리즘과 권위적 사고, 전체주의적 사고에 취약하다. 이들은 외부와 선을 긋고 선 밖의 사람들을 무시하는 집단이나 운동에 합류하여 자존감을 높인다. 이는 많은 분야에서 효과를 입증한 단순 메커니즘이다.

여성이 동등한 권리를 누려야 한다는 사실을 참지 못하는 남성들이 있다. 이들이 손을 잡고서 남성 우월주의를 외친다. 가령 인터넷 유명인인 앤드루 테이트는 여성을 혐오하는 태도로 칭송을 받고 있다. '비자발적 독신Involuntary Celibates'의 줄임말인 '인셀스Incels' 같은 집단은 온라인 포럼에서 서로 연대하여 여성 대상 폭력을 꿈꾼다. 실제로 가정폭력이 증가 추세이고[2] 대중 앞에 서는 여성들은 늘 욕을 먹고 위협을 받으며 공격을 당한다.

비서구인의 동등한 권리를 참지 못하는 백인들이 있다. 그들은 서로 손을 맞잡고 '백인 우월주의'를 위해 투쟁한다. 또 소위 '국가 해방 구역'을 만들어 그 안에서 극우 사상을 실천하고 장려한다. 여기서도 공동체가 탄생하는데, 파시즘 이데올로기를 찬양하는 주거 단지 프로젝트가 대표적인 사례이다. 이들은 서로를 보살피고 외부인과 생각이 다른 사람들을 쫓아내며 아이들에게 그들이 훌륭한 일을 하고 있다는 믿음을 불어넣는다.

국가와 사회에 대한 믿음을 잃어버린 사람들도 있다. 상실은 거기서 멈추지 않아서 의미마저 사라져버렸다. 따라서 이들은 소외되었다고, 뒤처졌다고, 불이익을 당한다고 느낀다. 타트야나 슈넬이 동료 로베르토 비비아니, 클라우디아 렌츠, 헤닝 크람페와 함께 실시한 설문 조사 연구 결과를 보면,[3] 응답자의 5분의 1이 그런 소외감을 느낀다고 대답했다. 성별, 나이, 교육 수준, 독일의 동서 지역 차이 등을 고려한 대표적인 설문 조사였다. 일반적으로는 소외감이 강할수록 삶에서 의미를 덜 느꼈다. 그런데 이들이 음모론을 믿으면 사정이 달라졌다. 소외감을 느끼던 사람이 음모론을 확신할수록 삶의 의미도 더 강하게 느꼈다. 그러니까 "남들은 모르는 진실을 아는 사람들의 집단"에 속한다는 생각이 사회의 일원이 아니라는 느낌으로 인해 잃었던 의미를 대체하는 것이다.

이 사람들에게는 공통점이 있다. 자기가 하는 일에서 의미를 찾는다는 점이다. 이들은 공동체를 통해 서로에게 힘과 지원을 선사하고, 공동의 적을 통해 하나가 된다. 이런 추세가 극단으로 치달으면 폭력적으로 변하는 경우도 많다. 이들에겐 처리해야 할 과업이 있다. 이들은 과업에 온 힘을 다하고, 자신의 견해, 나아가 자신을 확신한다.

비판적 고찰

무슨 이런 깨달음이 있단 말인가! 우리는 삶에서 의미를 찾기 위해 길을 나섰다. 우리의 성격에 다가가보았고 의미와 행복의 차이를 배웠으며 긍정적 환상에 맞서고 의미 원천을 찾아냈다. 실존적 무관심과 의미 위기를 통과했고 의미가 건강에 얼마나 중요한지도 알아보았다. 그런데 여행의 종착역을 앞둔 지금, 이 의미가 얼마나 수상쩍은지 알게 된 것이다.

실망스럽다. 그렇게 좋아 보이는 것이 왜 하필이면 억압적이고 비현실적이거나 파괴적인 사람들에게서 발견될까? 그러나 실망에서 중요한 교훈을 얻을 수 있다. 이는 삶뿐 아니라 의미를 바라볼 때도 현실적인 눈이 얼마나 중요한지 가르쳐준다. 의미를 미화하고 이상화하는 것은 도움이 안 된다. 요즘은 너무 쉽게 그런 짓을 한다. 무슨 방정식 같다. 의미가 있으면 잘 살고 그러니 좋다. 하지만 광신이나 음모론 혹은 증오로 끝나지 않을 성공적인 삶을 살려면 무엇이 필요할까?

의미의 경험은 강한 설득력을 지닌다. 그래서 어떤 것을 의미 있다고 느끼면 그것이 옳고 중요하다고 생각한다. 그러나 의미에는 무엇이 옳고 중요한지의 기준이 들어 있지 않다. 따라서 의미를 바라보는 다른 관점이 필요하다. 그것을 '의미 플러스'라 불러보자. 이것이 무엇인지 알아보려면 다시 한번 고대 그리스로 눈길을 돌려볼 필요가 있다. 아리스토텔레스와 그가 주장한 행복주의의 구상을 향해 말이다.

의미 플러스: 윤리적 관점

기원전 4세기의 이 철학자는 좋은 삶을 가치 중립적이라 생각하지 않았다. 그는 모든 개인이 자신에게 주어진 덕목을 실천하는 것이 중요하다 여겼다. 요즘 말로 하면 강점이라고도 부를 수 있을 이 덕목에는 인내, 겸손, 도움, 용기, 아량, 친절, 유머, 공감, 지혜 등이 포함된다. 그러나 앞에서도 말했듯 그가 가장 중요하게 생각한 덕목은 따로 있다. 바로 정의이다. 그가 말하는 정의란 "절대적 관점에서가 아니라 다른 사람들과의 관계에서 드러나는 성격의 완벽한 선함"이다.[4]

경제학자 아마르티아 센과 철학자 마사 누스바움은 현대로 옮겨온 행복주의 이론을 함께 개발했다. 이름하여 '역량 접근법'이다. 두 학자는 인간이 자유와 권리를 누릴 뿐 아니라 자기 삶을 소중하고 가치 있다고 생각하게끔 꾸려나갈 방법이 무엇인지 알고 싶었다. 그러자면 해당 자원을 갖추어야 하고 그것을 유익하게 활용할 수도 있어야 한다. 그리고 마사 누스바움은 이런 접근법에서 실천 지향적 윤리를 끌어냈다. 그 윤리에는 열 가지 기본 능력이 담겨 있는데, 마사 누스바움은 이 능력들이 성공적 삶에 꼭 필요하고 중요하다고 보았다. 그 열 가지를 요약하면 다음과 같다.

1. 살 수 있는 능력
2. 건강을 유지하는 능력
3. 신체를 온전히 유지하는 능력
4. 적절한 교육을 바탕으로 생각하고 상상하는 능력
5. 사랑, 슬픔, 분노 등을 느끼는 능력
6. 선을 상상하고 비판적으로 성찰하는 능력
7. 타인과 함께 살고 공감하며 그들을 보살피는 능력과 그 못지않게 자신을 존중하고 타인에게 무시당하지 않는 능력
8. 동물, 식물, 환경을 배려하는 능력
9. 웃고 놀고 즐기는 능력
10. 정치적으로나 물질적으로 자신의 주변 환경을 함께 만들어가는 능력[5]

목록은 광범위하고 복잡한 동시에 우리 일상, 즉 아주 직접

적인 체험과도 가깝다. 이 열 가지 목록을 아우르는 핵심 생각은 "수동적으로 세상의 손에 자신을 맡기거나 세상에 휘둘리지 않고서 타인과 협력하고 교류하며 자신의 삶을 만들어가는 존엄하고 자유로운 존재로서의 인간"이다.[6] 이는 왜 마사 누스바움이 제시한 열 가지 능력이 '의미 플러스'일 수 있는지를 말해준다.

실천에 옮긴 의미 플러스

의미에 추가될 '플러스'는 윤리적 관점이다. 그것은 내가 의미 있다고 생각하는 것을 결과에 비추어, 즉 나와 타인에게 미칠 결과에 비추어 따져보겠다는 각오이다. 하지만 말처럼 쉽지는 않다. 우리 인간은 무언가 맞거나 틀렸다고 생각하면 빠르게 감정적으로 반응하기 일쑤이다. 나는 낙태에 찬성하는가 반대하는가? 속도 제한에 찬성하는가 반대하는가? 나랏빛 제한에는? 육식에는? 우리는 직관적으로 자신의 의견을 정한다. 그 순간 우리 뇌에서 일어나는 일을 심리학에서는 '뜨거운' 과정이라고 부른다. 나는 고민하거나 논거를 떠올리지 않고도 내가 어떤 견해인지를 곧바로 안다. 나는 그게 옳다고 굳게 믿고 열렬히 그 견해를 대변한다. 그러니 반대 증거를 들이밀어도 어지간해서는 물러서지 않는다.[7]

그러나 의미 경험이란 그 중심에 서서 참여하고 헌신하며 확신하는 것과 관련이 있다. 그래서 추가된 관점이 더욱 중요하다. 의미로 가는 길에 동행했던 우리의 세계관과 인생관에는 아마르티아 센과 마사 누스바움의 역량 접근법에 담긴 바로 그것이 포함되어 있기 때문이다. 바라보라! 모순을 외면하지 말라! 눈을 크게 뜨고 장기적 결과까지 고려하라! 그리하면 '뜨거운' 과정에 붙들리지 않고 '더 차갑게' 생각하게 된다. 거리를 두고, 시간을 두고, 자신을 비판하면서. 나는 나를 의심하기 시작한다.

의심이라… 벨기에의 한 연구팀이 이 인지 과정이 사람들의 세계관에 어떤 영향을 미치는지 연구했다.[8] 이들은 참가자들에게 다음과 같은 문장을 평가해달라고 부탁했다. "자신의 확신을 의심하고 재평가하는 능력은 좋은 자질이다." 혹은 "나의 세계관은 분명 달라질 것이다." 연구 결과를 보면 의심의 중요성에 동의하는 사람들이 덜 권위적이고 덜 독단적이며 모호한 상태를 잘 참아넘겼다. 그러니까 불확실성에 잘 대처할 수 있고, 모순을 인지하면서도 스트레스를 받지 않으며, 모호함을 잘 견딘다. 나아가 자신과 자기 삶을 의심하는 사람들이 공감력과 이타심이 더 크고, 자신과 다른 입장을 진지하게 고려하려는 마음도 더 컸다. 2023년에 실존적 의심과 편견의 상관관계를 주제로 논문을 발표했던 이탈리아 연구팀의 결과도 비슷했다.[9] 이들이 내린 결론을 보면, 자신과 세상을 의심하는 사람은 인류 전체와 자신을 동일시하며 보편적 가치를 대변하고 다른 나라, 다른 민족, 다른 종교에 대한 편견이 덜하다.

나를 의심하면 적어도 필요한 순간에는 정신을 바짝 차리고 주의를 기울일 수 있다. 나를 의심함으로써 내가 어떻게 살고 있는지, 정말로 어떻게 살고 싶은지 알 수 있다. 나는 나침반으로 방향을 탐지하고 목표 지점을 정한다. 의미가 무엇을 뜻하고 무엇을 뜻할 수 없는지 이해한다.

의미에는 어두운 면도 있다. 하지만 나의 의미를 의심하고 캐물을 각오가 되어 있다면 나는 빛을 비추어 그 어둠을 밝힐 수 있다. 의심이 의미의 일부가 될 때 의미는 광적인 열정, 그러니까 배려 없는 열정으로 변하지 않는다. 독재자, 인종주의자, 여성 혐오자, 음모론자들의 공통점은 의심과 모순, 다른 시각에 마음을 열지 않는다는 것이다. 그들은 자신이 절대적이라 믿는 진실을 설파한다. 그 진실은 난공불락의 성이다. 그러나 나의 의미를 시험대에 올린다는 것이 의미를 약화시킨다는 뜻은 절대 아니다. 오히려 반대로 나는 모든 측면에서 나의 의미를 점검한다. 이 과정에서 윤리적 태도가 형성된다. 그리고 윤리적 태도가 만들어지는 동안 나는 의미의 어두운 면이 나의 의미에 스며들지 못하게 대항할 수 있는 능력을 갖춘다. 이때 마사 누스바움의 목록이 좋은 길잡이가 되어줄 것이다.

냉철한 사고는 뜨거운 사고보다 품이 많이 든다. 하지만

이는 비현실적인 평행 세상이 아닌 이 세상에 뿌리를 내린 현실적인 삶의 의미를 쌓아갈 토대이다. 그 과정에서 몇 가지 사건이 일어난다. 나는 나 자신을 더 잘 알게 된다. 나는 환상을 버린다. 나와 다른 관점도 존재한다는 사실을 깨닫는다. 의심을 허락해도 된다는 사실을 깨닫는다. 나의 의미는 타인을 희생시키지 않을 때만 윤리적으로 용납된다는 사실을 깨닫는다.

이 사실을 이해하고 체화했어도 아직 무엇이 부족할까? 남은 것은 마지막 걸음이다. 이는 사고에서 행동으로 나아가는 결정적 걸음이다. 행동할 때에라야 비로소 의미를 경험할 수 있기 때문이다. 아리스토텔레스는 말했다. "정당하게 행동함으로써 정당해지고, 절제함으로써 절제하는 사람이 되고, 용감하게 행동함으로써 용감해진다."[10] 어떻게 이를 실천할 수 있을까? 우리는 이 여행의 마지막 단계에서 이것을 알아내고자 한다. 바로 그때 의미가 행동으로 연결되고, 의미 있는 행동을 통해 내 삶이 의미로 충만해지기 때문이다.

13

어떻게 시작할까?

의미 있는 새출발을 위하여

불과 몇 달 전만 해도 루푸스 바이벨의 삶은 눈부셨다.[1] 이름만 들어도 다 아는 유명 대학교에 자리를 얻었다. 인생 최초로 얻은 제대로 된 자리였다. 앞으로 하게 될 공부, 동료들, 맡게 될 과제를 생각하니 가슴이 벅찼다. 그의 인생은 순탄했다. 우수한 성적으로 대학을 졸업했고 원하던 곳에 취업했다. 멋지게 시작할 수 있을 것 같았다.

지금 바이벨에게는 아무것도 남지 않았다. 방금 그는 아무 말없이 연구실을 나왔다. 이 직장은 영원히 끝이라는 느낌이 들었다. 하지만 그게 가능할까? 그에게는 여전히 직책과 계약, 의무가 남아 있다. 귀에서 이명이 들린다. 며칠 동안 몇 번이나 탈진 증세를 겪었다. 그날 그를 따라서 학교에 가준 여자친구와 함께 그는 병원을 찾았다. 의사는 진단서를 써주었다. 병명은 '급성 스트레스 증후군'이었다.

지금껏 그의 인생은 꽤 순탄하게 흘러왔다. 그런 사고가 터질 줄은 단 한 번도 생각지 않았다. 업무로 인한 스트레스가 커지고 또 커졌다. 바이벨은 숨을 쉴 수 없을 것 같았고 아무리 노력해도 안 될 것 같았다. 상사와 잘 지내지 못했다. 그러나 되돌아갈 길은 없었다. 이제 뭘 어떻게 해야 할까? 새 출발? 그럴 수 있을까?

우리는 의미를 찾아 떠나는 여정을 루푸스 바이벨과 함께 시작했고, 종착역을 코앞에 둔 지금 다시 그에게로 돌아왔다. 바이벨은 더는 지금처럼 살 수 없다고 느낀 지점에 도달했다. 리듬은 깨졌고 일상은 무너졌으며 꿈은 산산조각이 났다. 몸도 마음도 엉망진창이다. 그래도 그는 안다. 지금 물러설 수는 없다. 물러서면 망한다. 뭔가 해야 한다. 행동에 나서야 한다.

이 여정을 우리와 함께한 모든 이들이 그랬다. 그들 모두가 그 지점에 이르렀다. 배우 지벨 케킬리는 가족이라는 족쇄를 참을 수 없어 집을 뛰쳐나왔다. 막시밀리안 카를에게는 다른 길이 없었다. 아내가 갑작스레 세상을 떠난 후 마음껏 슬퍼할 장소가 필요했기에 아들과 머나먼 여행길에 올랐다. 함부르크 술집 주인인 다니엘 슈미트는 믿음을 찾고서야 마음의 평화를 얻었다. 록 가수 악셀 보세는 금연하겠다고 굳게 다짐한 후 정말로 담배를 끊었다. 플로리언 그렐러는 조산사의 꿈을 이루려고 20년간 몸담았던 보험업계를 떠났다.

주잔 베보슈는 1년을 둘로 쪼개어 각각 함부르크와 알프스에서 보낸다. 알프스에 가서 좋아하는 크로스컨트리를 마음껏 탄다. 헬레나 슈타인하우스는 시민수당을 온전히 받지 못하는 사람들을 돕기로 마음먹었다. 어려운 이웃을 외면할 수 없고 또 그러고 싶지 않기 때문이다. 베로니크 엘링은 엄마로서 겪을 수 있는 최악의 일, 아들의 죽음을 겪었으나 무너지지 않았다. 남은 가족과 음악, 자기 자신에게서 버팀목을 찾았기 때문이다. 라이너 칼문트는 오래오래 아내와 딸 곁에 머물고 싶어서 위절제술을 받았고 몸무게를 90킬로그램 감량했다.

너무도 다른 사람들이기에 배경과 생활환경과 세계관도 판이했지만, 이 경험만은 같다. 삶은 취약하다. 원하건 원치 않건 삶은 변한다. 삶은 다른 관점, 새로운 의미를 요구한다.

기본 조건

의미는 소리 없이 다가올 수 있다. 의미는 슬쩍 드러날 수도 있다. 의미는 와락 닥쳐올 수도 있다. 의미가 도전장을 내밀 수도 있다. 각자의 삶에서 의미는 지극히 자기만의 방식으로 존재한다. 바라던 바가 아니어도, 우리가 아쉬워하지 않는다 해도 말이다. 그렇기에 의미 있게 행동하는 방법을 일러주는 보편적인 조리법은 존재하지 않는다. 그러나 우리 모두에게 통하는 특정한 기본 조건은 있다. 그 조건에서 우리는 습관에 저항하겠다고 각오를 다질 수 있다. 또 심리학 연구가 개발한 구체적인 단계가 있다. 이것이 지극히 개인적인 상황에서도 길을 닦을 수 있게 도와줄 것이다.

습관에 저항하다

내가 어떤 상황인지 나는 안다. 내가 뭘 원하는지도 나는 안다. 정신은 조금 더 차려야겠지만 여태 살던 대로 살 것인가? 중요해 보이는 몇 가지만 바꿀까? 아니면 아예 통째로 뒤집어엎어야 할까?

무엇을 바라든지 한 가지 조건은 반드시 필요하다. 계획을 실천에 옮기려는 마음이 진심이어야 한다. 이를 '헌신commitment'이라고 한다. 하려는 일에 오롯이 참여하는 것이다. 헤르만 헤세가 〈인생의 단계〉라는 시에서 말했듯 "모든 출발에는 마법이 깃들어" 있지만, 또 속담처럼 "모든 시작은 힘들기"도 하기 때문이다.

우리 인간은 습관의 동물이다. 앞서 좋은 결정으로 가는 길에서도 이를 살펴보았다. 진화론적으로 볼 때 인간은 모든 것을 그대로 두고 싶어 한다.[2] 우리가 지금 여기에 있고 살아 있으니 분명히 제대로 잘했을 것이다. 이런 태도가 우리

깊숙이 뿌리를 내리고 있다. 우리는 사물이나 상황에 익숙해지면, 시간이 갈수록 그것이 존재한다는 이유만으로 점점 더 그 가치를 높이 평가한다. 수많은 심리학 연구 결과들이 이를 입증했다. 사람도 마찬가지이다. 자주 관계를 맺을수록 그 사람을 더 좋아한다. 물론 이것은 통계 수치일 뿐 반대 사례도 있다. 하지만 대다수는 구조를 유지하려는 성향이 있다. 이런 의미에서 인간은 본능적으로 보수적이다. 하던 대로 하기가 더 쉽기 때문이다. 우리는 새로운 것을 얻으려 노력하기보다 가진 것을 잃을까 봐 걱정한다. 후회할 일은 안 만들고 싶다. 그래서 아예 시작을 안 하는 것이다.

미래와 친해지다

이 패턴을 부수기란 쉽지가 않다. 한 가지 방법은 계획을 최대한 생생하게 상상하는 것이다. 이런 상상이 어떤 효과를 낼 수 있는지는, 미국 아칸소주의 한 연구팀이 여러 차례의 실험을 통해 밝혀냈다.[3] 때는 2008년으로, 미국 대선을 앞두고 아직 민주당 후보가 결정되지 않은 시점이었다. 연구팀은 실험 참가 대학생들에게 힐러리 클린턴과 버락 오바마가 동률이라는 가짜 예측 결과를 알려주었다. 그리고 학생들을 무작위로 두 집단으로 나누었다. 한 집단에게는 오바마가 클린턴을 이기고 민주당 후보가 되면 어떨지 생생하게 머릿속으로 그려보라고 부탁했다. 다른 집단에게는 반대로 클린턴이 이긴 경우를 상상하라고 시켰다. 이어 모두에게 그들이 상상한 시나리오가 현실이 될 가능성이 얼마나 되며, 그 상상의 후보를 얼마나 지지하는지 물었다. 결과는 클린턴을 후보로 상상한 집단은 그녀의 승률이 더 높다고 점쳤다. 나아가 그녀가 후보로 선출되는 것이 좋고 옳다고 생각했다. 반대 집단은 정반대의 승률을 점쳤다.

내 기분은 어떤가? 나는 무엇을 하는가? 나는 어디서 어떻게 사는가? 미래의 이미지가 명확할수록 더욱 그 미래가 올 수 있다고, 나아가 그 미래가 올 것이라고 생각한다. 이런 방식으로 우리는 자신의 결정에 영향을 미칠 수 있고 자신의 행동을 이끌어갈 수 있다. 그렇게 하면 의미 있는 삶의 상상과 친해질 테니까 말이다.

이 말의 정확한 뜻은 1943년에 출간되어 세계적 베스트셀러가 된 작은 책을 읽어보면 잘 알 수 있다. 다름 아닌 앙투안 드 생텍쥐페리가 쓴 《어린 왕자》이다. 이 동화 같은 소설에서 어린 왕자는 기나긴 길을 나선다. 그가 살던 곳은 멀리 떨어진 소행성, 장미 한 송이와 화산 세 개가 있는 아주 작은 별이다. 그는 많은 행성을 돌아다닌 끝에 지구에 도착했고, 이리저리 걷다가 5천 송이 장미가 핀 정원에 이르렀다. 그리고 그 엄청난 숫자에 슬픔을 느끼며 말한다. "세상에 단 하나밖에 없는 꽃이 있어 내가 부자라고 생각했는데 내가 가진 것은 그저 흔한 장미 한 송이구나." 왕자는 말한다. "장미와 내 무릎에도 채 닿지 않는 화산 세 개, 그나마 한 개는 완전히 꺼진 휴화산일지도 모르니, 그걸로는 위대한 왕이 되지 못할 거야…." 왕자는 울기 시작한다. 그러다가 여우를 만난다. 그 둘이 주고받은 대화는 감동적이고 지혜로울 뿐 아니라, 바람직한 새출발을 어떻게 바라보아야 할지 우리에게 가르쳐준다.

"안녕." 여우가 말했다.

"안녕." 어린 왕자가 공손하게 대답하며 주위를 둘러봤지만 아무도 보이지 않았다.

"나 여기 있어. 사과나무 밑에." 목소리가 들렸다.

"넌 누구야?" 어린 왕자가 물었다. "참 예쁘게도 생겼네…."

"나는 여우야." 여우가 말했다.

"나랑 놀자." 어린 왕자가 부탁했다. "나 너무 슬프거든…."

"너랑 못 놀아." 여우가 말했다. "길들여지지 않았잖아."

"아, 미안." 어린 왕자가 말했다.

잠시 고민하던 어린 왕자가 다시 물었다. "길들여? 그게 뭔데?"

"여기 사는 애가 아니구나. 뭘 찾고 있어?" 여우가 물었다.

"사람들을 찾아." 어린 왕자가 대답했다. "근데 길들이는 게 뭐야?"

"사람들은 총을 들고 다니면서 사냥을 하지. 아주 꼴보기가 싫어. 사람들은 또 닭도 치지. 사람들이 관심이 있는 건 그것뿐이야. 너도 닭을 찾는 거야?"

"아니야. 나는 친구를 찾아. 길들이는 게 뭐야?"

"안타깝게도 잊힌 일이지만, 그건 관계를 맺는다는 뜻이야." 여우가 말했다.

"관계를 맺어?"

"응. 지금까지 나에게 너는 수많은 사내아이와 같은 사내아이에 불과해. 나는 네가 필요하지 않아. 너도 내가 필요하지 않고. 나는 너에게 수많은 여우 같은 한 마리 여우에 불과하거든. 하지만 네가 나를 길들이면 우리는 서로가 필요해지는 거야. 너는 나에게 이 세상에 단 하나밖에 없는 존재가 되지. 나는 너에게 이 세상 단 하나밖에 없는 존재가 되고…."[4]

여우가 사람과 동물과 식물에 대해 한 말은 관념에도 적용된다. 미국 대통령 후보 실험에서 소규모로나마 확인한 사실이다. 어떤 것과 관계를 맺으면, 다시 말해 그것을 정확히 상상하고 그것에 전념하고 오래도록 생각하면 그것은 내 것이 된다. 그러니 이렇게 물어보자. 나는 어떤 목적을 달성하고 싶은가? 나의 삶은 구체적으로 어떤 모습이어야 할까? 나는 어떤 기분을 느껴야 할까? 머리로 그려보거나 글로 적어볼 수 있다. 혹시 모를 문제도 함께 생각하면 더 유익하다. 길을 막는 장애물이 있을까? 어느 지점에서 실패할 수 있을까? 장애물을 피할 수 있을까? 없다면 어떻게 해야 그 장애물을 뛰어넘을 수 있을까?

차근차근

'새출발'이라는 대단해보이는 말도 모든 것을 당장 한꺼번에 해야 한다는 의미는 아니다. 삶을 바꾸는 결단조차 작은 걸음에서 탄생한다. 인간은 잘 아는 것이나 익숙한 것에 새로운 것을 연결시켜 차츰차츰 앞으로 나아갈 때 가장 마음이 편하다. 제품 개발이 이 원칙을 따르는 데에는 다 이유가 있다. 기업이 제품을 확 바꾸는 일은 드물다. 그보다는 기존 제품을 버전만 여러 가지로 바꾸어 출시한다. 인간은 완전히 새로운 것보다 '업데이트'를 더 좋아한다. 영화나 책도 시리즈, 연속물, 속편이 잘 먹히는 법이다.

변화를 꾀하면 미지의 것과 맞닥뜨리게 된다. 위험에 노출된다. 길을 가다 돌부리에 걸려 넘어질 수도 있다. 길을 잃을 수도 있고, 제자리만 뱅뱅 맴돌 수도 있다. 힘이 달릴 수도 있다. 이 모든 상황에서 우리는 자신에게 연민을 품어도 좋다. 자신에게 거는 기대가 높은 사람, 성공에 목을 매는 사람들은 그러기가 쉽지 않다. 자기 연민에 관한 연구 결과들이 밝힌 사실이다.[5] 많은 이가 자신에게 엄격하며 비판적이다. 심지어 가혹하고 비열할 때도 많다. 여성이 남성보다 조금 더 그렇다.[6] 이 현상을 많이 연구한 심리학자 크리스틴 네프는 자신에게 잘하는 법을 다음과 같이 조언한다. 가까운 친구들에게 하듯 자신에게도 호의를 베풀고 이해심을 발휘해야 한다. 이를 위해 자신과 대화를 나눌 수 있다. 깊게 심호흡을 하며 마음을 차분히 가라앉히는 것도 필요하다. 그리고 인간이라면 기복이 있기 마련이라는 사실을 잊지 말아야 한다.[7]

함께 출발하자

당연히 혼자 시작해도 좋다. 하지만 타인과 함께 변화를 모색할 때 몇 가지 유익을 누릴 수 있다. 여러 사람이 공동의 목표나 비슷한 목표를 추구하면 서로의 의욕을 북돋울 수 있다. 때에 따라 누군가 모두를 이끌어주고, 다른 때는 또 다른 이가 주도적 역할을 맡기도 한다. 서로 최신 정보를 주고받으면 쉽게 지치지 않을 수 있다. 함께하면 스트레스도 덜 받는다. 좋아하는 사람들과 함께 있으면 그것이 '사회적 완충장치' 작용을 한다는 사실은 이미 수많은 연구 결과가 입증했다. 사회적 완충장치는 스트레스 반응을 낮춘다. 힘든 상황에서 혹은 낯선 상황에서도 혼자가 아닐 때 우리는 더 침착하게 반응할 수 있다. 더 마음을 열고 덜 긴장할 수 있다.[8]

함께 걸을 사람이 없거나 나 혼자 걷고 싶더라도 타인을 끌어들이는 편이 유익할 수 있다. 남에게 나의 계획을 털어놓기만 해도 외로움이 줄기 때문이다. 그들은 마음으로 나를 지지할 수 있고, 그들이 나의 계획을 아는 것만으로 이미 나의 의욕을 북돋을 수 있다. 아무도 내 계획을 모르면 포기하기가 더 쉽다. 특히 평소에 내가 존경하거나 존중하는 사람이 계획을 알고 있다면 잘 포기하지 않게 된다.[9]

인간은 자신을 속이고 계획을 포기할 이유를 찾는 재주가 보통이 아니다. 심리학자 앨버트 밴듀라는 구체적인 상황에서 우리가 우리 자신이 세운 기준에서 벗어나는 메커니즘을 연구했다.[10] 우리는 남과 비교하면서, 행동하지 않는 자신을 괜찮다고 자위한다. '이웃 아줌마도 새로운 일을 하겠다더니 안 하잖아. 그래도 나는 시도나 해봤지, 그 아줌마는 시도조차 안 했어!' 우리는 자기 행동의 결과를 대수롭지 않게 생각한다. '내가 지금 변화를 꾀하건 아니건, 전체적으로 보면 달라질 것이 없어.' 우리는 책임을 전가한다. '주변 사람들 모두 살던 대로 사는데 왜 나만 달라져야 해?' 걸음을 내딛지 않으면서 그 책임을 남에게 미룬다. '가족이 변화를 원치 않으니 그 뜻을 거역할 수가 없어.'

물론 이런 핑계들도 그럴싸하므로 잘 먹힌다. 하지만 무엇보다도 밴듀라가 언급한 마지막 지점이 가장 중요한 사실을 말해준다. 길을 나서려면 잘 아는 환경을 박차고 나와야 한다. 변화를 꾀하더라도 일단 주변 사람들은 나를 여전히 예전의 그 사람으로 보고 대우한다. 대부분이 내 마음에서 무슨 일이 일어나는지를 잘 알아차리지 못한다. 따라서 주변 사람들이 계속해서 내 발목을 붙잡을 수 있다. 그렇기에 가까운 사람들을 끌어들이는 것이 나와 나의 계획에 유리하다. 아예 같이 가자며 그들을 이런저런 걸음에 동참시킬 수 있다면 더 말할 나위가 없다. 가령 나의 계획을 파트너와 의논한 후 둘이서 함께 기대하며 결과를 기다린다. 친구와 같은 강좌에 등록하고 봉사활동을 시작하고 여행 계획을 짠다. 부모님, 형제자매와 함께 사진을 보며 옛 추억에 잠기거나 추억 상자를 꺼내보면서 유대감을 키운다. 내가 좀 변하더라도 우리 사이는 달라질 것이 없다고 아이에게 확신을 준다.

구체적인 실천 단계

어디로 갈지를 알면 지금까지 우리가 걸어오면서 배운 온갖 지혜를 배낭에 챙겨넣을 수가 있다. 나는 변화에 뛰어든다. 나는 나의 미래와 친해진다. 나는 차근차근 걸어간다. 나는 나 자신에게 너그럽다. 나는 도움의 손길을 구한다. 그러나 변화를 원한다는 것만 알지 무엇을 바꾸어야 할지를 모르면 다른 지점에서 시작해야 한다.

내 삶이 뭔가 잘 돌아가지 않는다거나 이상하다거나 부족하다고 느끼면서도 문제가 정확히 무엇인지 잘 모를 때가 많다. 당황스럽고 혼란스러운데 좀처럼 그 기분이 사라지지 않는다. 그것이 무엇인지 찾기 위해 의미로 가는 이 여행이 우리에게 알려준 지혜, 그리고 나 자신과 나의 삶을 체계적으로 점검해볼 시간이다.

의미 원천

의미 원천으로 돌아가 어떤 원천이 내게 중요한지 고민해보자. 혼자서도 가능하고 다른 사람들과 이야기를 나누어도 좋다. 또 타트야나 슈넬의 연구팀이 개발한 디지털 플랫폼 'sinnmacher'의 도움을 받을 수도 있다. 여기서는 누구나 의미를 탐색할 수 있다.[11] 나는 어떤 의미 원천에 내 삶의 더 많은 자리를 내어줄지, 주도적으로 결정한다. 어떤 경우에는 비교적 쉽게 첫걸음을 떼볼 수도 있다. 가령 생각 끝에 내가 자연에 큰 가치를 두면서도 밖으로 나가지 않고 온종일 컴퓨터 앞에 앉아 있다는 사실을 깨닫는다면, 자신에게 이렇게 물어볼 수 있다. 이틀에 한 번 한 시간이라도 산책하거나 자전거 탈 시간을 내보면 어떨까? 어떻게 하면 그 시간을 만들 수 있을까? 제일 좋은 방법은 아예 누군가와 약속을 잡는 것이다. 함께하면 뭐든 더 잘 되니까 말이다.

자기 인식이 중요하다 생각하면서도 평생 소홀했다면 역

시나 작은 것부터 시작해보자. 나와 같은 상황에 있는 사람들이 읽으면 좋을 소설이나 시, 자기계발서나 역사서를 찾아서 매일 밤 조금씩 읽어보자. 혹은 친구나 지인에게 느닷없이 그들의 삶을 의미 있게 만드는 것이 무엇인지 물어볼 수도 있다. 가끔은 이런 주제를 꺼내는 것만으로 자신은 물론이고 친구에 관해 아주 중요한 사실을 알게 될 수 있다.[12] 그렇게 나는 한발 한발 더듬어 나가면서 나에게 부족한 것이 무엇인지 느낄 수 있다.

네 가지 의미 요인

나의 의미 경험을 잘 이해하기 위해 의미 경험을 가능하게 하는 네 가지 요인을 살펴봐도 좋다. 이 요인들은 내 삶에 어떤 방식으로 뿌리를 내리고 있을까?

무엇이 내게 방향성을 제시하는가? 내 마음에는 나침반이 있을까? 가령 믿음이나 인도주의적 확신이 있는가? 나는 어떤 가치를 대변하는가? 그 가치는 누구에게서 물려받았는가? 그것이 정말로 나의 가치일까? 아니면 무의식적으로 남의 것을 물려받았을까? 그 가치를 바꾸고 싶은가? 아니면 보다 의식적으로 추구하고자 하는가?

나는 내 인생이 의미 있다고 생각하는가? 나를 인정해주는 이가 있는가? 나의 존재를 소중하게 여기는 사람들이 있을까? 나의 행동이 유익한 결과를 가져올 수 있을까?

나는 소속감을 느끼는가? 이 세상에 나의 자리, 나의 집이 있는가? 나는 어디에 닻을 내릴 수 있으며, 그런 기분은 누구 혹은 무엇 덕분인가? 나와 신념이 같은 사람들인가? 관심사가 같은 집단인가? 동료들인가? 단체인가? 어쩌면 자연이나 동식물의 세상일 수도 있지 않을까?

내 삶은 얼마나 일관성이 있을까? 모든 것이 잘 어우러지는 느낌인가? 작은 목표와 큰 목표가 서로 어긋나지 않고, 일상의 여러 요구가 잘 맞아떨어지는가? 나는 본래의 나로 살아도 좋은가? 아니면 억지로 거짓된 모습을 보여야 하는가?

이 네 가지 요인의 흔적을 내 삶에서 발견하고, 그것이 내 삶에 존재한다는 사실을 깨달으면 나는 그것들을 확장시켜 갈 수 있다. 부족하다 느끼는 지점이 있다면, 거기서 구체적으로 시작할 수 있다. 즉 나의 의미 원천을 탐구하여 무엇이 중요한지 명확히 하고 앞으로의 선택을 더 쉽게 만들 수 있는 것이다. 또 적극적으로 나서서 참여하고 그를 통해 의미를 경험할 수도 있다. 사람들과 관계를 맺어서 결속감과 소속감을 느끼거나, 내 행동의 모순을 찾아 해소함으로써 일관성을 키울 수도 있다.

계층형 의미 모델

일관성은 앞서 4장에서 배운 타트야나 슈넬의 계층형 의미 모델에서 확인해볼 수 있다. 그 모델을 종이에 그린 다음 위에서 아래로 칸을 채워 나가보자. 나는 의미를 느끼는가? 아니면 위기에 빠졌는가? 나는 의미 따위에 아예 관심이 없는가? 나는 나의 의미 원천을 알고 있는가? 그 원천에서 장기적으로 혹은 단기적으로 어떤 구체적 목표가 생기는가? 가령 건강이 주요 의미 원천이라면 장기적으로 컨디션이 좋고 유연하며 강한 체력을 유지하고 싶을 것이다. 그러려면 구체적으로 채소를 많이 먹고 지방과 단 음식을 줄이며 패스트푸드를 멀리하려 노력하면 될 것이다. 식습관이 건강해질수록 몸에 좋은 음식이 입에도 맞아서 햄버거보다는 신선한 야채가 더 맛있어질 것이다.

의미 모델은 아래에서 위로도 읽을 수 있다. 행동에서 출발하는 것이다. 나는 보통 한 주를 어떻게 보내나? 그래서 어떤 결과가 생기나? 지금의 내 행동은 내가 정한 목표를 달성하는 데 도움이 되는가? 내가 추구하는 목표는 나의 의미 원천과 맞아떨어지는가?

인내와 신뢰

각 사람의 길은 모두 다르다. 속도도 개별적이다. 나는 행동하기에 앞서 먼저 의식적으로 생각에 잠기는 것부터 시작할 수 있다. 의미 위기를 다루는 부분에서 살펴보았듯, 그것만으로도 이미 행동은 시작된 것이다. 나는 걱정에 휘말려드는 대신 고민하기로 마음을 먹었다. 이 고민은 깨달음을 낳는데, 가령 다음과 같이 시도해볼 수 있다. 매일 밤 몇 가지 생각을 기록하거나 친한 사람과 대화를 나누는 것이다.

변화는 나도 모르게 시작되는 경우가 많다. 나중에 뒤돌아 보면 그제야 시작이 보인다. 이 변화는 소리 없는 과정이고, 나는 세상을 다른 관점으로 바라보며 무언가를 시도하고 새로운 가능성을 깨닫는다. 예전에는 몰랐던 도전을 알아차리기도 한다. 지금껏 보지 못했던 것들이 눈에 들어온다. 앞에서 배웠듯[13] 세상을 바라보는 의미 있는 관점은 행복만 바라보는 관점과 다르기 때문이다. 행복은 순간의 일이지만, 의미는 과거와 현재와 미래를 한데 묶는다. 자신과 자신의 쾌락을 넘어서는 것들에게로 눈을 돌릴 때 의미가 탄생한다. 때에 따라 행복을 내려놓아야 할 수도 있다. 적어도 그 순간만큼은 그렇다. 참여하고 관여하며 책임지고 걱정도 하는 그런 순간은 근심 없고 가벼우며 명랑한 행복의 순간과 다르기 때문이다.

그러나 의미를 느끼는 사람은 원칙적으로 의미를 못 느끼는 사람보다 행복하다. 그것은 내가 자발적으로 어떤 일을 결정했다고 자각할 때 탄생하는 행복이다. 나는 그 일에 착수했고 그 일을 실천했으며 그 경험에서 무언가를 배웠다. 그리고 세상이나 특정 사람들과 더 끈끈하게 연결된 나를 경험한다. 이런 경험은 심리의 세 가지 기본 욕구, 자율성, 유능성, 관계성을 채운다. 근심 걱정 없는 가볍고 편안한 마음이나 재미처럼 매력적으로 들리지는 않지만, 이는 더 깊은 만족을 약속한다.

생성성

그래도 여전히 의미 있는 삶으로 걸음을 떼기가 힘들다면 심리학의 연구 결과를 활용하여 다른 사람들은 어떻게 하는지 한번 살펴볼 수 있다.

여행의 원시적 형태를 조사한 연구들에서 재미난 결과를 찾아볼 수 있다. 그것은 다름 아닌 순례이다. 순례는 수백 년 전부터 모든 큰 종교에서 널리 행해져온 오래된 의식이다. 세속화된 현대사회에서까지도 그 인기는 시들기는커녕 날로 커지고 있다. 특히 코로나 이후 몇 년 동안, 유럽에서 가장 유명한 산티아고 순롓길을 찾아 몇 주에 걸쳐 수백 킬로미터를 걸은 이들이 매년 약 50만 명에 달한다.[14] 모두가 종교적 이유로 순롓길을 찾지는 않았다. 2013년 타트야나 슈넬은 사라 팔리와 함께 16세에서 70세까지의 순례객 85명을 상대로 설문 조사를 하여 그 결과를 발표했다.[15] 참가자들에게 출발 전에 설문지를 나누어 주었더니 66퍼센트가 이번 여정의 동기를 확신을 얻기 위해서라고 대답했다. 또 44퍼센트는 운동이 중요한 목표였다. 영성이나 종교를 이유로 꼽은 숫자는

3분의 1에 불과했다. 노르웨이의 성 올라프 길을 찾은 순례객들에게도 물어보았더니 대부분이 '안식과 평화', '자연 그대로의 환경에서 휴식하기', '낯선 지역 및 풍경을 만나기', '지금 여기에 있기' 등 네 가지 동기를 들었다.[16]

사람들은 가슴에 그리움을 담고서 길을 나선다. 걱정과 고통을 안고 떠나기도 한다. 의미 위기에 빠진 이도 많고 낡은 것을 벗어던지고 싶은 이도 많다. 해답을 찾고 싶기도 하고 길을 걸으며 새로운 자신을 찾고 싶기도 하다. 그 바람은 이루어지는 것 같다. 어쨌거나 슈넬과 팔리가 산티아고 길에서 조사한 결과로는 그런 것 같다. 두 학자는 85명의 응답자에게 순례를 마친 직후에 또 한 번, 그리고 몇 달 후에 다시 한 번 질문을 던졌다. 첫 설문 조사에서 의미 위기를 겪는 중이라던 모든 이가 순례를 통해 위기에서 빠져나왔다고 대답했다. 그들 모두가 순례를 마친 직후는 물론이고 한참 지난 후에도 인생에서 훨씬 더 의미를 느끼게 되었노라 대답했다.

슬로베니아 학자 스네자나 브루메츠는 산티아고 길을 찾은 더 많은 순례객에게 질문을 던져 그 결과를 2022년에 발표했다. 응답자는 630명이었고 질문의 횟수는 딱 한 번이었다. 그녀는 그들에게 과거를 돌이켜볼 때 순례를 마친 후 자신이 달라졌는지 살펴보라고 부탁했다. 그들은 달라졌다고 평가했다. 이제는 의미에 더 마음을 열고, 자기 삶을 더 높이 평가하며, 자신을 더 영적인 사람으로 보고, 자신을 더 많이 수용하며, 남을 더 많이 보살피게 되었노라고 말이다. 반대로 '세속적인' 성공에 대해서는 전보다 관심이 줄었다. 그들은 순례의 영향이 막대하다고 평가했고, 심지어 신비 체험이나 임사 체험에 비할 만하다고 보았다.[17]

순례에 별 관심이 없다면 경험 의미 연구의 결과에서 다른 구체적인 조언을 구할 수도 있다. 가령 가장 강력한 의미 제공원인 생성성으로 눈길을 돌려보자. 개인주의적인 현대사회에서는 역설적으로 들리겠지만, 연구 결과들이 거듭해서 알려주는 사실이 있다. 힘들 때는 자신뿐 아니라 남도 살피는 것이 좋다는 점이다. 자신을 넘어 멀리까지 바라보고 남들을 위해, 더 큰 전체를 위해 무엇을 할 수 있을지 묻는 것이 좋다. 무엇이 필요하며 나는 그것에 어떻게 이바지할 수 있을까? 내가 잘하는 것과 필요한 것이 만나는 지점은 어디일까?

여기서도 작은 걸음부터 시작할 수 있다. 쿠키를 구워 동료들에게 나누어준다. 추운 날 장갑을 떠서 선물한다. 나의 모국어를 배우고 싶어 하는 사람과 차를 마시며 이야기를 나눈다. 비닐봉지를 챙겨 나가서 산책하는 동안 쓰레기를 줍는다. 내 인생에서 중요했던 사람에게 편지를 써서 감사를 전한다. 단체나 공동체 등에 방문해 도움이 필요한지 묻는다.

이런 형태의 자기 돌봄이 얼마나 중요한지는 앞서 양로원 주민들에게 화분을 나누어준 연구 결과로도 확인했다. 한 집단에게는 식물을 잘 보살펴달라고 부탁했고, 다른 집단에게는 직원이 와서 물을 줄 것이라고 말했다. 책임을 맡은 쪽이 더 건강하고 활기찼다.

또 다른 인상적인 실험이 있다. 홍콩의 심리학 연구팀이 히키코모리와 비슷하게 극도로 고립된 상태로 살아가는 홍콩 젊은이들의 생활을 개선하러 나섰다. 그들은 젊은이들에게 동물보호소에 맡겨진 개를 한 마리 골라 보살펴달라고 부탁했다. 학대나 방치 등 트라우마를 겪은 유기견이었다. 처음엔 양쪽 다 힘들어했다. 젊은이들은 개들과 마찬가지로 선뜻 마음을 열지 못했고, 공격적이거나 불안해하는 개를 어찌 다루어야 할지 몰라 허둥거렸다. 하지만 시간이 흐르면서 상황은 달라졌다. 젊은이들은 개들과 친해졌다. 자신들이 개에게 아주 중요한 존재라고 느꼈다. 자신들이 변화를 일구어냈다고 느꼈다. 그러자 그들 역시 활짝 피어났다. 고립을 박차고 나와 미래를 준비했고 계획을 실천으로 옮겼다. 몇 사람은 동물 관련 일을 시작했다.[18]

그들에게 그 한 걸음은 매우 중요했다. 그들은 세상과 완전히 담을 쌓고 살았었다. 그런데 개를 돌보면서 다시 세상으로 나왔다. 개를 보살피라는 임무는 그들이 아무렇게나 살아도 되는 존재가 아니며, 어딘가에 속한다는 소속감을 선물했다. 이 경험은 다른 분야에서도 계속 활동하고자 하는 동기를 부여했다. 그러니 이 순서를 명심하는 것이 좋겠다. 젊은이들은 의미를 찾겠다거나 혹은 행복을 주는 어떤 일을 찾겠다고 동물보호소에 가지 않았다. 그들은 어떤 일에 뛰어들었는데, 그들로서는 어쩔 수 없는 상황이었다. 그러자 의미가 조금씩 다가왔다. 이 차이가 본질적이다.

흐름에 맡기기

의미는 생산할 수 있는 것이 아니다. 의미를 찾자고 털실로 양말을 뜨고 모국어를 가르치고 쓰레기를 줍는다면 성공 확률은 매우 낮다. 하지만 그 일 자체에 집중한다면 언젠가 의미가 찾아올 것이다. 그러면 아침에 눈이 번쩍 떠지고 하루하루가 기대되며 어려움이 닥쳐도 과감히 맞설 수 있다.

의미는 만들 수 있는 것이 아니다. 하지만 의미는 내가 만드는 것 위에서 탄생한다. 내가 의미 있는 일을 했으니 이제 행복해질 거라는 기대로 그 일을 하면 안 된다. 무엇이 필요한지 묻는 자세로 해야 한다. 나의 존재와 능력으로 나는 어디에서 변화를 이끌어낼 수 있을까? 이렇게 물어야 한다. 자신을 옆으로 밀어내고 온전히 뛰어들어야 한다.

하지만 이런 조언들을 명심했는데도 도통 의미가 찾아오지 않는다면 어떻게 할까? 엄청나게 노력했는데도 거절당하고 여전히 내 자리를 못 찾는다면? 그럴 때 나는 의미는 생산할 수 없다는 말이 무슨 뜻인지를 알게 된다. 의미는 내 마음대로 할 수 없다는 말이 무슨 뜻인지 알게 된다. 정말 힘이 들어도 때로는 시간이 걸린다는 사실을 잊지 말고 계속해서 참고 견뎌야 한다. 질문하고 마음을 활짝 열고 마음의 준비를 한 채로 기다리면 언젠가 열매가 맺힐 것이라는 사실을 잊지 말아야 한다.

사무실 의자에서 벌떡 일어나 무작정 밖으로 나와버린 루푸스 바이벨이 그랬다. 그는 그 직장에 들어가면서 큰 희망을 품었다. 학계에서 성공 가도를 달리리라 기대했다. 조건은 완벽했다. 하지만 현실은 자신의 상상과 달랐다. 지금 그는 병가를 내고 집에 앉아 있다. 가족과 친구들에게 이유를 설명해야 한다. 벽에 부닥쳐서 직장을 때려치우고 전망을 팽개쳤노라고. 그 자신이 그렇게 표현했다. 하지만 그는 일단 먼저 자신을 짓누르는 짐을 내려놓기 위해 행동한다. 여자친구에게 노트북을 건네며 메일 확인을 부탁한다. 상사가 메일을 보냈을까? 둘 다 그 이야기는 한 번도 꺼내지 않았다.

"몇 달 만에 처음으로 숨통이 트였어요." 바이벨이 말한다. 며칠 사이 그는 서서히 상태가 나아졌다. 2주 후면 수습 기간이 끝난다. 그는 그 기간 동안 병가를 내고 집에서 쉬다가 사표를 낸다. 더는 사무실로 돌아가지 않아도 된다니 얼마나 마음이 편한지 모른다. 그는 새 삶을 향해 한걸음씩 더듬으며 걸어간다. 소셜 미디어 계정을 없애고 대청소를 하고 물건을 왕창 버린다. 그는 말한다. "그 정도로 과감한 걸음을 내디뎠으니 다른 일도 시험대에 올릴 수 있다는 기분이 들었지요."

몇 주 후 그는 구직을 시작한다. 이력서를 내도 받아주는 곳이 없다. 계속해서 떨어진다. "실무 경험이 없는 대학 졸업생을 바라는 곳이 많지가 않더라고요." 하지만 실패의 쓴잔을 연신 마신 끝에 면접을 본 곳에서 전화가 왔다. 혹시 지원한 자리 말고 그 분야의 다른 일을 해보고 싶은 마음이 있는지 물어온다. 그는 승낙한다. 덕분에 루푸스 바이벨은 이 도시를 떠나지 않아도 된다. 그에겐 그 사실이 중요하다. 도망치고 싶지 않았기 때문이라고 그는 말한다. 서서히 새 삶의 윤곽이 잡혀간다. 새 직장, 여자친구, 가족, 친구들로 엮인 새 삶이 시작된다. 불안정한 시간이 그를 갉아먹었지만, 그는 다시 의미를 찾을 수 있을 미래를 믿었다. "실패를 통해 얻은 것들이 정말로 만족스럽습니다." 뒤를 돌아보며 그는 이렇게 말한다.

루푸스 바이벨은 확신했다. 그것이 새로운 출발의 가장 튼튼한 기반이다. 우리의 여정에서 만난 모든 연구 결과가 입증하듯 이 믿음은 정당하다. 내가 자신을 던져 행동에 나서고 중요하고 옳다고 생각하는 일을 한다면 조만간 의미를 느낄 것이다. 그럼 이 삶과 평화를 이루고, 별다른 노력을 하지 않아도 기쁨과 행복과 감사의 순간이 자연스럽게 덤으로 찾아올 것이다.

누구나 이 사실을 신뢰할 수 있다. 독일 여성 시인 힐데 도민이 삶의 어두운 시절에 그랬듯이 말이다. 그녀는 그 시절을 이렇게 표현했다. "허공으로 발을 디뎠더니 허공이 받쳐 주었다."[19]

주

1장. 어떤 사람이 되고 싶은가?

1 https://www.zeit.de/2021/45/sibel-kekilli-schauspielerin-tod-familie-leben-sinn/komplettansicht.

2 Kim, J., Chen, K., Rivera, G. N., Hong, E. K., Kamble, S., Scollon, C. N., ... & Schlegel, R. J. (2022): "True-self-as-guide lay theory endorsement across five countries", in: *Self and Identity, 21*(8), 939-962.

3 Arendt, H. (1960): *Vita activa: oder vom tätigen Leben*. W. Kohlham-mer Verlag. 《인간의 조건》(한길사).

4 Lyotard, J.-F. (1986): *Das postmoderne Wissen: Ein Bericht*. Heraus-gegeben von P. Engelmann. Böhlau. 《포스트모던의 조건》(민음사).

5 McAdams, D. P. (1993): *The Stories We Live By: Personal Myths and the Making of the Self*. William Morrow, 11. 《이야기 심리학》(학지사).

6 McAdams, D. P. (1996): "Personality, Modernity, and the Storied Self: A Contemporary Framework for Studying Persons", in: *Psychological Inquiry*, 7(4), 295-321.

7 McAdams, D. P., & McLean, K. C. (2013): "Narrative identity. Current Directions", in: *Psychological Science, 22*(3), 233-238.

8 Millar, B. M., Wang, W., & Pachankis, J. E. (2016): "The Moderating Role of Internalized Homonegativity on the Efficacy of LGB-Affirmative Psychotherapy: Results From a Randomized Controlled Trial With Young Adult Gay and Bisexual Men", in: *Journal of Consulting and Clinical Psychology*, 84(7), 565-570.

9 David, E. J. R., Schroeder, T. M., & Fernandez, J. (2019): "Internalized racism: A systematic review of the psychological literature on racism's most insidious consequence", in: *Journal of Social Issues, 75*(4), 1057-1086.

10 Silván-Ferrero, P., Recio, P., Molero, F., & Nouvilas-Pallejà, E. (2020): "Psychological quality of life in people with physical disability: The effect of internalized stigma, collective action and resilience", in: *International Journal of Environmental Research and Public Health, 17*(5), 1802.

11 Bignardi, G., Smit, D. J., Vessel, E. A., Trupp, M. D., Ticini, L. F., Fisher, S. E., & Polderman, T. J. (2024): "Genetic effects on variability in visual aesthetic evaluations are partially shared across visual domains", in: *Communications Biology*, 7(1), 55.

12 Domingue, B. W., Fletcher, J., Conley, D., & Boardman, J. D. (2014): "Genetic and educational assortative mating among US adults", in: *Proceedings of the National Academy of Sciences, 111*(22), 7996-8000.

13 https://www.zeit.de/gesundheit/2023-12/genforschung-gewicht-dick-duenn-verhalten.

14 Neyer, F. J., & Asendorpf, J. B. (2024): *Psychologie der Persönlichkeit*. Springer.

15 Perkins, A. M., Arnone, D., Smallwood, J., & Mobbs, D. (2015): "Thinking too much: Self-generated thought as the engine of neuroticism", in: *Trends in Cognitive Sciences, 19*(9), 492-498.

16 Lin, J., Chen, Y., Xie, J., Cheng, Q., Zou, M., & Mo, L. (2022): "Brain Structural Correlates of Dispositional Insight and the Mediation Role of Neuroticism in Young Adults", in: *Frontiers in Behavioral Neuroscience, 16*, 846377.

17 Sweeny, K., & Dooley, M. D. (2017): "The surprising upsides of worry", in: *Social and Personality Psychology Compass, 11*(4), e12311.

18 Wilmot, M. P., Wanberg, C. R., Kammeyer-Mueller, J. D., & Ones, D. S. (2019): "Extraversion advantages at work: A quantitative review and synthesis of the meta-analytic evidence", in: *Journal of Applied Psychology, 104*(12), 1447-1470.

19 Helgoe, L. A. (2013): *Introvert power: Why your inner life is your hidden strength*. Sourcebooks, Inc.

20 Wilmot, M. P., & Ones, D. S. (2022): "Agreeableness and its consequences: A quantitative review of meta-analytic findings", in: *Personality and Social Psychology Review, 26*(3), 242-280.

21 Hayes, N., & Joseph, S. (2003): "Big 5 correlates of three measures of subjective well-being", in: *Personality and Individual Differences, 34*(4), 723-727.

22 Carter, N. T., Guan, L., Maples, J. L., Williamson, R. L., & Miller, J. D. (2016): "The downsides of extreme conscientiousness for psychological well-being: The role of obsessive compulsive tendencies", in: *Journal of Personality, 84*(4), 510-522.

23 Aristoteles: Nikomachische Ethik I.1.3: Verstandesbildung und Fertigkeit. http://www.zeno.org/Philosophie/M/Aristoteles/Nikomachische+Ethik/I.+Teil.+Die+sittliche+Anforderung/1.+Kennzeichen+der+sittlichen+Beschaffenheit+und+ihrer+Bet%C3%A4tigung/3.+Verstandesbildung+und+Fertigkeit#google_vignette.

24 Damian, R. I., Spengler, M., Sutu, A., & Roberts, B. W. (2019): "Sixteen going on sixty-six: A longitudinal study of personality stability and change across 50 years", in: *Journal of Personality and Social Psychology, 117*(3), 674-695.

25 Ryan, R. M., & Deci, E. L. (2017): *Self-Determination Theory: Basic Psychological Needs in Motivation, Development, and Wellness*. The Guilford Press.

26 Deci, E. L., Koestner, R., & Ryan, R. M. (1999): "A meta-analytic review of experiments examining the effects of extrinsic rewards on intrinsic motivation", in: *Psychological Bulletin, 125*(6), 627-668.

27 Assmann, A. (2018): *Menschenrechte und Menschenpflichten: Schlüsselbegriffe für eine humane Gesellschaft*. Picus Verlag.

2장. 의미는 왜 필요한가?

1 Schürmann, L. (2022): "Scham und Verdacht: Subjektivierung im Niedriglohnsektor", in: Traue, B., Pfahl, L., Bosancic, S., Spies, T., Schürmann, L., & Folke, B. (Hrsg.): *Following the Subject: Grundlagen und Zugänge empirischer Subjektivierungsforschung–Foundations and Approaches of Empirical Subjectivation Research*, 171–196. Springer Fachmedien Wiesbaden.

2 https://de.statista.com/statistik/daten/studie/239869/umfrage/arbeitsunfaehigkeitstage-aufgrund-von-burn-out-erkrankungen/.

3 https://www.aerzteblatt.de/nachrichten/134416/Mehr-Schoenheitsbehandlungen-in-der-Krise.

4 https://www.sinus-institut.de/media/pages/sinus-milieus/6191c4121c-1623420390/informationen-zu-den-sinus-milieus.pdf.

5 https://www.zeit.de/2023/51/trauerbewaeltigung-tod-witwer-reise-trauer.

6 Sartre, J. P. (2023): *Der Existentialismus ist ein Humanismus: und andere philosophische Essays 1943–1948*. Rowohlt Verlag. 《실존주의는 휴머니즘이다》(문예출판사).

3장. 나는 무엇을 찾고 있는가?

1 Mill, J. S. (2008): *Utilitarismus*. Reclam, 33. 《공리주의》(현대지성).

2 Mauss, I. B., Tamir, M., Anderson, C. L., & Savino, N. S. (2011): "Can seeking happiness make people unhappy? Paradoxical effects of valuing happines", in: *Emotion, 11*(4), 807–815.

3 Ford, B. Q., Mauss, I. B., & Gruber, J. (2015): "Valuing happiness is associated with bipolar disorder", in: *Emotion, 15*(2), 211-222.

4 Mauss, I. B., Tamir, M., Anderson, C. L., & Savino, N. S. (2011): "Can seeking happiness make people unhappy? Paradoxical effects of valuing happiness", in: *Emotion, 11*(4), 807–815.

5 Kasser, T. (2016): "Materialistic values and goals", in: *Annual Review*

of Psychology, 67(1), 489-514; Dittmar, H., & Isham, A. (2022): "Materialistic value orientation and wellbeing", in: *Current Opinion in Psychology, 46*, 101337.

6 Wiese, C. W., Kuykendall, L., & Tay, L. (2018): "Get active? A meta-analysis of leisure-time physical activity and subjective well-being", in: *The Journal of Positive Psychology, 13*(1), 57-66.

7 Diener, E., & Diener, C. (1996): "Most people are happy", in: *Psychological Science, 7*(3), 181-185.

8 Diener, E., Diener, C., Choi, H., & Oishi, S. (2018): "Revisiting Most People Are Happy and discovering when they are not", in: *Perspectives on Psychological Science, 13*(2), 166-170.

9 Asselmann, E., & Specht, J. (2023): "Dramatic effects but fast adaptation: Changes in life satisfaction and different facets of affective well-being around the death of a partner and death of a child", in: *Applied Psychology: Health and Well-Being, 15*(2), 451-465.

10 Jacobi, K. (1979): "Aristoteles' Einführung des Begriffs eudaimonia im I. Buch der Nikomachischen Ethik", in: *Philosophisches Jahrbuch, 86* (1979), 300-325, 여기서는 320.

11 Schueller, S. M., & Seligman, M. E. (2010): "Pursuit of pleasure, engagement, and meaning: Relationships to subjective and objective measures of well-being", in: *The Journal of Positive Psychology*, 5(4), 253-263.

12 Vötter, B., & Schnell, T. (2019): "Cross-lagged analyses between life meaning, self-compassion, and subjective well-being among gifted adults", in: *Mindfulness, 10*, 1294-1303.

13 Kreiss, C., & Schnell, T. (2022): "Have a good day! An experience-sampling study of daily meaningful and pleasant activities", in: *Frontiers in Psychology, 13*, 977687.

14 https://www.google.com/search?q=https://www.zeit.de/2023/40/daniel-schmidt-elbschlosskeller-st-pauli-reeperbahn-glaube/.

15 Hillesum, E. (1987): *Das denkende Herz*. Rowohlt Verlag, 124.

16 같은 책, 128.

17 Bailey, C., & Madden, A. (2016, Summer): "What makes work meaningful-or meaningless", in: *MIT Sloan Management Review*, 52-63.

18 Mill, J. S. (2008): *Utilitarismus*. Reclam, 33.

4장. 의미는 어떤 느낌일까?

1 https://www.zeit.de/2023/45/axel-bosse-musik-leben-therapie-emotionen.

2 전도서 1장 13절.

3 마가복음 12장 29-31절.

4 로마서 11장 33절.

5 Nietzsche, F. (1882/1980): "Die fröhliche Wissenschaft", in: Ders.: *Kritische Studienausgabe in 15 Bänden*, hrsg. von G. Colli und M. Montinari. dtv, 480. 《즐거운 학문·메시나에서의 전원시 유고(1881년 봄-1882년 여름)》(책세상).

6 같은 곳.

7 Camus, A. (2004): *Der Mythos des Sisyphos*. Reinbek, 여기서는 160. 《시지프 신화》(민음사).

8 Schamoni, R. (2011): *Tag der geschlossenen Tür*. Piper, 7-8.

9 타트야나 슈넬과 그녀의 팀은 이런 이유로 플랫폼을 개발했다. www.sinnmacher.eu.

10 Arora, A., Bansal, S., Kandpal, C., Aswani, R., & Dwivedi, Y. (2019): "Measuring social media influencer index-insights from Facebook, Twitter and Instagram", in: *Journal of Retailing and Consumer Services, 49*, 86-101.

11 Alighieri, D.: *Die Göttliche Komödie, Die Hölle-Erster Gesang, 11* (Zeno.org). 《신곡》(열린책들).

12 Agarwal, S., Guntuku, S. C., Robinson, O. C., Dunn, A., & Ungar, L. H. (2020): "Examining the phenomenon of quarter-life crisis through artificial intelligence and the language of twitter", in: *Frontiers in Psychology, 11*, 517-594.

13 Tronick, E., Als, H., Adamson, L., Wise, S., & Brazelton, T. B. (1978): "The infant's response to entrapment between contradictory messages in face-to-face interaction", in: *Journal of the American Academy of Child Psychiatry, 17*(1), 1-13.

14 Runkel, G., & Burkart, G. (Hrsg.) (2012): *Funktionssysteme der Gesellschaft: Beiträge zur Systemtheorie von Niklas Luhmann*. Springer.

15 Ratcliffe, M. (2009): "Existential feeling and psychopathology", in: *Philosophy, Psychiatry, Psychology, 16*(2), 179-194.

16 Wheeler, M. (2020): "Martin Heidegger", in: Zalta, E. N. (Hrsg.): *Stanford Encyclopedia of Philosophy* (Fall 2020 Edition). Stanford University. https://plato.stanford.edu/archives/fall2020/entries/heidegger/.

17 Yalom, I. D. (2015): *Existenzielle Psychotherapie*. EHP-Verlag Andreas Kohlhage. 《실존주의 심리치료》(학지사).

18 Bailey, C., & Madden, A. (2016, Summer): "What makes work meaningful-or meaningless", in: *MIT Sloan Management Review*, 52-63.

5장. 나는 나에게 정직한가?

1 Platon (1991): *Sämtliche Werke V, Politeia*. Insel, 511. 《플라톤의 국가·政體》(서광사).

2 Boyd, R. L., Bresin, K., Ode, S., & Robinson, M. D. (2013): "Cognitive egocentrism differentiates warm and cold people", in: *Journal of Research in Personality, 47*(1), 90-96.

3 Metzinger, T. (2014): "Spiritualität und intellektuelle Redlichkeit". https://www.google.com/search?q=http://www.blogs.uni-mainz.de/fb05philosophie/files/2013/04/TheorPhil_Metzinger_SIR_2013.pdf.

4 Musil, R. (2013): *Mann ohne Eigenschaften*. Anaconda, 526. 《특성 없는 남자》(문학동네).

5 Taylor, S. E., & Brown, J. D. (1988): "Illusion and well-being: a social psychological perspective on mental health", in: *Psychological Bulletin, 103*(2), 193-210, 여기서는 203-204.

6 Robins, R. W., & Beer, J. S. (2001): "Positive illusions about the self: Short-term benefits and long-term costs", in: *Journal of Personality and Social Psychology, 80*(2), 340-352.

7 Sedikides, C., Meek, R., Alicke, M. D., & Taylor, S. (2014): "Behind bars but above the bar: Prisoners consider themselves more prosocial than non-prisoners", in *British Journal of Social Psychology, 53*(2), 396-403.

8 Dunning, D. (2011): "The Dunning-Kruger effect: On being ignorant of one's own ignorance", in: Olson, J. M., & Zanna, M. P. (Hrsg.): *Advances in Experimental Social Psychology*, 247-296.

9 Platon (1991): *Sämtliche Werke I, Protagoras, Apologie*. Insel, 213. 《소크라테스의 변명》(아카넷).

10 Shepperd, J. A., Pogge, G., & Howell, J. L. (2017): "Assessing the consequences of unrealistic optimism: Challenges and recommendations", in: *Consciousness and Cognition, 50*, 69-78.

11 Van der Leeuw, S. & Dirks, G. (2024): "The illusion of control", in: *Global Perspectives, 5*(1), 115453.

12 IPCC (2023): Summary for Policymakers. In: *Climate Change 2023: Synthesis Report. Contribution of Working Groups I, II and III to the Sixth Assessment Report of the Intergovernmental Panel on Climate Change* [Core Writing Team, H. Lee 및 J. Romero (Hrsg.)]. IPCC, Geneva, 1-34.

13 Rede A. Weidel, AfD, im Bundestag, 31. Januar 2024.

14 Dalbert, C. (2009): "Belief in a just world", in: Leary, M. R., & Hoyle, R. H. (Hrsg.): *Handbook of individual differences in social behavior*. Guilford Press, 288-297.

15 Yalom, I. D. (2015): *Existenzielle Psychotherapie*. EHP-Verlag Andreas Kohlhage, 139.

16 Spitzenstätter, D., & Schnell, T. (2022): "The existential dimension of the pandemic: Death attitudes, personal worldview, and coronavirus anxiety", in: *Death Studies, 46*(5), 1031-1041; Sallnow, L., Smith, R., Ahmedzai, S. H., Bhadelia, A., Chamberlain, C., Cong, Y., & Wyatt, K. (2022): "Report of the Lancet Commission on the Value of Death: bringing death back into life", in: *The Lancet, 399*(10327), 837-884.

6장. 무엇이 맞는지 어떻게 알까?

1 Iyengar, S. S., & Lepper, M. R. (2000): "When choice is demotivating: Can one desire too much of a good thing?", in: *Journal of Personality and Social Psychology, 79*(6), 995-1006.

2 Pronk, T. M., & Denissen, J. J. (2020): "A rejection mind-set: Choice overload in online dating", in: *Social Psychological and Personality Science, 11*(3), 388-396.

3 Iyengar, S. S., Wells, R. E., & Schwartz, B. (2006): "Doing better but feeling worse: Looking for the best job undermines satisfaction", in: *Psychological Science, 17*(2), 143-150.

4 Roets, A., Schwartz, B., & Guan, Y. (2012): "The tyranny of choice: A cross-cultural investigation of maximizing-satisficing effects on well-being", in: *Judgment and Decision Making, 7*(6), 689-704.

5 Schwartz, B., Ward, A., Monterosso, J., Lyubomirsky, S., White, K., & Lehman, D. R. (2002): "Maximizing versus satisficing: happiness is a matter of choice", in: *Journal of Personality and Social Psychology, 83*(5), 1178-1197.

6 Sevdalis, N., Harvey, N., & Yip, M. (2006): "Regret triggers inaction inertia-but which regret and how?", in: *British Journal of Social Psychology, 45*(4), 839-853.

7 Lenow, J. K., Constantino, S. M., Daw, N. D., & Phelps, E. A. (2017): "Chronic and acute stress promote overexploitation in serial decision making", in: *Journal of Neuroscience, 37*(23), 5681-5689.

8 https://www.zeit.de/2024/23/berufswunsch-hebamme-arbeitswechsel-neuorientierung.

9 Fuchs, T. (2017): "Karl Jaspers-Denker der Grenze", in: Busche, H. & Fuchs, T.: *Zwei Philosophen der Medizin-Leibniz und Jaspers*. Springer, 28-42.

7장. 어디에서 의미를 찾을까?

1 https://www.zeit.de/2024/09/saisonarbeit-neben-dem-beruf-skilehrerin.

2 Schnell, T. (2020). *Psychologie des Lebenssinns*. Springer, 104.

3 Schnell, T. (2009): *Implizite Religiosität–Zur Psychologie des Lebenssinns*. Pabst.

4 Schnell, T., & Becker, P. (2007): *Der Fragebogen zu Lebensbedeutungen und Lebenssinn* (LeBe). Hogrefe.

5 Schnell, T. (2020). *Psychologie des Lebenssinns*. Springer, 76 이하.

6 Heine, S. J., Proulx, T., & Vohs, K. D. (2006): "The meaning maintenance model: On the coherence of social motivations", in: *Personality and Social Psychology Review, 10*(2), 88-110.

7 Schnell, T. (2011): "Individual differences in meaning-making: Considering the variety of sources of meaning, their density and diversity", in: *Personality and Individual Differences, 51*(5), 667-673; Schnell, T. (2008): "Deutsche in der Sinnkrise? Ein Einblick in die Sinnforschung mit Daten einer repräsentativen Stichprobe", in: *Journal für Psychologie, 16*(3), Artikel 09.

8 Schnell, T., & Becker, P. (2006): "Personality and meaning in life", in: *Personality and Individual Differences, 41*(1), 117-129; Lavigne, K. M., Hofman, S., Ring, A. J., Ryder, A. G., & Woodward, T. S. (2013): "The personality of meaning in life: Associations between dimensions of life meaning and the Big Five", in: *The Journal of Positive Psychology, 8*(1), 34-43.

9 Margolis, S., & Lyubomirsky, S. (2020): "Experimental manipulation of extraverted and introverted behavior and its effects on well-being", in: *Journal of Experimental Psychology: General, 149*(4), 719-731.

10 Erikson, E. H. (1966): *Identität und Lebenszyklus*. Suhrkamp.

11 King, V. (2020): "Das Konzept 'Emerging Adulthood' aus jugend theoretischer und zeitdiagnostischer Sicht", in: *Diskurs Kindheits-und Jugendforschung /Discourse. Journal of Childhood and Adolescence Research, 15*(4), 355-369.

12 Bakan, D. (1966): *The duality of human existence: Isolation and communion in Western man*. Beacon Press.

8장. 누구와 함께 갈까?

1 Twenge, J. M., Catanese, K. R., & Baumeister, R. F. (2003): "Social exclusion and the deconstructed state: time perception, meaninglessness, lethargy, lack of emotion, and self-awareness", in: *Journal of Personality and Social Psychology, 85*(3), 409-423.

2 Lambert, N. M., Stillman, T. F., Baumeister, R. F., Fincham, F. D., Hicks, J. A., & Graham, S. M. (2010): "Family as a salient source of meaning in young adulthood", in: *The Journal of Positive Psychology, 5*(5), 367-376.

3 Karwetzky, C., Werdecker, L., & Esch, T. (2021): "What matters most in life? A German cohort study on the sources of meaning and their neurobiological foundations in four age groups", in: *Frontiers in Psychology, 12*, 777751.

4 Hudak, J., & Giammattei, S. V. (2014): "Doing family: Decentering heteronormativity in 'marriage' and 'family' therapy", in: Nelson, T. & Winawer, H. (Hrsg.): *Critical topics in family therapy: AFTA monograph series highlights*, 105-115. Springer International Publishing.

5 Schnell, T. (2012): "'Für meine Freunde könnte ich sterben'-Implizite Religiosität und die Sehnsucht nach Transzendenz", in: Kropac, U., Meier, U., & König, K. (Hrsg.): *Jugend-Religion-Religiosität. Resultate, Probleme und Perspektiven der aktuellen Religios-itätsforschung*. Pustet, 87-108, 여기서는 98.

6 같은 책, 97.

7 Stavrova, O., & Luhmann, M. (2016): "Social connectedness as a source and consequence of meaning in life", in: *The Journal of Positive Psychology, 11*(5), 470-479.

8 Sarkisian, N., & Gerstel, N. (2016): "Does singlehood isolate or integrate? Examining the link between marital status and ties to kin,

friends, and neighbors", in: *Journal of Social and Personal Relationships, 33*(3), 361-384.

9 Schnell, T. (2000): "I Believe in Love", in: *Implicit Religion, 3*(2), 111-122.

10 Jenkins, C. (2022): *Sad love: Romance and the search for meaning*. John Wiley & Sons.

11 Schneider, N. F., Diabaté, S., & Ruckdeschel, K. (Hrsg.) (2015): "Familienleitbilder in Deutschland. Kulturelle Vorstellungen zu Partnerschaft, Elternschaft und Familienleben", in: *Beiträge zur Bevölkerungswissenschaft*, Bd. 48. Opladen.

12 Luhmann, M., Hofmann, W., Eid, M., & Lucas, R. E. (2012): "Subjective well-being and adaptation to life events: A meta-analysis", in: *Journal of Personality and Social Psychology, 102*(3), 592-615.

13 Baumeister, R. F., Vohs, K. D., Aaker, J. L., & Garbinsky, E. N. (2013): "Some key differences between a happy life and a meaningful life", in: *The Journal of Positive Psychology, 8*, 505-516; Pedersen, H. F., Birkeland, M. H., Jensen, J. S., Schnell, T., Hvidt, N. C., Sørensen, T., & La Cour, P. (2018): "What brings meaning to life in a highly secular society? A study on sources of meaning among Danes", in: *Scandinavian Journal of Psychology, 59*(6), 678-690; Pollet, E., & Schnell, T. (2017): "Brilliant: But what for? Meaning and subjective well-being in the lives of intellectually gifted and academically high-achieving adults", in: *Journal of Happiness Studies, 18*, 1459-1484; Schnell, T., & Danbolt, L. J. (2023): "The Meaning and Purpose Scales (MAPS): development and multi-study validation of short measures of meaningfulness, crisis of meaning, and sources of purpose", in: *BMC Psychology, 11*(1), 304.

14 Deaton, A., & Stone, A. A. (2014): "Evaluative and hedonic wellbeing among those with and without children at home", in: *Proceedings of the National Academy of Sciences, 111*(4), 1328-1333.

15 Musick, K., Meier, A., & Flood, S. (2016): "How parents fare: Mothers' and fathers' subjective well-being in time with children", in: *American Sociological Review, 81*(5), 1069-1095.

16 Maslow, A. H. (1954): *Motivation and personality*. Harpers. 《동기와 성격》(연암서가).

17 Stavrova, O., & Luhmann, M. (2016): "Social connectedness as a source and consequence of meaning in life", in: *The Journal of Positive Psychology, 11*(5), 470-479.

18 Simonson, J., Kelle, N., Kausmann, C., Tesch-Römer, C. (Hrsg.) (2022): *Freiwilliges Engagement in Deutschland. Der Deutsche Freiwilli-gensurvey 2019*. Springer VS.

19 Barreto, M., Victor, C., Hammond, C., Eccles, A., Richins, M. T., & Qualter, P. (2021): "Loneliness around the world: Age, gender, and cultural differences in loneliness", in: *Personality and Individual Differences, 169*, 110066.

20 Freda (2024): *The German Family Demography Panel Study*. Policy Brief Mai 2024; https://www.google.com/search?q=https://www.bib.bund.de/Publikation/2024/pdf/Freda-Policy-Brief-Einsamkeit-imjuengeren-und-mittleren-Erwachsenenalter-angestiegen.pdf%3F__blob%3DpublicationFile%26v%3D2.

21 Monroe, K. R. (2004): *The Hand of Compassion: Portraits of Moral Choice During the Holocaust*. Princeton University Press.

22 Barragan, R. C., Oliveira, N., Khalvati, K., Brooks, R., Reinecke, K., Rao, R. P., & Meltzoff, A. N. (2021): "Identifying with all humanity predicts cooperative health behaviors and helpful responding during COVID-19", in.: *PLoS One, 16*(3), e0248234.

23 Singer, T., & Klimecki, O. M. (2014): "Empathy and compassion", in: *Current Biology, 24*(18), R875-R878.

24 Kimmerer, R. W. (2017): "Speaking of Nature", in: *Orion Magazine*, March/April 2017. https://orionmagazine.org/article/speaking-of-nature/.

25 https://www.zeit.de/sinn/2023-08/helena-steinhaus-kindergrundsicherung-armut-aktivismus.

9장. 의미가 나에게 요구하는 것은?

1 Frankl, V. E. (2009): *... trotzdem Ja zum Leben sagen: Ein Psychologe erlebt das Konzentrationslager*. Kösel-Verlag, 116-117. 《빅터 프랭클의 죽음의 수용소에서》(청아출판사).

2 Frankl, V. E. (1996): *Der Wille zum Sinn. Ausgewählte Vorträge über Logotherapie*. Huber, 14. 《삶의 의미를 찾아서》(청아출판사).

3 Yamazaki S., Ura, C., Shimmei, M., & Okamura, T. (2021): "In search of lost time: Long-term prognosis of hikikomori called 8050 crisis", in: *International Journal of Geriatric Psychiatry, 36*(10), 1590-1591.

4 Chan, G. H. Y., & Lo, T. W. (2014): "Hidden youth services: What Hong Kong can learn from Japan", in: *Children and Youth Services Review, 42*, 118-126.

5 Fong, T. C., & Yip, P. S. (2023): "Prevalence of hikikomori and associations with suicidal ideation, suicide stigma, and help-seeking among 2,022 young adults in Hong Kong", in: *International Journal of Social Psychiatry, 69*(7), 1768-1780; Yong, R., & Nomura, K. (2019): "Hikikomori is most associated with interpersonal relationships, followed by suicide risks: a secondary analysis of a national cross sectional study", in: *Frontiers in Psychiatry, 10*, 442147.; Zhu, S., Lee, P. H., & Wong, P. W. (2021): "Investigating prolonged social withdrawal behaviour as a risk factor for self-harm and suicidal behaviours", in: *BJPsych open, 7*(3), e90.

6 Damásio, B. F., & Koller, S. H. (2015): "Complex experiences of meaning in life: Individual differences among sociodemographic variables, sources of meaning and psychological functioning", in: *Social Indicators Research, 123*(1), 161-181; Schnell, T. (2010): "Existential Indifference: Another Quality of Meaning in Life", in: *Journal of Humanistic Psychology, 50*(3), 351-373.

7 Schnell, T. (2013): "Meaning in the making. Contemporary sources and types of meaning", in: *International Association for the Psychology of Religion (IAPR)*, August 2013.

8 Bund, K. (2014): *Glück schlägt Geld. Generation Y: Was wir wirklich*

wollen. Murmann Verlag.

9 Martin, C. (2014): *Eine Abrechnung mit der traurigen Generation der Ewig-Jungen*. https://www.vice.com/de/article/qbmjbd/wenn-die-party-nie-endet-eine-abrechnung-mit-unserer-traurigen-generation-997.

10 Hörmann, C. (2016): *Bindung, Selbstkonzept und Lebenssinn. Über den Zusammenhang zwischen Selbstwahrnehmung, Beziehungsverhalten und persönlichem Sinnerleben. Vergleich existentiell Indifferenter mit anderen Sinnerlebnisqualitäten*. Unveröffentlichte Masterarbeit, Universität Innsbruck.

11 Damásio & Koller, 2015.

12 Chmielewski, F., Hanning, S., Juckel, G., & Mavrogiorgou, P. (2022): "Relationship between Psychopathology and Sources of Meaning in Psychotherapeutically Treated Patients: A Naturalistic Cross-Sectional Analysis", in: *Psychopathology, 55*(5), 301-309; Damásio, B. F., & Koller, S. H. (2015); Schnell, T. (2010): "Existential Indifference: Another Quality of Meaning in Life", in: *Journal of Humanistic Psychology, 50*(3), 351-373; Vötter, B., & Schnell, T. (2024): "Life Meaning versus Intelligence? An Analysis of three Qualities of Meaning among Gifted Adults", in: McLafferty, Jr., C. L., & Levinson, J. (Hrsg.): *Logotherapy and Existential Analysis: Proceedings of the Viktor Frankl Institute Vienna*, Volume 2. Springer, 241-258.

13 Chmielewski et al., 2022; Schnell, 2013.

14 Schnell, 2013.

15 같은 곳.

16 Hörmann, 2016.

17 Böckenförde, E.-W. (2006): "Die Entstehung des Staates als Vorgang der Säkularisation", in: Ders.: *Recht, Staat, Freiheit*. Suhrkamp, 112.

18 Heidegger, M. (1963): *Sein und Zeit*. Niemeyer, 129. 《존재와 시간》(까치).

19 Rodin, J., & Langer, E. J. (1977): "Long-term effects of a control-relevant intervention with the institutionalized aged", in: *Journal of Personality and Social Psychology, 35*(12), 897-902.

20 Kahneman, D., & Tversky, A. (1982): "The psychology of preferences", in: *Scientific American, 246*(1), 160-173.

21 Gilovich, T., & Medvec, V. H. (1994): "The temporal pattern to the experience of regret", in: *Journal of Personality and Social Psychology, 67*(3), 357-365; Gilovich, T., Wang, R. F., Regan, D., & Nishina, S. (2003): "Regrets of action and inaction across cultures", in: *Journal of CrossCultural Psychology, 34*(1), 61-71; Namkoong, J. E., Ro, J. H., Hur, T., & Choi, E. (2022): "Regrets over 'me' versus regrets over 'us': The influence of culture on action versus inaction regrets", in: *Asian Journal of Social Psychology, 25*(3), 532-543; Yeung, S. K., & Feldman, G. (2022): "Revisiting the temporal pattern of regret in action versus inaction: Replication of Gilovich and Medvec (1994) with extensions examining responsibility", in: *Collabra: Psychology, 8*(1), 37122.

22 Schnell, T. (2008): "Deutsche in der Sinnkrise? Ein Einblick in die Sinnforschung mit Daten einer repräsentativen Stichprobe", in: *Journal für Psychologie, 16*(3), Artikel 09; Schnell, T. (2016): *Psychologie des Lebenssinns*. Springer.

23 Maslow, A. H. (1964): *Religions, values, and peak-experiences*. Ohio State University Press, 42.

10장. 고통의 의미는 무엇인가?

1 https://www.zeit.de/2019/10/alstermord-kennedybruecke-victor-elling-erstochen-trauma.

2 https://www.zeit.de/2021/52/veronique-elling-trauer-sohn-sinn/.

3 Chmielewski, F., Hanning, S., Juckel, G., & Mavrogiorgou, P. (2022): "Relationship between Psychopathology and Sources of Meaning in Psychotherapeutically Treated Patients: A Naturalistic Cross-Sectional Analysis", in: *Psychopathology, 55*(5), 301-309; Damásio, B. F., Koller, S. H., & Schnell, T. (2013): "Sources of Meaning and Meaning in Life Questionnaire (SoMe): Psychometric properties and sociodemographic

findings in a large Brazilian Sample", in: *Acta de Investigación Psicológica, 3*(3), 1205-1227; Dyrendal, A., & Hestad, K. (2021): "Trust in crisis: conspiracy mentality, lack of trust and religiosity predicted conspiracy beliefs about COVID-19 in a Norwegian sample", in: *Approaching Religion*, 11, 98-114; Hanfstingl, B. (2013): "Ego- and spiritual transcendence: relevancies for psychological resilience and the role of age", in: *EvidenceBased Complementary and Alternative Medicine*, 9 pages. DOI:10.1155/2013/949838; Pedersen, H. F., Handegard Birkeland, M., Søndergaard Jensen, J., Schnell, T., Hvidt, N. C., Sørensen, T., & la Cour, P. (2018): "What brings meaning to life in a highly secular society? A study on sources of meaning among Danes", in: *Scandinavian Journal of Psychology, 59*(6), 678-690; Schnell, T. (2009): "The Sources of Meaning and Meaning in Life Questionnaire (SoMe): Relations to demographics and well-being", in: *The Journal of Positive Psychology, 4*(6), 483-499; Schnell, T., & Krampe, H. (2020): "Meaning in life and self-control buffer stress in times of COVID-19: Moderating and mediating effects with regard to mental distress", in: *Frontiers in Psychiatry*, 11, 582352; Schnell, T., & Krampe, H. (2022): "Meaningfulness protects from and crisis of meaning exacerbates general mental distress longitudinally", in: *BMC Psychiatry, 22*(1), 285; Schnell, T., & Danbolt, L. J. (2023): "The Meaning and Purpose Scales (MAPS): development and multi-study validation of short measures of meaningfulness, crisis of meaning, and sources of purpose", in: *BMC Psychology, 11*(1), 304; Spitzenstätter, D., & Schnell, T. (2022): "Effects of mortality awareness on attitudes toward dying and death and meaning in life-a randomized controlled trial", in: *Death Studies, 46*(5), 1219-1233; Sørensen, T., StifossHansen, H., Lien, L., Pedersen, H. F., la Cour, P., DeMarinis, V., Danbolt, L. J., & Schnell, T. (2019): "The Sources of Meaning and Meaning in Life Questionnaire (SoMe) in the Norwegian context: Relations to mental health, quality of life and self-efficacy", in: *International Journal for the Psychology of Religion, 29*(1), 32-45; Vötter, B. (2019): "Crisis of meaning and subjective well-being: The mediating role of resilience and self-control among gifted adults", in: *Behavioral Sciences, 10*(1), 15.

4 Falkai, P., Wittchen, H. U., Döpfner, M., & American Psychiatric Association (2015): *Diagnostisches und statistisches Manual psychischer Störungen DSM-5*. Hogrefe. 《정신질환의 진단 및 통계 편람》(학지사).

5 Chmielewski, F., Hanning, S., Juckel, G., & Mavrogiorgou, P. (2022): "Relationship between Psychopathology and Sources of Meaning in Psychotherapeutically Treated Patients: A Naturalistic Cross-Sectional Analysis", in: *Psychopathology, 55*(5), 301-309; Schnell, T., & la Cour, P. (2018): "Von der Tiefe im Leben sprechen. Erkenntnisse der empirischen Sinnforschung und Exploration von Lebensbedeutungen mit der LeBe-Kartenmethode", in: *Wege zum Menschen, 70*(1), 33-47; Zhu, C., Su, R., Huang, F., & Liu, Y. (2022): "Existential isolation and suicide ideation among Chinese college students: a moderated mediation model", in: *Journal of Humanistic Psychology 0(0)*., 0022167 8221106916.

6 B., B. (2006): Abschiedsbrief. https://www.telepolis.de/features/Ich-will-R-A-C-H-E-3408904.html.

7 Schnell, T., & Becker, P. (2007): *Der Fragebogen zu Lebensbedeutungen und Lebenssinn (LeBe)*. Hogrefe.

8 Schnell & Danboldt (2023).

9 Schnell, T. (2020): *Psychologie des Lebenssinns*. Springer.

10 같은 곳.

11 Klinger, E. (1998): "The search for meaning in evolutionary perspective and its clinical implications", in: Wong, P. T. P., & Fry, P. S. (Hrsg.): *The human quest for meaning*, 27-50. Erlbaum; Skaggs, B. G., & Barron, C. R. (2006): "Searching for meaning in negative events: Concept analysis", in: *Journal of Advanced Nursing, 53*(5), 559-570: Tobias, T. (2010): *Die Sinnkrise-Auslöser, Erleben, Bewältigung und die gewonnene Einsicht*. Unveröffentlichte Diplomarbeit: Universität Innsbruck.

12 Furchert, A. (2012): *Das Leiden fassen: Zur Leidensdialektik Søren Kierkegaards*. Alber.

13 Rilke, R. M. (1905): Brief an Arthur Holitscher, 13. Dezember

1905-https://www.marschler.at/worte-rilke-zitate.htm.

14 https://www.zeit.de/2021/52/veronique-elling-trauer-sohn-sinn/.

11장. 의미는 좋은 것인가?

1 https://www.zeit.de/2021/47/reiner-calmund-magenverkleinerung-gewicht-vater-vietnam.

2 Sone, T., Nakaya, N., Ohmori, K., Shimazu, T., Higashiguchi, M., Kakizaki, M., & Tsuji, I. (2008): "Sense of life worth living (ikigai) and mortality in Japan: Ohsaki Study", in: *Psychosomatic Medicine, 70*, 709-715.

3 Cohen, R., Bavishi, C., & Rozanski, A. (2016): "Purpose in life and its relationship to all-cause mortality and cardiovascular events: A meta-analysis", in: *Psychosomatic Medicine, 78*(2), 122-133.

4 Boyle, P. A., Buchman, A. S., Wilson, R.S., Yu, L., Schneider, J. A., & Bennett, D. A. (2012): "Effect of purpose in life on the relation between Alzheimer disease pathologic changes on cognitive function in advanced age", in: *Archives of General Psychiatry, 69*(5), 499-504.

5 Mount Sinai Medical Center. (2015): "Have a sense of purpose in life? It may protect your heart", in: *ScienceDaily*, 6 March 2015, 7. http://www.sciencedaily.com/releases/2015/03/150306132538.htm.

6 Alimujiang, A., Wiensch, A., Boss, J., Fleischer, N. L., Mondul, A. M., McLean, K., … & Pearce, C. L. (2019): "Association between life purpose and mortality among US adults older than 50 years", in: *JAMA Network Open, 2*(5), e194270-e194270.

7 Antonovsky, A. (1979): *Health, stress and coping*. Jossey-Bass; Antonovsky, A., & Franke, A. (1997): *Salutogenese. Zur Ent mystifizierung der Gesundheit*. Forum für Verhaltenstherapie und psychosoziale Praxis, Bd. 36. dgvt-Verlag.

8 Antonovsky, A., Maoz, B., Dowty, N., & Wijsenbeek, H. (1971): "Twenty-five years later: A limited study of the sequelae of the

concentration camp experience", in: *Social Psychiatry, 6*, 186-193.

9 Wiesmann, U., & Hannich, H. J. (2011): "Salutogenic perspectives on health maintenance: The role of resistance resources and meaningfulness", in: *GeroPsych: The Journal of Gerontopsychology and Geriatric Psychiatry, 24*(3), 127-135.

10 Holahan, C. K., Holahan, C. J., & Suzuki, R. (2008): "Purposiveness, physical activity, and perceived health in cardiac patients", in: *Disability and Rehabilitation, 30*(23), 1772-1778.

11 Wiesmann & Hannich (2011).

12 Brassai, L., Piko, B. F., & Steger, M. F. (2015): "A reason to stay healthy: The role of meaning in life in relation to physical activity and healthy eating among adolescents", in: *Journal of Health Psychology, 20*(5), 473-482.

13 Kim, E. S., Strecher, V. J., & Ryff, C. D. (2014): "Purpose in life and use of preventive health care services", in: *Proceedings of the National Academy of Sciences, 111*(46), 16331-16336.

14 Krause, N. (2007): "Evaluating the stress-buffering function of meaning in life among older people", in: *Journal of Aging and Health, 19*(5), 792-812.

15 Aiena, B. J., Buchanan, E. M., Smith, C. V., & Schulenberg, S. E. (2016): "Meaning, resilience, and traumatic stress after the Deepwater Horizon oil spill: A study of Mississippi coastal residents seeking mental health services", in: *Journal of Clinical Psychology, 72*(12), 1264-1278.

16 Winger, J. G., Adams, R. N. and Mosher, C. E. (2016): "Relations of meaning in life and sense of coherence to distress in cancer patients: a meta-analysis", in: *Psychooncology, 25*(1), 2-10.

12장. 의미는 항상 좋은가?

1 Elnakouri, A., Hubley, C., & McGregor, I. (2022): "Hate and meaning in life: How collective, but not personal, hate quells threat and spurs

meaning in life", in: *Journal of Experimental Social Psychology, 98*, 104227.

2 https://www.bka.de/DE/AktuelleInformationen/Statistiken Lagebilder/Lagebilder/HaeuslicheGewalt/haeuslicheGewalt_node.html.

3 Schnell, T., Viviani, R., Lenz, C., & Krampe, H. (2024): "When Alienated from Society, Conspiracy Theory Belief Gives Meaning to Life", in: *Heliyon*, 10(14), e34557.

4 Aristoteles (2013): *Nikomachische Ethik*. Übers. u. hrsg. v. Ursula Wolf. Rowohlt, 162. 《니코마코스 윤리학》(길).

5 Nussbaum, M. C. (2000): *Women and human development: The capabilities approach* (Vol. 3). Cambridge University Press, 78 이하. 《여성을 억압하는 세계》(세창출판사).

6 같은 책, 72.

7 Patterson, R., Rothstein, J., & Barbey, A. K. (2012): "Reasoning, cognitive control, and moral intuition", in: *Frontiers in Integrative Neuroscience, 6*, 114.

8 Van Pachterbeke, M., Keller, J., & Saroglou, V. (2012): "Flexibility in existential beliefs and worldviews: Introducing and measuring existential quest", in: *Journal of Individual Differences*, 33(1), 2-16.

9 Miglietta, A., Rizzo, M., Testa, S., & Gattino, S. (2023): "Does Existential Flexibility Associate with Individuals' Acceptance of Inequality? A Study Relating Existential Questing to Values and to Prejudice", in: *Europe's Journal of Psychology, 19*(4), 321-334.

10 Aristoteles (2013): *Nikomachische Ethik*. Übers. u. hrsg. v. Ursula Wolf. Rowohlt, 74.

13장. 어떻게 시작할까?

1 https://www.zeit.de/2022/13/lebenswandel-beruf-universitaet-psyche.

2 Eidelman, S., & Crandall, C. S. (2012): "Bias in favor of the status quo", in: *Social and Personality Psychology Compass, 6*(3), 270-281.

3 Eidelman, S., Crandall, C. S., & Pattershall, J. (2009): "The existence

bias", in: *Journal of Personality and Social Psychology, 97*(5), 765-775.

4 De Saint-Exupéry, Antoine (2024): *Der kleine Prinz*. Anaconda, 65-66. 《어린 왕자》(열린책들).

5 Gruber, E., Baumann, I., Vonderlin, E., Bents, H., Heidenreich, T., Mander, J., & Kalmar, J. (2023): "Translation and factorial validation of the Self-Compassion Scale for Adolescents in a German community sample", in: *Journal of Child and Family Studies, 32*(5), 1318-1331.

6 Cunha, M., Xavier, A., & Castilho, P. (2016): "Understanding self-compassion in adolescents: Validation study of the Self-Compassion Scale", in: *Personality and Individual Differences, 93*, 56-62.

7 Neff, K. D., & Dahm, K. A. (2015): "Self-compassion: What it is, what it does, and how it relates to mindfulness", in: Ostafin, B., Robinson, M., & Meier, B. (Hrsg.): *Handbook of mindfulness and self-regulation*, 121-137.

8 Hostinar, C. E., Sullivan, R. M., & Gunnar, M. R. (2014): "Psychobiological mechanisms underlying the social buffering of the hypothalamic-pituitary-adrenocortical axis: A review of animal models and human studies across development", in: *Psychological Bulletin, 140*(1), 256-282; Uchino, B. N., & Garvey, T. S. (1997): "The availability of social support reduces cardiovascular reactivity to acute psychological stress", in: *Journal of Behavioral Medicine, 20*, 15-27.

9 Klein, H. J., Lount Jr, R. B., Park, H. M., & Linford, B. J. (2020): "When goals are known: The effects of audience relative status on goal commitment and performance", in: *Journal of Applied Psychology, 105*(4), 372-389.

10 Bandura, A. (2001): "Social cognitive theory: An agentic perspective", in: *Annual Review of Psychology, 52*(1), 1-26.

11 www.sinnmacher.eu.

12 www.sinnmacher.eu를 참조하라.

13 Baumeister, R. F., Vohs, K. D., Aaker, J. L., & Garbinsky, E. N. (2013): "Some key differences between a happy life and a meaningful life", in: *The Journal of Positive Psychology, 8*(6), 505-516.

14 Oficina de Acogida al Peregrino, 2024. https://oficinadelperegrino.com/

en/statistics-2/.

15 Schnell, T., & Pali, S. (2013): "Pilgrimage today: The meaning-making potential of ritual", in: *Mental Health, Religion & Culture*, 16(9), 887-902.

16 Vistad, O. I., Øian, H., Williams, D. R., & Stokowski, P. (2020): "Long-distance hikers and their inner journeys: On motives and pilgrimage to Nidaros, Norway", in: *Journal of Outdoor Recreation and Tourism, 31*, 100326.

17 Brumec, S. (2022): "Life changes after the Camino de Santiago pilgrimage, including a deeper sense of spirituality", in: *Journal for the Study of Spirituality, 12*(1), 20-35.

18 Wong, V., Yuen, J., Su, X., & Yung, J. (2020): "Social isolation experienced by youth in social withdrawal: Toward an interdisciplinary analysis and practice", in: Morese, R., Palermo, S., & Fiorella, R. (Hrsg.): *Social isolation-An interdisciplinary view*. IntechOpen, 1-15.

19 Domin, H. (1994): *Nur eine Rose als Stütze*. Fischer Verlag, 53.

Sinn finden